論語集解

上

魏・何晏（集解）

渡邉義浩 訳

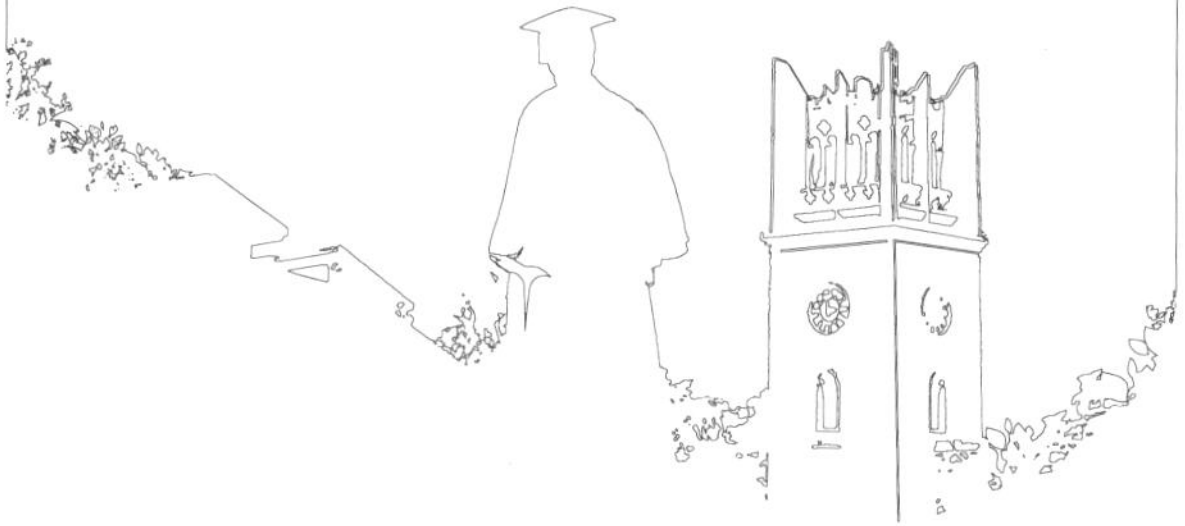

早稲田文庫

はじめに

本書は、『論語』の「古注《こちゅう》」を代表する何晏《かあん》の『論語集解《ろんごしっかい》』の現代語訳である。『論語』は、歴代、注と総称される解釈と共に本文が伝えられてきた。『論語集解』は、中国三世紀の三国《さんごく》時代に著された、現在、完全に残る最古の『論語』注釈書であると共に、最古の『論語』の本文でもある。

一般に『論語』は、「新注《しんちゅう》」と呼ばれる南宋《なんそう》の朱熹《しゅき》の『論語集注《ろんごしっちゅう》』に基づいて読まれることが多い。これに対して、本書が「古注」に基づく『論語』の訳注を試みるのは、「古注」の方が、本来の孔子、あるいは初期儒家の考え方に近い、と考えるためである。朱熹が、本来の儒教に近くない、と言い換えてもよい。

朱熹は、世界を「理《り》」と「気《き》」により把握する。「気」は、宇宙に充満するガス状の連続的物質で、物を形づくる基体であり、「理」は、そこに内在する秩序ないし法則性である。朱熹は、森羅万象《しんらばんしょう》の錯綜する世界をこの二つの原理に収斂《しゅうれん》することにより、宇宙から人間に至る天地間の一切の現象を統一的に捉えることに成功した。朱熹は、『論語』全体を朱子学で解釈する。ために、その解釈は、常に明解で合理的であるが、朱子学の概念を把握していて、初めて明確な理解が可能になるような全体性を持つ。

これに対して、古注は、訓詁学《くんこがく》（経典を文字の意味を中心に解釈する学問）に基づき、経文の解釈に重点を置く。もちろん、古注の中にも、後漢《ごかん》末の鄭玄《じょうげん》の『論語注《ろんごちゅう》』のように、思想性の高い注釈もある。鄭玄の『論語注』は、解釈の中に「鄭玄学《じょうげんがく》」と称される総合的な学問体系が盛り込まれており、難解である。そのため、もともと幼少の皇帝のためにまとめた何晏の『論語集解』が、古注を代表することになった。

唐《とう》までは、鄭玄の『論語注』も残っていたが、何晏の『論語集解』、そして何よりも朱熹の『論語集注』に押されて散逸《さんいつ》した。現在は、トルファンアスターナ三六三号墓より出土した「卜天寿《ぼくてんじゅ》本」（卜天寿という十二歳の少年が筆写した鄭玄『論語注』）など、唐代の抄本（写本）から、その姿を半分弱程復原することができる。本書でも、さまざまな『論語』注釈の異説を比較する〔参校〕において、鄭玄独自の解釈を何晏と比較している。〔参校〕では、このほか朱熹の『論語集注』との差異のほか、伊藤仁斎《いとうじんさい》の『論語《ろんご》古義《こぎ》』、荻生徂徠《おぎゅうそらい》の『論語徴《ろんごちょう》』など日本の解釈との相違にも触れた。一方、何晏の『論語集解』を底本として、それに解釈を加えた梁《りょう》の皇侃《おうがん》の『論語義疏《ろんごぎそ》』、北宋の邢昺《けいへい》の『論語注疏《ろんごちゅうそ》』（『論語正義《せいぎ》』ともいう）の解釈は、（訳注）に含めた。なお、『論語義疏』は中国では失われ、日本に伝わっていた本が、清《しん》代に中国に逆輸入された。皇侃の『論語義疏』が散逸したのは、邢昺の『論語注疏』が、「十三経注疏《じゅうさんけいちゅうそ》」に収録されて「古注」を代表したこと、および朱子の『論語集注』が圧倒的に読まれたことによる。

鄭玄の『論語注』・何晏の『論語集解』・皇侃の『論語義疏』・邢昺の『論語正義』という「古注」は、『論語』の解釈に体系性を持たない。「鄭玄学」による『論語』解釈、何晏の「道」の重視と「舜《しゅん》の無為《むい》」の尊重、皇侃の仏教的な解釈といった「古注」の思想性は、約五百章《しょう》（子曰《しいは》くから始まることの多い、『論語』のひとかたまりを章と称する）の中の、十にも満たない章で展開されるだけである。それ以外の章について、「古注」は、書かれた時代と人に寄り添い、その解釈を探ろうとする。もちろん、それがすべて成功している訳ではない。朱熹の『論語集注』の方が合理的な解釈を展開することもある。

それでも「古注」は、多くの人々により、長い期間をかけて、異なる思想的状況の中で著されてきた『論語』が抱える矛盾をそのまま、われわれに伝える。津田左右吉《つだそうきち》によれば、『論語』の章の中で、孔子その人の言葉や行動を伝えるものは、半分にも満たないという。われわれは、「古注」から、それを考えていくことで、『論語』の形成過程に思いを致し、孔子の本来の教えを探ることができる。その成果の一端は、渡邉義浩『『論語』孔子の言葉はいかにつくられたか』（講談社選書メチエ、二〇二一年）として、世に問うている。なお、本書の下巻には、何晏の思想と『論語』解釈の特徴をまとめた解題を附した。

また、わたしは、三国時代の歴史や思想を専門とする。三国時代は、後漢《ごかん》「儒教国家《じゅきょうこっか》」が解体する中で、文学《ぶんがく》や玄学《げんがく》といった新たな文化的価値が生まれていく時代であった。『論語集解』を著した何晏は、儒教の枠組みの中に老荘思想を復活する、あるいは老荘思想により儒教の新たなる思想展開を目指す玄学という新しい文化を王弼《おうひつ》と共に担った思想家である。司馬《しば》氏に敵対した曹爽《そうそう》の一派に属したため、『三国志演義《さんごくしえんぎ》』ではそのナルシストぶりが面白おかしく描かれる何晏であるが、夏侯玄《かこうげん》とともに「舜の無為」を掲げて、曹爽のもと皇帝権力の再強化を目指した政治家でもあった。

そうした何晏の姿は、渡邉義浩『「三国志」の政治と思想　史実の英雄たち』（講談社選書メチエ、二〇一二年）、より専門的には、渡邉義浩『三国政権の構造と「名士」』増補版（汲古書院、二〇二〇年）に著しているので、参照されたい。本書では、何晏がその権力を強化しようとした幼帝の曹芳《そうほう》が読むために著した『論語集解』の解釈に基づき、孔子の言葉や行動を理解していきたい。

『論語集解』の善本は、中国にも残るが、日本の正和《せいわ》四（一三一五）年に、清原教隆《きよはらののりたか》が写した『論語集解』十巻（公益財団法人東洋文庫蔵、以下、通称である正和本と称する）が最もよい。日本には、正平《せいへい》十九（一三六四）年に堺浦道祐《さかいうらのどうゆう》が刊行した『論語集解』（大阪府立中之島図書館蔵、以下、通称である正平本と称する）もある。著者はすでに、正和本を底本に正平本などと校勘した原文に基づき、渡邉義浩（主編）『全譯論語集解』上巻・下巻（汲古書院、二〇二〇年）を刊行している。本書には、汲古書院版『全譯論語集解』の出版に心血を注いだ高橋康浩《たかはしやすひろ》・伊藤涼《いとうりょう》・滝口雅依子《たきぐちまいこ》氏らの努力の成果が生かされている。記して感謝を捧げたい。また、文庫版の出版をご快諾いただいた汲古書院の三井久人《みついひさと》社長にお礼を申し述べたい。

本書は、それに基づき、正字を常用漢字に改めたうえで、整理番号を附した本文の原文・訓読・現代語訳、集解の現代語訳を掲げ、改めて訳注をつけ、諸注との差異などを参校として附したものである。本文の正字で表現された原文と諸本との校勘、集解の原文・訓読、さらには、より詳細な引用を伴う補注と参校、および何晏の「論語序」については、渡邉義浩（主編）『全譯論語集解』上巻・下巻（汲古書院、二〇二〇年）を参照されたい。

本書は、早稲田大学出版部による新書の刊行一周年を記念するために著した。しかし、本書の特長を鑑みると文庫の方が相応しく、文庫本として出版することになった。文庫としての出版を認めてくださった早稲田大学出版部社長の須賀晃一《すがこういち》副総長、実務に当たられた早稲田大学出版部の畑《はた》ひろ乃《の》さん、原稿の整理と校正をお願いした吉村詠子《よしむらうたこ》さんに深謝を捧げる。

二〇二一年九月

渡邉義浩

目次

【下巻目次】

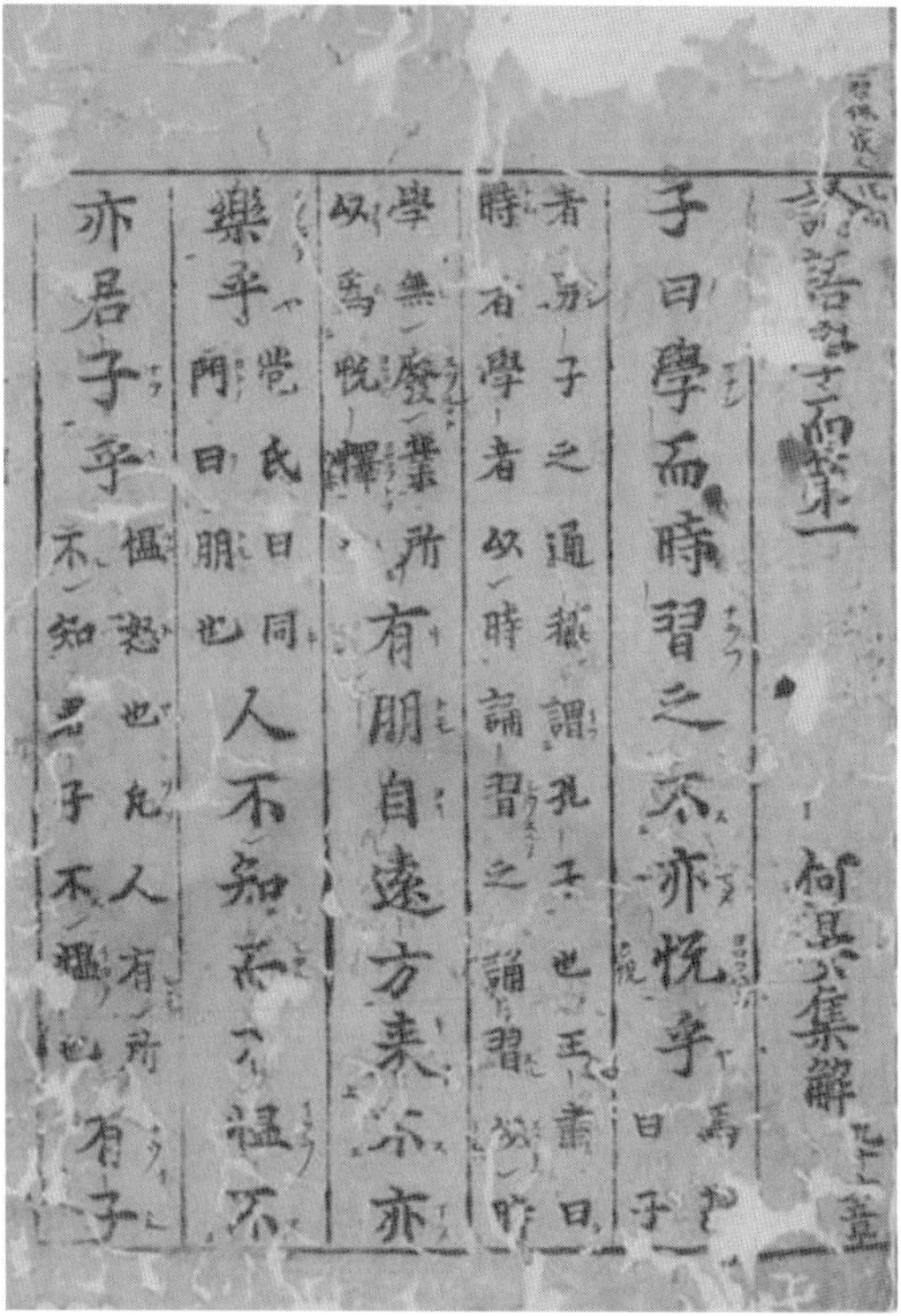
論語學而第一　何晏集解　凡十六章
子曰學而時習之不亦悅乎　馬融曰子者男子之通稱謂孔子也王肅曰時者學者以時誦習之誦習以時學無廢業所以爲悅懌
有朋自遠方來不亦樂乎　包氏曰同門曰朋也
人不知而不慍不亦君子乎　慍怒也凡人有所不知君子不慍也
有子

正平本『論語』巻一 学而篇（大阪府立中之島図書館蔵）

「子曰」から始まる大きな文字が本文、小さな文字の割注（二行に分け、右を下まで読んで左に移る注の書き方）が、何晏の集解である。

学而《がくじ》第一　凡十六章　何晏集解

01子曰、学而時習之、不亦悦乎[一]。有朋自遠方来、不亦楽乎[二]。人不知而不慍、不亦君子乎[三]。

子曰《いは》く、「学びて時に之《これ》を習ふ、亦た悦《よろこ》ばしからずや[一]。朋有り遠方より来たる、亦《ま》た楽しからずや[二]。人 知らずして慍《いきどほ》らず、亦た君子ならずや」と[三]。

孔子《こうし》が言った、「学んで適切な時期にこれを復習する、喜ばしいことではないか。朋《とも》がおり遠方から訪ねてくる、楽しいことではないか。人が（自分を）知らなくとも慍《いきどお》ることがない、君子ではないか」と。

[集解]

[一] 馬融《ばゆう》は、「子とは、男子の通称である。孔子のことをいう」という。王粛《おうしゅく》は、「時とは、学ぶ者がしかるべき時に応じて読み学ぶことである。読み学ぶことを時に応じて行い、学びが滞《とどこお》ることがないのは、喜ぶ理由である」と解釈する。

[二] 包咸《ほうかん》は、「師門《しもん》を同じくすることを朋という」と解釈する。

[三] 慍《うん》は、怒である。一般の人々が（自分を）知らなくとも、君子は慍《いきどお》らない。

〔参校〕前漢《ぜんかん》の司馬遷《しばせん》の著した『史記《しき》』孔子世家《こうしせいか》によれば、司馬遷が魯《ろ》に行き、孔子の廟堂《びょうどう》・車《しゃ》服《ふく》・礼器《れいき》を見たとき、諸生《しょせい》（学生）は時を以て礼を習っていた、という。司馬遷は「之を習ふ」の「之」を礼と考えるのである。伊藤仁斎《いとうじんさい》『論語古義《ろんごこぎ》』は、孔子の門人が、この章を一書の始めに置いたことを重視し、この章自体を「小論語」と考えてよい、と高く評価する。

02有子曰［一］、其為人也孝悌、而好犯上者鮮矣［二］。不好犯上、而好作乱者、未之有也。君子務本。本立而道生［三］。孝悌也者、其仁之本与［四］。

有子曰く［一］、「其の人と為《な》り(1)や孝悌(2)にして、上を犯すを好む者は鮮《すくな》し［二］。上を犯すを好まずして、乱を作《な》すを好む者は、未だ之《こ》れ有らざるなり。君子は本を務む。本 立ちて道 生ず［三］。孝悌なる者は、其《そ》れ仁の本たるか」と［四］。

有子《ゆうし》が言った、「その人柄が孝悌《こうてい》でありながら、上に逆らうのを好む者は少ない。上に逆らうのを好まないのに、乱を起こすのを好む者は、決していない。（このようであるから）君子《くんし》は根本に努力する。根本が確立した後に（その人は）大成する。孝悌というものは、まさしく仁《じん》の根本であろう」と。

［集解］

［一］孔安国《こうあんこく》は、「弟子の有若《ゆうじゃく》である」と解釈する。

［二］鮮《せん》は、少（という意味）である。上とは、自分よりも上に在るすべての者をいう。孝悌の人は必ず恭順であり、上に逆らうのを好む者は少ないということである。

［三］本は、基《もとい》である。基盤を確立した後に大成することができる。

［四］まず父兄に仕えることができ、その後に仁道は完成できる。

〔訳注〕1有子は、弟子。姓を有、名を商《しょう》といい、孔子より四十三歳年少。孔子の死後、かれの容姿が孔子に似ていたために弟子たちはかれを師としていたが、ある弟子の質問に答えられなかったことで、師の座から下ろされた（『史記』仲尼弟子列伝《ちゅうじていしれつでん》）。2善く父母に仕えることが「孝」であり、善く兄に仕えることが「悌」である（皇侃《おうがん》『論語義疏《ろんごぎそ》』）。

〔参校〕朱熹《しゅき》『論語集注《ろんごしっちゅう》』の解釈では、「孝悌なる者は、其れ仁を為《な》すの本か」と読む。孝悌は、仁を行うための基本であり、孝悌だから仁であるわけではない、と考えるための読み方である。朱子学では、「仁」と「孝悌」を、「性《せい》」と「用《よう》」、「体《たい》」と「用」の関係であると考えており（『朱子語類《しゅしごるい》』巻二十）、「性」の方を本源的である、とする。すなわち、朱子学で重視する「仁」の根本を「孝悌」とする「古注」の素直な読みを排して、朱子学の体系が崩れないように、『論語』を朱子学の学説に合わせて、解釈しているのである。

03子曰、巧言令色、鮮矣仁[一]。

子曰く、「巧言令色、鮮《すくな》きかな仁」と[一]。

孔子が言った、「言葉が巧《たく》みで顔つきを飾る人には、少ないものだな仁は」と。

[集解]

[一] 包咸《ほうかん》は、「巧言《こうげん》は、言葉が達者なことである。令色《れいしょく》は、顔つきを飾ることである。ともに人を喜ばせようとするもので、仁であることは少ない」と解釈する。

〔参校〕『詩経《しきょう》』小雅《しょうが》 巧言に、「巧言は簧《した》（笙《しょうのふえ》の舌）の如《ごと》し、顔《かんばせ》これ厚し（巧言者は調子にあわせて言辞をなし、厚顔無恥である）」とある。また、『詩経』大雅《たいが》 烝民《じょうみん》に、「令儀令色」とあり、立ち居振る舞い、姿かたちの美しいことが表現されている。さらに、『尚書《しょうしょ》』皐陶謨《こうようぼ》に、「巧言令色にして孔《はなは》だ壬《じん》なり」とあり、孔は甚だ、壬は佞《おもねる》という意味である。この章は、これらの古典（詩・書）の言葉を用いて、自らの主張（仁）を述べたものである。

04曾子曰[一]、吾日三省吾身。為人謀而不忠乎。与朋友交、言而不信乎。伝不習乎[二]。

曾子(1)曰く[一]、「吾 日に三たび吾が身を省みる。人の為に謀りて忠ならざるか。朋友と交はりて、言ひて信あらざるか。習はざるを伝ふるか」と[二]。

曾子《そうし》が言った、「わたしは毎日三たび我が身を省《かえり》みる。人のために考えて真心を尽くさなかったのではないか。友と交際して、言葉が誠実でなかったのではないか。まだ自分のものになっていないことを伝えたのではないか」と。

［集解］

［一］馬融《ばゆう》は、「弟子の曾参《そうしん》である」と解釈する。

［二］すべての伝えたことは、あらかじめ検討せずに伝えるということがないようにできたかということである。

（訳注）1曾子は、弟子。姓を曾、名を参、字を子輿《しよ》といい、南武城《みなみぶじょう》の人で、孔子より四十六歳年少。孔子に孝行を認められた（『史記』仲尼弟子列伝）。『孝経《こうきょう》』の作者として尊重される。朱子学は、孔子→曾子《そうし》→子思《しし》→孟子《もうし》……二程子《にていし》（程顥《ていこう》・程頤《ていい》）→朱熹《しゅき》という道統《どうとう》（聖賢の正統な継承関係）を主張する。

〔参校〕朱熹『論語集注《ろんごしっちゅう》』は、「三たび」を「忠」・「信」・「伝習」の三点のこととし、曾子が、この三点を毎日反省しているとする。また、「伝習」は、「伝へられて習はざるか」と読み、「師から伝授されても習熟できなかったのではないか」という意味とする。このような朱熹の解釈には、曾子を道統の伝達者とする立場が表れている。

05子曰、導千乗之国〔一〕、敬事而信〔二〕、節用而愛人〔三〕、使民以時〔四〕。

子曰く、「千乗の国を導くには〔一〕、事を敬《つつし》みて信あり〔二〕、用を節して人を愛し〔三〕、民を使ふに時を以てせよ」と〔四〕。

孔子が言った、「千乗《せんじょう》の国を導くには、事業を慎重にして（民に）誠実で、費用を節約して民を慈しみ、民を使役するには適切な時期を選べ」と。

〔集解〕

〔一〕馬融《ばゆう》は、「導くとは、国のために政治と教化を行うことをいう。『司馬法《しばほう》』(1)に、「六尺を歩とし、百歩を畝《ほ》とし、百畝を夫《ふ》とし、三夫を屋《おく》とし、三屋を井《せい》とし、十井を通《つう》とし、十通を城《せい》とする。一城は兵車一乗を納める」とある。そうであれば千乗の賦《ふ》（を徴収する国）は、その領地が千城《せい》で、封地（の広さ）が一辺三百十六里あまりである。ただ公《こう》・侯《こう》（という爵位《しゃくい》を持つ諸侯）の封国《ほうこく》だけがこれを徴収し、大国の賦であってもまたこれを超えることはない」と解釈する。包咸《ほうかん》は、「導は、治である。千乗の国とは、百里の国である。古来、井田《せいでん》は、一辺一里を井としていた。十井を乗とし、百里の国は、千乗に合致する」と解釈する。馬融は『周礼《しゅらい》』(2)に依拠し、包咸は（『礼《らい》記《き》』）王制篇(3)・『孟子』(4)に依拠している。意味を確定できないので、二つの説を並記する。

〔二〕包咸は、「国を治める者は、事業を行なう際には必ず慎重で、民に賜与する際には必ず誠実である」と解釈する。

〔三〕包咸は、「節用は、贅沢でないことである。国は民を基《もとで》としている。そのため慈しんで育てるのである」と解釈する。

〔四〕包咸は、「民を使役するには、必ず適切な時期を選び、農務を妨げることがない」と解釈する。

（訳注）1『司馬法』は、斉《せい》の司馬《しば》穰苴《じょうしょ》が撰した兵書。『司馬兵法』ともいわれる。四部《しぶ》叢刊《そうかん》本の『司馬法』にはこの言は見えないが、唐《とう》の杜佑《とゆう》が著した、制度史を記す『通典《つてん》』巻一田《でん》制《せい》上には、『司馬法』の引用として、ほぼ同文が見える。2『周礼』は、「三礼《さんらい》」（『礼記』『儀礼《ぎらい》』『周礼』）の一つ。西周《せいしゅう》の行政組織を記述したものという。馬融は、『周礼』大司徒《だいしと》の文章に依拠している。3王制《おうせい》篇は、『礼記《らいき》』の篇名。『礼記』は、前漢《ぜんかん》の戴聖《たいせい》の撰、『小戴《しょうたい》礼《れい》』とも呼ばれる。伯父の戴徳《たいとく》の『大戴礼記《だたいらいき》』八十五篇を削って四十九篇としたという。4『孟子《もうじ》』は、戦国《せんごく》時代の孟軻《もうか》の主張を記した書。性善説《せいぜんせつ》・王道《おうどう》政治・易姓革命《えきせいかくめい》などを唱える。後漢・三国ではあまり読まれなかったが、宋《そう》代では重要視され、朱熹はこれを「四《し》

書《しょ》」（『論語』『孟子』『大学《だいがく》』『中庸《ちゅうよう》』）の一つとして、その教説の中心に置いた。

〔参校〕朱熹『論語集注《ろんごしっちゅう》』では、「事を敬して信」と読み、物事に対して敬の心構えで接して、民には信義を尽くす、と解する。伊藤仁斎《いとうじんさい》『論語古義』は、こうした朱熹の解釈に対し、「敬する」対象は「民事」であって、「敬」を修養法とするのは誤りであるという。荻生徂徠《おぎゅうそらい》『論語徴《ろんごちょう》』もまた、朱熹の「敬」の解釈は誤りであるという。

06子曰、弟子、入則孝、出則悌、謹而信、汎愛衆而親仁。行有余力、則以学文〔一〕。

子曰く、「弟子《ていし》⑴、入りては則ち孝、出でては則ち悌、謹みて信あり、汎《ひろ》く衆を愛して仁⑵に親しむ。行ひて余力有らば、則ち以て文を学べ」と〔一〕。

孔子が言った、「若者よ、（家庭に）入れば孝、（社会に）出れば悌に、慎んで信をもち、広く（人々を）愛して仁者に親しめ。（そのように）行ってなお余力があれば、古《いにしえ》の文章を学べ」と。

［集解］

〔一〕馬融《ばゆう》は、「文とは、古《いにしえ》の（聖王の）遺文⑶（六経《りくけい》）のことである」と解釈する。

（訳注）1弟子は、子弟（世の中の若者たち）という意味である（皇侃《おうがん》『論語義疏《ろんごぎそ》』）。2仁は、こ

こでは仁徳ある者の意味（邢昺《けいへい》『論語注疏《ろんごちゅうそ》』）。孔子が最高の徳目として掲げた「仁」とは異なる。3古の遺文とは、詩・書・礼・楽《がく》・易《えき》・春秋《しゅんじゅう》（六経）のこと（皇侃『論語義疏』）。
〔参校〕朱熹『論語集注《ろんごしっちゅう》』は、力行して文を学ばなければ、聖賢の成法・事理の当然を知れず、行うことが、あるいは私意から出るようになる、と述べる。「古注」が、本文に寄り添い、文を学ぶよりも、実践を重視するのに対して、朱熹は、実践よりも文を学ぶ重要性を説く。

07子夏曰、賢賢易色〔一〕、事父母能竭其力、事君能致其身〔二〕、与朋友交、言而有信、雖曰未学、吾必謂之学矣。

子夏(1)曰く、「賢を賢《たふと》びて色に易《か》へ〔一〕、父母に事《つか》へて能く其の力を竭《つく》し、君に事へて能く其の身を致《いた》し〔二〕、朋友と交はり、言ひて信有らば、未だ学ばずと曰ふと雖《いへど》も、吾は必ず之を学びたりと謂《い》はん」と。

子夏《しか》が言った、「賢人を尊重して（好むことを）女色（を好むの）に代え、父母に仕えてその力を尽くすことができ、君に仕えてその身を捧《ささ》げられ、朋友《とも》と交際して、言葉に誠実さがあれば、（誰かがその人を）まだ学んでいないと言ったとしても、わたしは必ず学問をしたものだと評価しよう」と。

〔集解〕
〔一〕孔安国《こうあんこく》は、「子夏《しか》は、弟子の卜商《ぼくしょう》である。女色を好む心により賢人を好めば善である」と解釈する。
〔二〕孔安国は、「忠節《ちゅうせつ》を尽くし、その身を惜しまないことである」と解釈する。
（訳注）1子夏は、弟子。姓を卜、名を商、字《あざな》（呼び名）を子夏といい、孔子より四十四歳年少である。孔子の死後、西河《せいか》で弟子を取り、魏《ぎ》の文侯《ぶんこう》の師となった（『史記』仲尼弟子列伝）。また、六経《りくけい》（詩・書・礼・楽・易・春秋）を後世に伝えるのに功績があったとされ、子夏とその弟子の手により、多くの経書が伝えられたという。

〔参校〕班固《はんこ》の『漢書《かんじょ》』に注をつけた唐《とう》の顔師古《がんしこ》は、「易」を「軽」とし、「色を易《かる》くし」と読む。また、清《しん》の王念孫《おうねんそん》は、『広雅《こうが》』（辞書の一種）に基づき、「易」を「如」とし、「色の易《ごと》くし」と読む。あるいは、伊藤仁斎《いとうじんさい》『論語古義』および荻生徂徠《おぎゅうそらい》『論語徴』は、「色を易《か》へ」と読み、「自分の顔色を改める」と解釈する。


08子曰、君子、不重則不威、学則不固〔一〕。主忠信、無友不如已者、過則勿憚改〔二〕。

子曰く、「君子、重からざれば則ち威あらず、学べば則ち固《おお》はれず(1)〔一〕。忠信に主《した》しみ、己に如《し》かざる者を友とすること無《な》かれ。過《あやま》てば則ち改むるに憚《はばか》ること勿《な》かれ」と〔二〕。

孔子が言った、「君子は、重々しくなければ威厳がなく、学問をすれば遮《さえぎ》り覆《おお》われなくなる。忠と信に親しみ、自分より劣るものは友とするな。過ちを犯せば改めるのを憚ってはならぬ」と。

［集解］

〔一〕孔安国《こうあんこく》は、「固は、弊《へい》（遮り覆われること）である」と解釈する。一説には、「人は重々しくしなければ、威厳がなく、学問も凝《こ》り固まって、義理を理解できない」とある。

〔二〕鄭玄《じょうげん》は、「主は、親である。憚は、難である」と解釈する。

（訳注）1『礼記《らいき》』曲礼《きょくらい》篇下の鄭玄注に、「固とは、礼に達せざるを謂《い》ふなり」とある。邢昺《けいへい》の『論語注疏』は、集解と同様に、「学問をすれば遮り覆われなくなる」という意味と、「学問をすれば固陋《ころう》でなくなる」という意味の二説を挙げる。なお、朱熹『論語集注』は、後者の意味に取っている。

〔参校〕「忠信に主《した》しみ、己に如《し》かざる者を友とすること無かれ。過てば則ち改むるに憚ること勿かれ」は、子罕《しかん》篇二十五章にほぼ同文が見える。その集解には、「其の主《した》しむ所　友とする所を慎み、過ち有らば務めて改む。皆 益と為る所以《ゆえん》なり」とある。

09曾子曰、慎終追遠、民徳帰厚矣［一］。
曾子曰く、「終はりを慎み遠きを追へば、民の徳 厚きに帰す」と［一］。
曾子《そうし》が言った、「（君主が）葬儀に哀《あい》を尽くし祭祀に敬《けい》を尽くせば、民の徳も（それに感化されて）厚くなる」と。

［集解］
［一］孔安国《こうあんこく》は、「終わりを慎むとは、葬礼《そうれい》で哀悼を尽くすことである。遠きを追ふとは、祭礼でその敬意を尽くすことである。君主がこの二つを行えば、民はその徳に感化され、みな（徳が）厚くなる」と解釈する。

10子禽問於子貢曰、夫子至於是邦也、必聞其政。求之与、抑与之与［一］。子貢曰、夫子温良恭倹譲以得之。夫子之求也、其諸異乎人之求与［二］。
子禽(1) 子貢(2)に問ひて曰く、「夫子の是《こ》の邦に至るや、必ず其の政を聞く。之を求めたるか、抑《そも》〻之を与へられたるか」と［一］。子貢曰く、「夫子は温良恭倹譲(3)もて以て之を得たり。夫子の之を求むるや、其れ諸れ人の之《こ》を求むるに異なるか」と[二]。
子禽《しきん》が子貢《しこう》に尋ねて言った、「先生はどこの国に行かれても、必ずそこの政治（の相談）をお聞きになります。（先生が）これをお求めになったのでしょうか、それとも持ちかけられたのでしょうか」と。子貢は言った、「先生は温《おだやか》で良《すなお》で恭《うやうや》々しく倹《つつま》しく譲《へりくだ》られるから相談をお受けになる。先生がこれを求めるというのは、そう他の人の求め方とは異なるのではなかろうか」と。

［集解］
[一] 鄭玄《じょうげん》は、「子禽は、弟子の陳亢《ちんこう》である。子貢《しこう》は、弟子で、姓を端木《たんぼく》、名を賜《し》、字《あざな》を子貢という。陳亢は孔子が赴く国々で、必ずその国の政治の相談を持ちかけられるのは、（孔子が）求めて相談を受けているのか、それとも君主自らが願い出て持ちかけて政治を行なわせようとしているのかを疑問に思っている」と解釈する。
[二] 鄭玄は、「先生がこの（温・良・恭・倹・譲の）五徳により相談を受けるのは、他の人が（相談されることを）求めているのとは異なることをいう。君主自らが願い出て統治を持ちかけようとしたのを明らかにしている」と解釈する。
（訳注）1子禽は、弟子。姓を陳、名を亢、字を子元《しげん》あるいは子禽といい、孔子より四十歳年少

(『孔子家語《こうしけご》』七十二弟子解《ていしかい》)。『論語』には、子貢や伯魚《はくぎょ》(孔子の長男)との問答が見える。2子貢は、弟子。姓を端木、名を賜、字を子貢といい、孔子より三十一歳年少。衛《えい》の人。能弁で、商才があった(『史記』仲尼弟子列伝)。3皇侃《おうがん》『論語義疏』によれば、「温」は、「敦美潤沢」(まごころがあって恩沢を施す)、「良」は、「行不犯物」(行動しても他物を侵害しない)、「恭」は、「和従不逆」(従順で逆らわない)、「倹」は、「去奢従約」(贅沢をせず節約する)、「譲」は、「推人後己」(人を推して自分を後にする)である。4夫子は、孔子。礼では、大夫《たいふ》になったことのある者を「夫子」と称することができる(皇侃『論語義疏』)。

11子曰、父在観其志、父没観其行[一]。三年無改於父之道、可謂孝矣[二]。

子曰く、「父 在《いま》せば其の志《こころざし》を観《み》、父 没すれば其の行《おこなひ》を観る[一]。三年(1) 父の道を改むること無きは、孝と謂《い》ふ可し」と[二]。

孔子が言った、「父親が存命中であればその人の志《こころざし》を観察し、父親の死後であればその人の行動を観察する。(父の死から)三年の間、父のやり方を改めてないことは、孝と言うべきである」と。

[集解]

〔一〕孔安国《こうあんこく》は、「父親の存命中に子は身勝手な行動をとれない。そのためその志を観察するだけである。父親が他界してからようやくその行動を観察する」と解釈する。

〔二〕孔安国は、「孝子は喪《も》に服せば、死を悼《いた》み思い慕って（その行動は）父親が存命しているかのようにし、父のやり方を改めることがない」と解釈する。

（訳注）1三年は、喪に服する期間。鄭玄《じょうげん》説は二十七ヵ月、王粛《おうしゅく》説は二十五ヵ月とする。

〔参校〕「三年、父の道を改むること無きは、孝と謂ふ可し」は、里仁《りじん》篇第二十章に同文が見える。その注には、「鄭玄は、「孝子が喪に服しているとき、哀しみ思い慕って父の道を改めないのは、心がそれに忍びないからである」と言っている」とあり、鄭玄説が引用されている。

12有子曰、礼之用和為貴。先王之道斯為美、小大由之、有所不行。知和而和、不以礼節之、亦不可行也〔一〕。

有子曰く、「礼は之《こ》れ和を用《もっ》(1)て貴(2)しと為す。先王の道 斯《これ》(3)を美と為すも、小大 之《これ》を由《もち》ふ(4)れば、行はれざる所有り。和を知りて和すれども、礼を以て之を節せざれば、亦た行はる可からざるなり」と〔二〕。

有子が言った、「礼は和を貴ぶものである。古《いにしえ》の聖王《せいおう》の道は、これを美《うる》わしいとしたが、小事も大事も和だけを用いると、うまく行かないこともある。和の重要性を知り和につとめながらも、礼により和に節度《せつど》をつけねば、うまく行かないこともある」と。

［集解］

［一］馬融《ばゆう》は、「人が礼の和を貴ぶことを知り、事あるごとに和に従っても、礼により節度をつけなければ、うまく行かないこともある」と解釈する。

（訳注）1皇侃《おうがん》『論語義疏』・邢昺《けいへい》『論語注疏』は、「和」を「楽」と解するが、清の劉宝楠《りゅうほうなん》『論語正義』は、それを誤りとする。2『礼記《らいき》』儒行《じゅこう》篇に、「礼之以和為貴」とあり、「用」を「以」につくる。3斯は、此である（皇侃『論語義疏』）。4由は、用である（皇侃『論語義疏』）。

〔参校〕朱熹『論語集注』は、「礼の用は、和を貴しと為す」と読み、「礼の働きとしては、調和が尊い」と解釈する。吉川幸次郎『論語』（朝日新聞社、一九五九年）は、こうした朱熹の理解を批判し、体（本体）と用（作用）という思想は、仏教から導かれたもので、儒家思想の本来のものではない、と指摘する。

13有子曰、信近於義、言可復也［一］。恭近於礼、遠恥辱也［二］。因不失其親、亦可宗也

〔三〕。

有子曰く、「信 義に近ければ、言 復す可きなり〔一〕。恭 礼に近ければ、恥辱に遠ざかる〔二〕。因《した》しむところ其の親とするところを失はざれば、亦た宗《たふと》ぶ可きなり」と〔三〕。

有子が言った、「信が義に近ければ、（その）言葉は繰り返すことができる。恭《きょう》が礼に近ければ、恥辱から遠ざかる。親近《しんきん》する相手がその親近する者を失っていなければ、尊ぶことができる」と。

〔集解〕

〔一〕復は、覆《ふく》のような意味である。義は必ずしも信ではなく、信は必ずしも義ではない。その言葉を繰り返すことができることにより、（信は）義に近いというのである。

〔二〕包咸《ほうかん》は、「恭は礼に合致していなければ、礼ではない。（ただし）恥辱から遠ざけることができるので、礼に近いというのである」と解釈する。

〔三〕孔安国《こうあんこく》は、「因は、親である。親近する相手がその親近する者を失っていないのは、また尊ぶことができることをいう」と解釈する。

〔参校〕朱熹『論語集注』は、「信 義に近づけば、言 復《ふ》む可きなり。恭 礼に近づけば、恥辱に遠ざかる。因るに其の親を失はざれば、亦た宗とす可きなり」と読み、「約束してそれが適切であれば、言ったことは問題なく実践していける。敬虔な態度で礼節に従えば、恥辱から逃《のが》れられる。頼りにする人が本来親近すべき立派な人であれば、従っていっても問題は無い」と解釈する。また、荻生徂徠《おぎゅうそらい》『論語徴《ろんごちょう》』は、『陳書《ちんじょ》』王元規《おうげんき》伝に、「姻《いん》親を失はざるは、古人の重んずる所なり」とあることを論拠に、「因」を「姻」（母方の外戚《がいせき》）、「親」を父方の内親《ないしん》とする。そして、「姻戚が親しさを失わないときには、宗族のかなめになれる」と解釈する。

14子曰、君子食無求飽、居無求安〔一〕。敏於事而慎於言、就有道而正焉。可謂好学也已矣〔二〕。

子曰く、「君子は食 飽《あ》くを求むる無く、居 安きを求むる無し〔一〕。事に敏にして言を慎しみ、有道に就《つ》きて正す。学を好むと謂《い》ふ可きのみ」と〔二〕。

孔子が言った、「君子は飲食に満腹を求めず、居住に安楽を求めない。仕事を早く言葉を慎しみ、道義のある者に就《つ》いて（是非を）尋ねる。（このようであれば）学を好むと言えよう」と。

〔集解〕

〔一〕鄭玄《じょうげん》は、「学ぶ者の志《こころ》には、（満腹や安楽を求める）暇《いとま》などない」と解釈する。
〔二〕孔安国《こうあんこく》は、「敏は、疾《しつ》（早い）である。有道《ゆうどう》は、道徳のある者である。正《せい》とは、事の是非を尋ねることをいう」と解釈する。

15子貢曰、貧而無諂、富而無驕、何如。子曰、可也〔一〕。未若貧而楽道、富而好礼者也〔二〕。子貢曰、詩云、如切如磋、如琢如磨、其斯之謂与〔三〕。子曰、賜也、始可与言詩已矣。告諸往而知来者也〔四〕。

子貢曰く、「貧しくして諂《へつら》ふこと無く、富みて驕《おご》ること無きは、何如《いかん》」と。子曰く、「可なり〔一〕。未だ貧しくして道を楽しみ、富みて礼を好む者には若《し》かざるなり」と〔二〕。子貢曰く、「詩に云ふ、「切するが如《ごと》く磋《さ》するが如く、琢《たく》するが如く磨《ま》するが如し」(1)とは、其《そ》れ斯《こ》れの謂《いひ》か」と〔三〕。子曰く、「賜《し》や、始めて与《とも》に詩を言ふ可きのみ。諸《これ》に往《わう》を告げて来を知る者なり」と〔四〕。

子貢《しこう》が言った、「貧乏でも諂《へつら》うことなく、裕福でも奢《おご》ることがないのは、いかがでしょうか」と。孔子は答えた、「まあよかろう。（しかし）貧乏でも道を楽しみ、裕福でも礼を好む者には及ばない」と。子貢が言った、「『詩経《しきょう》』（衛風《えいふう》 淇奥《きいく》）に、

「（骨を）切るように（象牙を）磋《と》ぐように、（玉を）琢《う》つように（石を）磨《みが》くように」とあるのは、まさにこのことを言うのでしょうね」と。孔子が言った、「賜《し》よ、いまこそ共に詩の話ができるな。先に話したことで（まだ話さない）後のことまで分かる者である」と。

［集解］

［一］孔安国は、「（可は）まだ褒《ほ》めるには足りない（ことである）」と解釈する。

［二］鄭玄《じょうげん》は、「楽とは、道に志《こころざ》すことをいう。（道に志す人は）貧賤《ひんせん》を憂苦とはしない」と解釈する。

［三］孔安国は、「貧乏でも道を楽しみ、裕福でも礼を好めるのは、自ら切磋琢磨《せっさたくま》できる者である」と解釈する。

［四］孔安国は、「諸は、之《これ》である。子貢は（孔子が自分を励ましていることを）知り『詩経』を引用して孔子の義を活《い》かし、上手にたとえを挙げた。そのため（孔子は）これをその通りと認めたのである。先に貧乏でも道を楽しむと話すと、後に切磋琢磨と答えたのである」と解釈する。

（訳注）1『詩経』衛風 淇奥《きいく》に、「彼《か》の淇奥を瞻《み》れば、緑竹《りょくちく》猗猗《いい》たり。匪《ひ》たる君子有り、切す

るが如く磋するが如く、琢するが如く磨するが如し（あの淇水《きすい》の隈《くま》を見ると、緑の竹が麗しく繁る。〈そのように〉鮮《あざ》やかで美しい君子は、切磋琢磨の功を積む）」とある。また、『爾雅《じが》』釈器《しゃくき》篇に、「骨については切といい、象牙については嗟《さ》といい、玉については琢といい、石については磨という」とある。

〔参校〕『荀子《じゅんし》』『大学《だいがく》』にも、学問や徳行の修養過程には、上には上があり、これで良いという限度の無いことを表現するため、この詩を用いる事例がある。

16子曰、不患人之不己知、患己不知人也。

子曰く、「人の己を知らざるを患《うれ》へず、己の人を知らざるを患ふ」と。

孔子が言った、「人が自分を知ってくれないことを憂えず、（自分が）人を知らないことを憂う」と。

［集解］なし。

〔参校〕本篇第一章の「人　知らずして慍《いきどお》らず、亦た君子ならずや」と呼応している。

為政《いせい》第二　凡廿四章　何晏集解

01子曰、為政以徳、譬如北辰居其所、而衆星共之〔一〕。

子曰く、「政を為《な》すに徳を以てすれば、譬《たと》へば北辰(1)の其の所に居りて、衆星の之に共(2)するが如し」と〔一〕。

孔子が言った、「政治をするのに無為《むい》を方法とすれば、たとえば北極紫微星《ほっきょくしびせい》がその場所にあり（動かずに）、多くの星がそれに敬意を表わすかのようである」と。

〔集解〕

〔一〕包咸《ほうかん》は、「徳とは、無為である。（無為による政治は）たとえば北極紫微星が動かずに、多くの星がそれに敬意を表わすかのようである」と解釈する。

（訳注）1北辰《ほくしん》は、北極紫微星のこと（皇侃《おうがん》『論語義疏《ろんごぎそ》』）。北極紫微星は、北極星とそれを取り巻く星宿で、天帝《てんてい》の居るところと見なされている。2共は、拱《きょう》と同じ。敬意を表わして挨拶すること。『経典釈文《けいてんしゃくもん》』論語音義に、「鄭玄《じょうげん》は拱に作る」とあるほか、『孟子』尽心章句《じんしんしょうく》上の趙岐《ちょうき》注、『呂氏春秋《りょししゅんじゅう》』有始覧《ゆうしらん》の高誘《こうゆう》注でも、この箇所を引いて「衆星拱之」としている。

〔参校〕皇侃《おうがん》『論語義疏《ろんごぎそ》』では、郭象《かくしょう》の解釈を踏襲する。郭象は、「万物すべてが性《せい》を得ることを徳という。そもそも政治を行う者は何を務めとするのか。万物の性を得ることである。

したがって「徳」というのである」と述べており、それによれば本文は、「政治をするのに万物の性を得るのであれば、たとえば北極紫微星がその場所にありながら、多くの星がそれに敬意を表わすかのようである」という意味になる。また、「徳」について、邢昺《けいへい》『論語《ろんご》注疏《ちゅうそ》』・朱熹《しゅき》『論語集注《ろんごしっちゅう》』は、『礼記《らいき》』楽記《がくき》篇に基づき、「徳は、得である」とする。ただし、「徳」の内容は異なり、『論語注疏』は「物が生じられること」、『論語集注』は「心に得て失わないこと」とする。なお、朱熹の『論語集注』は、「共」を「向」とし、「たとえば北極星がその場所にいながら、多くの星がそれに向かうようなものである」と解釈する。

02子曰、詩三百〔一〕、一言以蔽之〔二〕、曰思無邪〔三〕。

子曰く、「詩三百〔一〕、一言 以て之を蔽《おほ》へば〔二〕、曰く思ひ邪《よこしま》無し(1)」と〔三〕。

孔子が言った、「『詩』の三百篇、一言でその意を言い表せば、思い邪無し（正道に帰す）である」と。

［集解］

〔一〕孔安国《こうあんこく》は、「（三百は）篇の大凡《おおよそ》の数である」と解釈する。

〔二〕包咸は、「蔽は、当というような意味である」と解釈する。

［三］包咸は、「(思ひ邪無しを) 正道に帰すである」と解釈する。

(訳注) 1『詩経』魯頌《ろしょう》駉《けい》に、「駉駉たる牡馬《ぼば》、坰《けい》の野《や》に在り。薄《いささ》か言《ここ》に駉たる者は、駰《いん》有り騢《か》有り、驔《たん》有り魚《ぎょ》有り、車に以《もち》ふれば祛祛《きょきょ》たり。思ひ邪無し、馬の斯《ここ》に徂《ゆ》かんことを思ふ(肥え太った牡《おす》の良馬が、都の外《はず》れの遠い野原にいる。その逞《たくま》しい馬は、駰《ねずみげ》・騢《つきげ》、驔《はましろ》・魚《めじろ》がおり、車につけて用いれば壮健である。思いは他念がなく専一で、馬が強く勇ましい道を行くことを思う)」とある。駉《けい》篇は、僖公の善政を頌《ほめたた》え、郊外の野原にいる牡馬《おすうま》がみな逞《たくま》しく優秀であることを詠《よ》んだ詩である。ただし、『論語』にいわれる「思ひ邪無し」は、駉篇の本義に沿ったものではなく、断章取義《だんしょうしゅぎ》である。

〔参校〕邢昺《けいへい》『論語注疏』は、政治を行う道が、邪《よこしま》を取り除き正に帰することを言ったと解釈する。これに対して、朱熹『論語集注』は、この章を政治を行う道について述べたものとはしない。朱熹は、程伊川《ていいせん》(程頤《ていい》)が「思い邪無しとは、誠である」と解釈することを踏まえ、『詩経』のはたらきが、人に心持ちの正しさ、すなわち「信」を得させることに帰着するとし、それを表わす言葉として「思ひ邪無し」がある、という。

03子曰、導之以政〔一〕、斉之以刑〔二〕、民免而無恥〔三〕。導之以徳〔四〕、斉之以礼、有恥且格［五］。

子曰く、「之を導《みちび》くに政を以てし［一］、之を斉《ととの》ふるに刑を以てすれば［二］、民免《まぬか》れて恥づること無し［三］。之を導くに徳を以てし［四］、之を斉ふるに礼を以てすれば、恥づること有りて且つ格《ただ》し」と［五］。

孔子が言った、「法令で導き、刑罰で統制すれば、民は（罪を）免れて恥じることがない。道徳で導き、礼で統制すれば、恥じることがあり正しくなる」と。

［集解］

［一］孔安国《こうあんこく》は、「政とは、法令教化である」と解釈する。

［二］馬融《ばゆう》は、「民を整えるのに刑罰を用いることである」と解釈する。

［三］孔安国は、「一時しのぎで罪を免れることである」と解釈する。

［四］包咸《ほうかん》は、「徳とは、道徳である」と解釈する。

［五］格とは、正である。(1)

（訳注）1この章は、政治を行う道が、邪を取り除き正に帰することにあることをいう（邢昺《けいへい》『論語注疏』）。なお、『尚書《しょうしょ》』冏命《けいめい》篇に、「其《そ》の非心を格《ただ》す」とあり、『礼記《らいき》』緇《し》衣篇に、「民は之を教ふるに徳を以てし、之を斉ふるに礼を以てすれば、則ち民に格心有り」とあるよ

うに、「格」は、後述する朱熹のように「至」ではなく、「正」である。

〔参校〕朱熹『論語集注』では、「格は、至である」とする。それによれば、この章の最後の一段は、「恥ぢ且つ格《いた》る有り」と読み、「不善を恥じて、さらに善に向かっていく」と解釈することになる。

04 子曰、吾十有五而志乎学。三十而立〔一〕。四十而不惑〔二〕。五十而知天命〔三〕。六十而耳順〔四〕。七十而縦心所欲不踰矩〔五〕。

子曰く、「吾 十有五にして学に志す(1)。三十にして立つ(2)〔一〕。四十にして惑はず〔二〕。五十にして天命(3)を知る(4)〔三〕。六十にして耳順《みみしたが》ふ(5)〔四〕。七十にして心の欲する所を縦《ほしいまま》にするも矩《のり》(6)を踰《こ》えず」と〔五〕。

孔子が言った、「わたしは十五歳で学問を志した。三十歳で（学問を）打ち立てた。四十歳で疑い惑わなくなった。五十歳で天命を知った。六十歳で言葉を聞く奥深く理解できるようになった。七十歳で思うがままでも規範から外れないようになった」と。

〔集解〕

［一］（学んでいた経業《けいぎょう》が）成り立つことである。

［二］孔安国《こうあんこく》は、「疑い惑わないことである」と解釈する。

［三］孔安国は、「天命の終始を知ることである」と解釈する。(7)

［四］鄭玄《じょうげん》は、「耳 順ふは、言葉を聞いて奥深い本旨を理解することをいう」と解釈する。

［五］馬融《ばゆう》は、「矩は、法である。心が求めるままであっても、規範に当たらないものがない」と解釈する。

（訳注）1十五歳は、成童《せいどう》（年齢がやや長じてきた者）の歳で、識見《しきけん》や思慮が明らかになりつつあるため、学問を志す（皇侃《おうがん》『論語義疏』）。2立とは、学んでいた経業が成り立つことをいう。古の人は三年で一経を明らかにするが、十五歳から三十歳まで十五年ある。そのため五経の内容に通じることが、成り立つ条件であることが分かる（皇侃『論語義疏』）。3天命とは、窮通《きゅうつう》（行き詰まったり順調であること）の分をいう。天について命というのは、人が天の気を受けて生まれており、その窮通を得るのは、すべて天の命ずるところによるからである。（ただし）天はそもそも言うことはなく、命ずるというのは、仮の言である（皇侃『論語義疏』）。4「五十にして天命を知る」という本章の言は、述而《じゅつじ》篇第十七章の「子曰く、「我に

数年を加へ、五十にして以て易《えき》を学べば、以て大過《たいか》無かる可し」と」に対する注に、「易は、理を窮め性を尽くして以て命に至る。年五十にして天命を知り、命を知るの年を以て命に至るの書を読む、故に以て大過無かる可きなり」と引用される。これにより何晏《かあん》は、五十歳で天命を知ることと『周易《しゅうえき》』を学ぶことを結びつけ、『周易』の重要性を強調する。5順は、逆らわないことである（皇侃『論語義疏』）。人は六十歳になれば、知識が広く、どんなことでもすべてを見るということなく、ただ言葉を聞くだけで奥深い本旨を理解する。これが聞くところが耳に逆らわないということである。そのため「耳 順ふ」という（皇侃『論語義疏』）。6七十歳になれば、学習と性は完成するので、あたかも蓬《よもぎ》が麻《あさ》の中で生じても自然と真っ直ぐ育っていくようになる。そのため心のままに任せても、規範から外れないのである（皇侃『論語義疏』）。7終始は、分の限り（分限）があるところである（皇侃『論語義疏』）。

〔参校〕朱熹『論語集注』では、前半部について、「わたしは十五歳で太学《たいがく》の道を志し、太学に入った。三十歳で自己が確立した。四十歳で疑うことがなくなった」とする。朱熹の解釈によれば、十五歳で太学の道を「志す」ものの、三十歳で自己が確立すると、志を「守る」ことが強固になり、「志す」ことを意識しなくなるという。またさらに、四十歳で事物の本来あるべきところについてまったく疑うことがなくなると、物事の道理を理解して、（志を）「守る」ことすら、とくに意識しなくなるという。また、同じく朱熹『論語集注』では、「従（縦）」を随うの意味であるとしている。朱熹に従えば、最後の句は、「七十にして心の欲する所に従ひて矩を踰えず」と読んで、「努力しないでも適切な状態になること」という意味になる。

05孟懿子問孝〔一〕。子曰、無違。樊遅御。子告之曰、孟孫問孝於我。我対曰無違〔二〕。樊遅曰、何謂也。子曰、生事之以礼、死葬之以礼、祭之以礼。

孟懿子①孝を問ふ〔一〕。子曰く、「違《たが》ふこと無かれ②」と。樊遅③御す④。子之に告げて曰く、「孟孫 孝を我に問ふ。我 対《こた》へて違ふこと無かれと曰ふ」と〔二〕。樊遅曰く、「何の謂《い》ひぞや」と。子曰く、「生けるときには之に事《つか》ふるに礼を以てし、死せるときには之を葬るに礼を以てし、之を祭るときには礼を以てす⑤」と。

孟懿子《もういし》が孝について尋ねた。孔子は答えた、「（礼に）外れてはなりません」と。樊《はん》遅《ち》が御者《ぎょしゃ》をしていた。孔子が樊遅に言った、「孟孫《もうそん》が孝についてわたしに尋ねた。わたしは外れてはならないと答えたよ」と。樊遅は尋ねた、「どういう意味ですか」

と。孔子は答えた、「（親が）生きているときには礼に従ってお仕えし、亡くなったときには礼に従って葬り、祭るときにも礼に従うことである」と。

［集解］

［一］孔安国は、「（孟懿子は）魯の大夫の仲孫《ちゅうそん》何忌《かき》である。懿は、諡《おくりな》である」と解釈する。

［二］鄭玄《じょうげん》は、「孟孫は（礼に）外れてはなりません（という孔子の言葉）の意味を理解しておらず、樊遅に尋ねようとしていた。そのため（孔子は）樊遅に告げたのである。樊遅は、弟子の樊須《はんしゅ》である」と解釈する。

（訳注）1孟懿子は、魯《ろ》の大夫《たいふ》、三桓《さんかん》の一である孟孫氏の第九代。姓は姫《き》、氏は仲孫《ちゅうそん》（または孟《もう》孫《そん》）、名は何忌《かき》、諡は懿《い》である。父の孟僖子《もうきし》は、孟懿子とその弟の南宮敬叔《なんきゅうけいしゅく》に孔子に師事するようにせよ、と遺言した（『春秋左氏伝《しゅんじゅうさしでん》』昭公《しょうこう》伝七年）。保身のために公命に背くことが多々あり（『春秋左氏伝』昭公 伝二十五年、定公《ていこう》伝十二年）、魯が斉《せい》に攻められた際にも、抗戦への参加を渋った（『春秋左氏伝』哀公《あいこう》伝十一年）。子は孟武伯《もうぶはく》。2「違ふこと無かれ」は、先生の答えである。孝を行う道は、礼に外れないことをいう（邢昺『論語注疏』）。このとき孟孫三家は、僭上《せんじょう》して礼に違《たが》っていた。このため孔子は事あるごとに礼に従うべきと答えたのである（皇侃『論語義疏』）。3樊遅《はんち》は、弟子。姓を樊、名を須《しゅ》、字を子遅《しち》といい、

孔子より三十六歳の年少（『史記』仲尼弟子列伝）。鄭玄《じょうげん》『弟子目録《ていしもくろく》』では、斉《せい》の人とする。季《き》氏に仕え、魯の防衛戦では、年長の冉有《ぜんゆう》に信頼された（『春秋左氏伝』哀公 伝十一年）。知や仁について、孔子に幾度も問うものの、その意図を悟れないことも多かった。顔淵《がんえん》篇第二十二章などを参照。4御は、車を御すこと。樊遅がこの時に孔子のために車を御していたことをいう（皇侃『論語義疏』）。5「生けるときには之に事ふるに礼を以てす」は、（『礼《らい》記《き》』曲礼《きょくらい》篇上にあるような）冬には温かく夏には涼しく過ごせるようにし、夜には寝床をきちんとしつらえ、朝にはご機嫌を伺うことなどをいう。「死せるときには之を葬るに礼を以てす」は、（『孝経《こうきょう》』喪親章《そうしんしょう》にあるような）その人の棺《かん》や死者用の衣服を作り、その墓地を占って安置することなどをいう。「之を祭るときには礼を以てす」は、（『孝経』喪親章にあるような）四季折々に祭祀してその人を思い、祭器を並べて哀しみ悼《いた》むことなどをいう（邢昺『論語注疏』）。

〔参校〕本文の「違ふこと無かれ」について、朱熹『論語集注』は、「理に外れることがないように」と解釈し、荻生徂徠《おぎゅうそらい》『論語徴《ろんごちょう》』は、「親の心に背くことがないように」とする。また、朱熹『論語集注』は、孟懿子《もういし》が言いたい本旨を誤解し、親の命令に従うことが孝であると捉えることを懸念して、孔子は樊遅に告げ、内容を明確にしようとした、と説明する。

06孟武伯問孝。子曰、父母唯其疾之憂[一]。

孟武伯(1) 孝を問ふ。子曰く、「父母 唯《た》だ其《そ》の疾《やまひ》をのみ之《こ》れ憂ふ」と[二]。

孟《もう》武《ぶ》伯《はく》が孝について尋ねた。孔子が言った、「父母がただ子の病気だけを心配することです」と。

[集解]

[一] 馬《ば》融《ゆう》は、「孟《もう》武《ぶ》伯《はく》は、孟《もう》懿《い》子《し》の子、仲孫彘《ちゅうそんてい》である。武は、謚《おくりな》である。孝子は妄《みだ》りに過ちを犯さず、ただ病気になった時だけ、父母に心配をかける」と解釈する。

(訳注) 1孟武伯は、魯《ろ》の大夫、三桓《さんかん》の一である孟孫《もうそん》氏の第十代。姓は姫《き》、氏は仲孫《ちゅうそん》(または孟孫)、名は彘《てい》、謚は武。哀公と折り合いが悪く、その反心を知った哀公は、孟武伯ら三桓を討とうとしたが失敗し、国外へ逃れた(『春秋左氏伝』哀公 伝二十七年)。

〔参校〕 朱熹『論語集注』は、父母はいつも子の病気だけを心配しており、子はそうした父母の気持ちを念頭に置いて、自分の身体を守ることが孝である、と解釈する。伊藤仁斎《いとうじんさい》『論語《ろんご》古義《こぎ》』は、「父母には唯だ其の疾を之れ憂へよ」と読み、「(子は) ただ父母の病気だけを心配するように」と解釈する。日本の「孝」は親に向けられ、中国の「孝」は親と子の双方向に、祖先の血脈を続けることに重点が置かれる。その違いが解釈に現れている。

07子游問孝〔一〕。子曰、今之孝者、是謂能養。至於犬馬、皆能有養。不敬何以別乎〔二〕。

子游(1)孝を問ふ〔一〕。子曰く、「今の孝なる者は、是《こ》れ能《よ》く養ふを謂ふ(2)。犬馬に至るまで、皆能く養ふ有り。敬せずんば何《なに》を以《もっ》て別たんや」と〔二〕。

子游《しゆう》が孝について尋ねた。孔子が言った、「近ごろの孝といわれるものは、（飲食により父母を）養えることを言うようである。（しかし）犬や馬に至るまで、みな養うことができている。敬することがなければどこに区別があろうか」と。

〔集解〕

〔一〕孔安国は、「子游《しゆう》は、弟子である。姓は言《げん》、名は偃《えん》である」と解釈する。

〔二〕包咸《ほうかん》は、「犬は（人のために）敵を防ぎ、馬は人の代わりに労力を割き、人を養うことはできる」と解釈する。一説には、「人が養うものは、犬や馬にまで至っており、敬することがなければ（犬や馬との）区別はない」とある。『孟子《もうじ》』（尽心《じんしん》章句上）には、「養って愛することがないのは、豚のように養うことである。愛して敬することがないのは、獣のように養うことである」とある(3)。

（訳注）1子游は、弟子。姓を言《げん》、名を偃《えん》、字を子游といい、呉《ご》の人。孔子より四十五歳年少。武城《ぶじょう》の宰《さい》（行政長官）となり、善政を敷いた（『史記』仲尼弟子列伝）。『孔子家語《こうしけご》』七十二弟

子解では、魯の人とし、孔子より三十五歳年少とする。学問に優れ、公正を好んだ。2近ごろの人の言う孝は、ただ飲食により父母を養えるとしている（邢昺《けいへい》『論語注疏』）。3本書は、二説のうち、『孟子』を引用する二説目に従った。

08子夏問孝。子曰、色難[一]。有事、弟子服其労、有酒食、先生饌[二]。曾是以為孝乎[三]。

子夏（1）孝を問ふ。子曰く、「色 難《かた》し[一]。事有れば、弟子（2）其の労に服し、酒食有れば、先生に饌《そん》す[二]。曾《すなは》ち（3）是を以て孝と為《な》すか」と[三]。

子夏《しか》が孝について尋ねた。孔子が言った、「（父母の）表情（を窺《うかが》い視《み》ること）が難しい。仕事があれば、子弟《してい》は力を惜しまずに働き、ご馳走があれば、父兄《ふけい》に（先に）飲食していただく。さてそれだけで孝といえるであろうか」と。

[集解]

[一]色 難しとは、父母の顔色を窺い視ることが難しいことをいう。

[二]馬融《ばゆう》は、「先生とは、父兄をいう。饌《せん》は、飲食のことである」と解釈する。

[三]馬融は、「孔子は子夏を喩《さと》して、「力を惜しまずに働いて先に飲食していただく、

お前はそのことを孝とするのか。（それは）孝とするには十分ではない。父母の顔色を理解し対応して、ようやく孝となるのである」と解釈する。

（訳注）1子夏は、弟子。先進《せんしん》篇第十五章では、孔子から「及《およ》ばず」と評されており、遠慮がらな人物であったのだろう。学而篇第七章を参照。2弟子《ていし》とは、人の子弟である者をいう（皇侃『論語義疏』）。3曾《そう》は、則《そく》のような意味である（邢昺『論語注疏』）。なお、皇侃『論語義疏』は、曾は、嘗《しょう》（かつて）のような意味であるとするが、採らない。

〔参校〕朱熹『論語集注』は、「色難し」について、「親に仕える際に、（自分の）表情が難しい」と解釈し、『礼記《らいき》』祭義《さいぎ》篇の「孝子で深い愛を持っている者は、必ず和気《わき》が出てくる。和気がある者は、必ず楽しい顔つきとなる。楽しい顔つきをする者は、必ずたおやかな様子になる」ことを根拠に、労働し奉養《ほうよう》するだけでは、孝とするには不十分であるという。

09子曰、吾与回言終日、不違如愚〔一〕。退而省其私、亦足以発。回也不愚〔二〕。
子曰く、「吾 回(1)と言ふこと終日、違《たが》はざること愚の如し〔一〕。退《しりぞ》きて其の私(2)を省《み》れば、亦《ま》た以て発《はっ》するに足《た》れり。回や愚ならず」と〔二〕。
孔子が言った、「わたしは顔回《がんかい》と話すこと終日、（顔回は）疑問に思って質問せず

（黙っていて）愚者《ぐしゃ》のようである。（しかし、顔回が）退いてから個人的に朋友と会話するのを観察すると、わたしの話を十分に明らかにしている。回は愚者ではないのだ」と。

〔集解〕

〔一〕孔安国《こうあんこく》は、「回《かい》は、弟子である。姓は顔《がん》、字は子淵《しえん》、魯《ろ》の人である。違はずとは、疑問に思って孔子の言葉に質問しないことである。黙ってこれを理解する様子は、愚者であるかのようである」と解釈する。

〔二〕孔安国は、「顔回が退き戻り、他の門人達と道義《どうぎ》を説明し合い、その大要を引き出しているのを見ると、かれが愚者ではないことがわかる」と解釈する。

（訳注）1回《かい》は、弟子。姓を顔、名を回、字を子淵といい、孔子より三十歳年少。魯《ろ》の人（『史記』仲尼弟子列伝）。孔子を父のように慕っており、孔子もまた顔回だけが学問を好む者であると認めて期待していた。貧しい中でも学問と修養を怠《おこた》らず、理解力にも恵まれていたが、常に謙虚であった。2其《そ》の私とは、顔回が個人的に何人かの朋友と談論していることをいう（皇侃《おうがん》『論語義疏』）。

〔参校〕皇侃『論語義疏』は、「吾は回と言ふも、終日違《たが》はず、愚の如《ごと》し」と読み、「わたしは顔回と話したが、（顔回は）終日（道を）違えることなく、愚者のようであった」と解釈する。朱熹『論語集注』は、「私」を一人でくつろいでいる時とし、本文の「退きて其の私を省れば、亦た以て発するに足れり」は、「孔子の前から退いて一人でくつろいでいる時を見ると、（日々のあらゆる起居動作がみな）孔子の道を明らかに理解していることを示していた」と解釈する。荻生徂徠《おぎゅうそらい》『論語徴《ろんごちょう》』は、発を啓発《けいはつ》の意味とし、孔安国注の「大要を引き出」すとは、「他の門人たちを啓発している」ことであると解釈する。

10 子曰、視其所以[一]、観其所由[二]、察其所安、人焉廋哉。人焉廋哉[三]。

子曰く、「其《そ》の以《もち》ふる(1)所を視[一]、其の由る(2)所を観[二]、其の安んずる所を察すれば(3)、人焉《いづく》んぞ廋《かく》さんや、人焉んぞ廋さんや」と[三]。

孔子が言った、「その人の用いるところを視て、その人の行ってきたところを観て、その人の安《やす》んずるところを察《さっ》すれば、（その人の情は）どうして隠すことができようか。どうして隠すことができようか」と。

［集解］

［一］以《い》は、用《よう》である。その人の用いるところを視ることをいう。

［二］由《ゆう》は、経《けい》である。その人の行ってきたところを観ることをいう。

［三］孔安国は、「廋《そう》は、匿《とく》である。その人の全体を観れば、どうしてその情を隠すところがあるだろうか」と解釈する。

〔訳注〕1皇侃《おうがん》『論語義疏』は、「其」は、その当人である。もしその人の行いを知ろうとすれば、まずその人の最近の用いるところを視るべきである、とする。また、朱熹『論語集注』は、「以」を「為《い》」であるとし、「その人のふるまいを視て」と解釈する。2由は、経歴である。次にその人の行ってきたことを観るのである（皇侃『論語義疏』）。3「視」は、ただ視ることである。「観」は、広く見渡すことである。「察」は、思いを沈め心を砕いて推し量ることである。最近の行動は見やすいので「視」といい、従来の行ってきたことは難しいので「観」といい、情性の安んずるところは最も深くに隠れているので「察」という（皇侃『論語義疏』）。

〔参校〕朱熹『論語集注』は、集解と同じく一般的な人物鑑定として、「その人の行為を視て、その行為の根拠を観て、その楽しむ内容を察すれば、どうして隠すことができようか。どうして隠すことができようか」と解釈する。一方、荻生徂徠《おぎゅうそらい》『論語徴《ろんごちょう》』は、賢者が国君を選ぶ際の留意事項とし、「（君主が国を統治するために）いかなる人を用いるかを視て、いかなる道に由るかを観て、いかなることに心を落ち着かせるかを察すれば、どうして隠すことができようか。どうして隠すことができようか」と解釈する。

11子曰、温故而知新、可以為師矣〔一〕。

子曰く、「故《ふる》きを温《あたた》めて新しきを知れば、以て師と為《な》る可し」と(1)〔一〕。

孔子が言った、「学んだことを復習して習熟し（さらに）新しいことを知れば、師となることができる」と。

［集解］

〔一〕温は、尋《じん》（温めなおす）である(2)。学んだことを復習して習熟した者が、さらに新しいことを知れば、それにより師となることができる。

（訳注）1むかしに学んで理解したことは、温めなおして忘れないようにする。これが「故きを温める」である。もともと知らないことについて、学んでそれを理解する。これが「新しきを知る」である。学んだことを温めなおした者が、さらに新しいことを知れば、人の師となることができる（邢昺『論語注疏』）。2『礼記《らいき》』中庸《ちゅうよう》篇に、「故きを温めて新しきを知る」とあり、その鄭玄《じょうげん》注に、「温は、燖温《じんおん》（温めなおす）の温のようである。学んだことに

習熟し、その後のしかるべき時にそれを復習することを温という」とある。邢昺『論語注疏』は、ある人が旧学に習熟し、その後にさらに復習することは、古い食べ物を温めなおすかのようであると述べている。

〔参校〕朱熹『論語集注』は、温は尋繹《じんえき》（事理をたずねること）であるとする。伊藤仁斎《いとうじんさい》『論語古義《ろんごこぎ》』は、温を尋であるとし、荻生徂徠《おぎゅうそらい》『論語徴』もこれを踏襲して、温を尋と読むのは古来相伝の説であり、「習う」という意味であるとする。日本で人口に膾炙《かいしゃ》している「故きを温《たず》ねて新しきを知る（むかし学んだことを復習してそのたびに新たな発見をする）」という読みは、新注以降の解釈による。

12子曰、君子不器〔一〕。

子曰く、「君子は器《き》ならず」と(1)〔一〕。

　孔子が言った、「君子は器ではない」と。

［集解］

［一］包咸《ほうかん》は、「器というものは、各々がそれ自体の用途に適《かな》っている。（しかし）君子には、できないことはない」と解釈する。

（訳注）1器は、用途《ようと》に適《かな》った物である。たとえば船は海に浮かべるが、山には登れず、車は陸を行けるが、海を渡れない。君子は才業をあまねく完備すべきで、器のように唯一（のはたらき）に囚われるようではならない（皇侃『論語義疏』）。

〔参校〕荻生徂徠《おぎゅうそらい》『論語徴《ろんごちょう》』は、「君子は器を使う立場にあるため、「君子は器ならず」という」とする。

13子貢問君子。子曰、先行其言、而後従之〔一〕。

子貢（1）君子を問ふ。子曰く、「先《ま》づ其の言を行ひて、而《しか》る後に之に従ふ」と〔一〕。

子貢《しこう》が君子について尋ねた。孔子が言った、「（君子は）まず何かを言って、あとでその言葉に従って行動する」と。

〔集解〕

〔一〕孔安国は、「（孔子は）小人が言葉は多く、行いが伴っていないことを嫌っている」と解釈する。

（訳注）1子貢は、弟子。弁舌に優れており、他人の批評を好んだ。学而《がくじ》篇第十章を参照。

〔参校〕朱熹『論語集注』は、范祖禹《はんそう》の説を引き、子貢の患《うれい》は、言うことが難しいのではなく、行うことが難しいところにある。そのため、孔子はこの言葉を告げたとする。そして、「言わない段階で実践し、実践した後に言う」と解釈する。

14子曰、君子周而不比〔一〕、小人比而不周。
子曰く、「君子は周《しゅう》にして比《ひ》ならず〔一〕、小人は比にして周ならず」と。
孔子が言った、「(人と付き合う際に)君子《くんし》はまことを尽くしておもねらず、小人《しょうじん》はおもねってまことを尽くさない」と。

〔集解〕
〔一〕孔安国は、「まことを尽くして偽《いつわ》らないことを周といい、おもねり与《くみ》することを比という」と解釈する。
〔参校〕朱熹『論語集注』は、「ともに人と親しく付き合うという意味だが、周は公《こう》であり、比は私《し》である」という。

15子曰、学而不思則罔〔一〕、思而不学則殆〔二〕。
子曰く、「学びて思はざれば則ち罔《くら》し〔一〕。思ひて学ばざれば則ち殆《つか》る」と〔二〕。

孔子が言った、「学んでも（その意味を）思索《しさく》しなければ物事の道理が分からない。思索するだけで学ばなければ疲れる」と。

［集解］

［一］包咸は、「学んでもその意味を思索しなければ、暗愚なまま得るものがない」と解釈する。

［二］学ばずに思索すれば、結局のところ得るものはなく、人の精神を疲れさせる。

〔参校〕朱熹『論語集注』は、「殆《たい》」を「危《き》」とし、「思ひて学ばざれば則ち殆《あや》ふし」と読み、「思索するだけで学ばなければ、危うくて不安定である」と解釈する。

16子曰、攻乎異端、斯害也已矣［一］。

子曰く、「異端(1)を攻《をさ》むるは、斯《そ》れ害あるのみ」と［一］。

孔子が言った、「異端《いたん》（小道）を修めるのは、害があるだけである」と。

［集解］

［一］攻《せい》は、治《ち》である。善道には統《とう》がある。そのため方途《みち》を異にしても帰着するところは同じである(2)。異端は、帰着するところが同じではない。

（訳注）1異端について、集解は、皇侃の『論語義疏』や邢昺の『論語注疏』のように「諸子《しょし》百家《ひゃっか》」と限定せず、「小道《しょうどう》」の意味で解釈する。たとえば、子張《しちょう》篇第四章の「小道と雖《いへど》も、必ず観《み》る可き者有り」の集解には、「小道とは、異端を謂《い》ふ」と見える。2何晏《かあん》は、『周易《しゅうえき》』繋辞下伝《けいじかでん》に基づきつつ、「善」は一なるところに帰着すると理解する。同様の思想は、衛霊《えいれい》公《こう》篇第二章の「予《よ》一《いつ》以て之《これ》を貫く」への集解にも見られる。

〔参校〕朱熹『論語集注』は、「異端」について、楊朱《ようしゅ》・墨子《ぼくし》の思想、さらに引用する程《てい》氏の言では仏教の思想とし、伊藤仁斎『論語古義』は、根本ではない末端のこととする。荻生徂徠『論語徴』は、「異端」を異心を抱く者、「攻」を攻めると解釈し、謀反の心を持つ者を急に攻めれば、混乱は必至なので、孔子がそれを戒めた言葉である、とする。

17子曰、由、誨汝知之乎〔一〕。知之為知之、不知為不知。是知也。

子曰く、「由や、(1)汝《なんぢ》に之《これ》を知るを誨《をし》へんか〔一〕。之を知るを之を知ると為《な》し、知らざるを知らざると為す。是れ知るなり」と。

孔子が言った、「由《ゆう》よ、お前に知るとはなにかを教えよう。知っていることを知っているとし、知らないことを知らないとする。それが知るということである」と。

［集解］

［一］孔安国は、「由は、弟子である。姓は仲《ちゅう》、名は由、字は子路《しろ》である」と解釈する。

（訳注）1由は、弟子。姓を仲、名を由、字を子路といい、孔子より九歳年少。魯《ろ》の卞《べん》の人。季《き》氏《し》の宰《さい》、衛《えい》の蒲《ほ》の大夫《たいふ》、衛《えい》の大夫《たいふ》である孔悝《こうかい》の邑宰《ゆうさい》となった（『史記』仲尼弟子列伝）。書物による学問を好まず、行動を是《ぜ》とした。果断さを孔子に認められ、政治を得意とした。正《せい》直《ちょく》で勇を好み、果断で悪を許さなかった。向こう見ずなところがあり、衛の内乱に死んだ。

〔参校〕荻生徂徠『論語徴』は、本文の「知る」を人材を知るという意味で解釈する。

18子張学干禄［一］。子曰、多聞闕疑、慎言其余、則寡尤［二］。多見闕殆、慎行其余、則寡悔［三］。言寡尤、行寡悔、禄在其中矣［四］。

子張(1)禄を干《もと》めんことを学ぶ［一］。子曰く、「多く聞きて疑はしきを闕《か》き、慎みて其の余を言へば、則ち尤《とが》め寡《すく》なし［二］。多く見て殆《あや》ふきを闕き、慎みて其の余を行へば、則ち悔い寡なし［三］。言に尤め寡なく、行に悔い寡なければ、禄は其の中に在り」と［四］。

子張《しちょう》が俸禄《ほうろく》と地位をもらう手だてを学ぼうとした。孔子が言った、「多くのことを聞き疑わしいものを棄て、慎重にそれ以外のことを言えば、過ちは少なくなる。多くのことを見て危ういものを棄て、慎重にそれ以外のことを実行すれば、後悔は少なくなる。言葉に過ちが少なく、行動に後悔が少なければ、俸禄は（自然に）その中から生まれてくる」と。

［集解］

［一］鄭玄《じょうげん》は、「子張《しちょう》は、弟子である。姓は顓孫《せんそん》、名は師《し》、字は子張である。干《かん》は、求《きゅう》である。禄は、俸祿と地位である」と解釈する。

［二］包咸《ほうかん》は、「尤《ゆう》は、過《か》である。疑わしいものは棄て、その他の疑わしくないものについて、なお慎重にそれを言えば、過ちは少なくなる」と解釈する。

［三］包咸は、「殆《たい》は、危《き》である。見た中で危ういものは棄て、それを行わなければ、後悔は少なくなる」と解釈する。

［四］鄭玄は、「言葉や行動がこのようであれば、俸禄と地位がなかったとしても、（それが）俸禄と地位を得る道なのである[(2)]」と解釈する。

（訳注）1子張は、弟子。姓を顓孫《せんそん》、名を師、字を子張といい、孔子より四十八歳年少（『史記』仲尼弟子列伝）。立派な容貌と資質を持っていたが、仁義に務めなかったため、同門はかれ

を友にはしたが、敬することはなかったという。２（鄭玄注は）道の無い世にあって、徳行がこのようであれば、俸禄をもらっていなかったとしても、思いがけず有道の君主に出会えた際に、必ず用いられることを言う。そのため俸禄を得る道というのである（皇侃『論語義疏』）。

〔参校〕伊藤仁斎『論語古義』は、「禄 其の中に在り」を人に無視されず衣食も足りるという意味で解釈する。

19哀公問曰、何為則民服〔一〕。孔子対曰、挙直錯諸枉、則民服〔二〕。挙枉錯諸直、則民不服。

哀公(1)問ひて曰く、「何を為《な》せば則ち民 服せん」と〔一〕。孔子 対《こた》へて曰く、「直《なお》きを挙げて諸《これ》を枉《まが》れるに錯《お》けば、則ち民 服す〔二〕。枉れるを挙げて諸を直きに錯けば、則ち民 服せず」と。

哀公《あいこう》が尋ねた、「どうすれば民が服するであろうか」と。孔子は答えた、「正直《せいちょく》な人を起用して邪佞《じゃねい》な人（の代わり）におけば、民は服します。邪佞の人を起用して正直な人（の代わり）におけば、民は服しません」と。

［集解］

［一］包咸《ほうかん》は、「哀公は、魯《ろ》の君主の謚《おくりな》である」と解釈する。

［二］包咸は、「錯《さく》は、置《ち》である。正直な人を起用して、邪佞な人を廃すれば、民はその上《かみ》に服する」と解釈する。

（訳注）1哀公は、魯の君主。姓は姫《き》、名は将《しょう》、謚は哀。定公《ていこう》の子。当時、十代前の桓公《かんこう》の子孫である三家（三桓）が魯の政治を専横していた。哀公は越《えつ》と協力して三桓を滅ぼそうとしたが失敗し、かえって邾《ちゅ》・越へ逃れることになった（『春秋左氏伝』哀公 伝二十七年）。孔子には治国に関する質問をしたことが『論語』にしばしば見える。

〔参校〕朱熹『論語集注』は、「錯」は捨て置く、「諸」は多いという意味とし、「直きを挙げて諸《もろ》〻の枉《まが》れるを錯《お》けば、則ち民 服す。枉れるを挙げて諸〻の直きを錯けば、則ち民服せず」と読み、「まっすぐな人を起用して多くの曲がった人を登用しないならば、民は服します。曲がった人を起用して多くのまっすぐな人を捨て置けば、民は服しません」と解釈する。

20季康子問、使民敬忠以勸、如之何［一］。子曰、臨之以莊則敬［二］、孝慈則忠［三］。擧善而教不能、則民勸［四］。

季康子(1)問ふ、「民をして敬忠にして以て勧《つと》めしむるには、之を如何《いかん》せん」と[一]。子曰く、「之に臨むに荘を以てすれば則ち敬す[二]。孝慈なれば則ち忠なり[三]。善を挙げて不能を教ふれば則ち民勧む」と[四]。

季康子《きこうし》が尋ねた、「民を敬忠にして努めさせるには、どうしたらよいであろう」と。孔子が言った、「(君主が)民に荘厳な態度で臨めば敬います。(君主が)親に孝を行い民に慈愛深くすれば忠を尽くすようになります。(君主が)善人を引きあげ能力のない者を教えれば努めるようになります」と。

[集解]

[一] 孔安国は、「(季康子は)魯の卿《けい》の季孫肥《きそんひ》である。康は、諡である」と解釈する。

[二] 包咸は、「荘《そう》は、厳《げん》である。君主が民に荘厳《そうごん》な態度で臨めば、民は上の者に敬する」と解釈する。

[三] 包咸は、「君主が上では親に孝を行い、下では民に慈愛深くできれば、民は忠を尽くす」と解釈する。

[四] 包咸は、「善人を引きあげ能力のない者を教えれば、民は努める」と解釈する。

(訳注) 1季康子は、魯の大夫、三桓の一である季孫氏の第七代。姓は姫《き》、氏は季孫、名は肥、

諡は康。季桓子の子。冉有《ぜんゆう》・子貢《しこう》・子路《しろ》・樊遅《はんち》など孔子の門下を多く用いた。家宰《かさい》とした冉有に、戦について助言を求めることもあったが（『春秋左氏伝』哀公 伝十一年）、進言を容れない場合が多かったことは、八佾《はちいつ》篇第六章や季氏《きし》篇第一章を参照。

21或謂孔子曰、子奚不爲政〔一〕。子曰、書云、孝乎惟孝、友于兄弟、施於有政。是亦爲政也。奚其爲爲政也〔二〕。

或《ある》ひと孔子に謂《い》ひて曰く、「子 奚《なん》ぞ政を為《な》さざる」と〔一〕。子曰く、「書(1)に云ふ、「孝なるかな惟《こ》れ孝、兄弟に友にして、施すこと有政《いうせい》に於《お》てす」と。是れも亦《ま》た政を為すなり。奚《なに》をか其《そ》れ政を為すと為さん」と〔二〕。

ある人が孔子に言って、「先生はどうして政治をなさらないのですか」とした。孔子が言った、「『尚書《しょうしょ》』（君陳《くんちん》篇）に、「（素晴らしい）孝だなこの孝は、兄弟で助けあい、政治をしているのと同じである」とある。これもまた政治をしているということだ。そもそも何を政治を行うとするのか」と。

［集解］

〔一〕包咸は、「ある人は、位についていることこそが政治を行うことだと考えている」

と解釈する。

［二］包咸は、「「孝なるかな惟れ孝」は、孝を称えた言葉である。「兄弟に友に」は、兄弟で助け合うことである。施《し》は、行《こう》である。行うことが政道にあるのは、政治を行うことと同じなのである」と解釈する。

（訳注）１書は、『尚書』。五経《ごきょう》の一つで、尭《ぎょう》・舜《しゅん》・周公旦《しゅうこうたん》などの政令や言行を記載した書。現行の偽古文《ぎこぶん》『尚書』君陳篇には、「王若《か》く曰く、君陳よ、惟《こ》れ爾《なんち》令徳・孝恭あり。惟れ孝は、兄弟に友に、克《よ》く有政に施す（成王は言った、君陳よ、おまえは善行があり〈父母に〉孝で〈己《おのれ》を持するに〉慎み深い。〈父母に〉孝であり、兄弟が助け合うことは、〈これを〉政治にまで広げることができる）」とあり、字句が異なっている。

〔参校〕朱熹『論語集注』は、「子曰、書云孝乎」で断句し、以下の「惟孝、友于兄弟、施於有政」という文と、『書経《しょきょう》』（尚書）君陳篇の文とが一致するように読む。そしてまた、『書経』を「君陳《くんちん》は親孝行だから、兄弟に親しみ、さらにこの心を推し広めて、それで一家を治められる」と理解する。そして、本文を「書に孝を云へるか。「惟れ孝は、兄弟に友に、有政に施す」と。是れも亦た政を為すなり。奚《いづく》んぞ其れ政を為すを為さん」と読み、「『書経』では孝をこのように解釈する。「（君陳は）親孝行だから、兄弟に親しみ、それで一家を治めている」と。これもまた政治を行うことである。どうして（高い位について）政治をすることがあるのだろうか」と解釈する。

22子曰、人而無信、不知其可也［一］。大車無輗、小車無軏、其何以行之哉［二］。

子曰く、「人にして信無くんば、其の可なるを知らざるなり［一］。大車(1)に輗《げい》無く、小車(2)に軏《げつ》無くんば、其れ何を以て之を行《や》らんや」と［二］。

孔子が言った、「人として信がなければ、何事も良いということはない。大車に（牛をつなぐ）輗《げい》がなく、小車に（馬をつなぐ）軏《げつ》がなければ、どうやって動かせようか」と。

［集解］

［一］孔安国は、「言いたいことは人として信がなければ、それ以外についてもすべて良くないということである」と解釈する。

［二］包咸は、「大車は、牛が引く車である。輗とは、轅《ながえ》の突端の横木であり、軛《くびき》に縛りつけるものである。小車は、四頭の馬が引く車である。軏とは、轅の突端の曲がっている部分で、衡《よこぎ》を引っかけるところである」と解釈する。

（訳注）1大車は、平地で大きな積荷を載せる車で、牛が引く。2小車は、兵車・耕作用の車・人を乗せる車の類で、馬が引く。

〔参校〕荻生徂徠《おぎゅうそらい》『論語徴《ろんごちょう》』は、「信」は、自分と他人が接する時に言われるものであり、だから車と牛馬をつなぐ「輗」と「軏」が比喩として持ち出された、としている。

23子張問、十世可知也〔一〕。子曰、殷因於夏礼、所損益可知也。周因於殷礼、所損益可知也〔二〕。其或継周者、雖百世可知也〔三〕。

子張問ふ、「十世(1)知る可きや」と〔一〕。子曰く、「殷《いん》は夏《か》の礼に因り、損益する所は知る可きなり。周《しゅう》は殷の礼に因り、損益する所は知る可きなり〔二〕。其の或《ある》いは周を継ぐ者は、百世と雖《いへど》も知る可きなり」と〔三〕。

子張《しちょう》が、「十代先（の礼）を知ることができるでしょうか」と尋ねた。孔子は、「殷《いん》は夏《か》の礼を受け継いでおり、何が損《へ》り何が益《ふ》えたかについては知ることができる。周《しゅう》は殷の礼を受け継いでおり、何が損《へ》り何が益《ふ》えたかについては知ることができる。周のあとを継ぐもののことは、百代先でも知ることができる」と答えた。

〔集解〕

［一］孔安国は、「（このように尋ねたのは）文・質（2）の礼が変わるからである」と解釈する。

［二］馬融は、「因る所とは、三綱（3）・五常（4）をいう。損益する所とは、文・質三統（5）をいう」と解釈する。

［三］馬融は、「同類は（感応して）それぞれが求め合い、趨勢は（巡ることで）それぞれが始まり、その変化には一定の法則がある。そのため予《あらかじ》め知ることができるのである」と解釈する。

（訳注）1十世とは、十代をいう（皇侃《おうがん》『論語義疏』）。2文《ぶん》・質《しつ》は、文が、外に表れた文飾《ぶんしょく》を指し、質が、内実を指す。夏《か》は文、殷《いん》は質というように、王朝ごとに尊ぶものが入れ替わる。『白《びゃく》虎通《こつう》』三正《さんせい》に、「王者は、必ず一質一文であるのはなぜか。天地を受けて、陰陽《いんよう》に従うからである。……帝王が始めて起こり、先に質となり後に文となったのは、天下の道・本末の義・先後の序に従っている。事には先に質の性をもたないものはなく、そのあとで文がある」と説明されている。3三綱《さんこう》は、君臣（関係）・父子（関係）・夫婦（関係）をいう。この三事は、人生の綱要《こうよう》であるため、三綱という（皇侃『論語義疏』）。『白虎通』三綱六紀《さんこうろくき》に、「三綱とは何を言うのか。君臣（関係）・父子（関係）・夫婦（関係）を言う。そのため『礼緯《れいい》含文嘉《がんぶんか》』に、「君は臣の綱であり、父は子の綱であり、夫は妻の綱である」というのである」

とあり、また、「君・臣・父・子・夫・婦は六人である。三綱と呼ぶ理由は何か。一陰一陽を道といい、陽は陰を得て成り立ち、陰は陽を得て立ち位置が定まり、剛柔はともに組み合う。そのため六人を三綱とするのである」とある。4五常《ごじょう》は、仁《じん》・義《ぎ》・礼《れい》・智《ち》・信《しん》をいう（皇侃『論語義疏』）。『白虎通』情性《じょうせい》に、「五常とは何か。仁・義・礼・智・信をいう。仁とは、不忍《ふにん》（他人の不幸を我慢できないこと）であり、好んで愛を人に生じることである。義とは、宜《ぎ》であり、決断して適切なところを得ることである。礼とは、履《り》であり、道を履《ふ》んで文を成すことである。智とは、知であり、ただ自分だけが先に見聞きし、何事にも惑わず、微《かす》かなものを知ることである。信とは、誠であり、一《いつ》を守って移らないことである。そのため人が生まれて八卦《はっか》の体に応じ、五気《ごき》を得て常とするというのは、仁・義・礼・智・信のことなのである」とある。5三統は、天統《てんとう》・地統《ちとう》・人統《じんとう》のこと。赤色を尚《とうと》び、建子《けんし》の月（仲冬《ちゅうとう》）を歳首とするのが天統であり、白色を尚び、建丑《けんちゅう》の月（季冬《きとう》）を歳首とするのが地統であり、黒色を尚び、建寅《けんいん》の月（孟春《もうしゅん》）を歳首とする人統である。天統・地統・人統は、また赤統《せきとう》・白統《はくとう》・黒統《こくとう》、あるいは天正《てんせい》・人正《じんせい》・地正《ちせい》とも言われる。

〔参校〕伊藤仁斎《いとうじんさい》『論語古義《ろんごこぎ》』は、子張《しちょう》には未来予知という尋常でないものの志向があるので、孔子は、礼が変わらないものから増やしたり減らしたりしているだけであることを示して、そのような志向を斥《しりぞ》けた、とする。荻生徂徠《おぎゅうそらい》『論語徴《ろんごちょう》』は、十世を「父子十代」の意味であるとする。また、子張が礼について質問していないのに、孔子が礼について答えたのは、聖人が予知できるのは礼だけであるからだ、という。

24子曰、非其鬼而祭之、諂也[一]。見義不為、無勇[二]。

子曰く、「其《そ》の鬼《き》に非ずして之《これ》を祭るは、諂《へつら》へるなり(1)[一]。義を見て為《な》さざるは、勇無きなり」と[二]。

孔子が言った、「自分の先祖の霊《れい》でもないのに祭るのは、諂って(福を求めて)いるのである。なすべきことを見ながら実行しないのは、勇気が無いのである」と。

[集解]

[一]鄭玄《じょうげん》は、「人神を鬼《き》という。自分の先祖でないのに祭るのは、諂って福を求めているのである」と解釈する。

[二]孔安国は、「義というのは、しなければならないことである。なすべきであるのに実行できないのは、勇気が無いのである」と解釈する。

(訳注)1諂は、ほしいままに求めることである(皇侃『論語義疏』)。また、参校にあげたように、

鄭玄注は、「媚《こ》びて求めることである」とする。

〔参校〕鄭玄『論語注』は「諂」について、「その先祖ではないのに祭るのは、淫祀《いんし》の福を媚《こ》びて求めているのである」とする。

八佾《はちいつ》第三　凡廿六章　何晏集解

01孔子謂季氏、八佾舞於庭。是可忍也、孰不可忍也［一］。

孔子　季氏を謂《い》ふ、(1)(2)「八佾の舞　庭に於てす。是れをも忍ぶ可くんば、(3)孰《たれ》をか忍ぶ可からざらん」と［一］。

孔子が季氏《きし》を批判して、「(陪臣であるのに、天子や魯君にしか許されない）八佾《はちいつ》の舞を（家廟の）庭で舞わせている。これを許せるのであれば、誰が許されないというのか」とした。

［集解］

［一］馬融《ばゆう》は、「孰は、誰である。佾は、列である。天子は八佾、諸侯は六佾、卿・大夫は四佾、士は二佾である。(4)八人が列をつくり、（八列なので）八八六十四人である。魯は（その祖である）周公《しゅうこう》の功績のために、王者の礼楽《れいがく》を受け、(5)八佾の舞がある。いま季桓子《きかんし》(6)は（魯の卿《けい》に過ぎないのに）僭上《せんじょう》し、自分の家廟《かびょう》で八佾を舞わせた。このため孔子はこれを譏《そし》ったのである」と解釈する。

（訳注）1季氏は、魯の大夫である季孫《きそん》氏のこと。魯の桓公の後裔で、季武子《きぶし》・季平子《きへいし》・季桓子《きかんし》と暴慢で僭越な当主が続いていた。次章の注も参照。2謂《い》ふは、評論の言葉である（皇侃《おうがん》

『論語義疏』）。３忍ぶは、忍耐である（皇侃『論語義疏』）。４天子は八佾、諸侯は六佾、卿・大夫は四佾、士は二佾というのは、『春秋左氏伝』隠公《いんこう》伝五年に基づく。ただし、杜預《どよ》は、諸侯六×六　三十六人、大夫四×四　十六人、士二×二　四人であるとするが、服虔《ふくけん》は、諸侯六×八　四十八人、大夫四×八　三十二人、士二×八　十六人であるとし、朱熹《しゅき》は、どちらが正しいか分からないという。５西周の成王《せいおう》と康王《こうおう》が、周公の勲労により、魯に天子の楽を賜ったことを示す（『礼記《らいき》』祭統）。６季桓子は、三桓の一である季孫氏の第六代。姓は姫、氏は季孫、名は斯《し》、諡は桓《かん》。しかしかれは、臣下の陽虎に苦しめられ強権を振るえなかったことから、ここでの季氏は季平子であると、諸橋轍次《もろはしてつじ》「論語人物考」（『諸橋轍次著作集』第七巻、大修館書店、一九七七年）は述べている。

〔参校〕トルファンアスターナ三六三号墓八／一号写本（鄭玄《じょうげん》『論語注』）には、「天子の礼楽を僭用するは、季平子より始まる」という注があり、鄭玄はここでの季氏を季平子とする。朱熹『論語集注』は、「孰」を「いづれ」とし、「これを許せるのであれば、なにを許せないというのか」と解釈する。

02三家者以雍徹〔一〕。子曰、相維辟公、天子穆穆。奚取三家之堂〔二〕。

三家者(1) 雍を以て徹す(2)[一]。子曰く、「相《たす》くるは維れ辟公、天子 穆穆たり(3)と。奚《なん》ぞ三家の堂に取らんや」と[二]。

三家《さんか》（孟孫氏《もうそんし》・叔孫氏《しゅくそんし》・季孫氏《きそんし》）は雍《よう》（を歌わせてそれ）で供物を下げていた。孔子が言った、「（『詩経《しきょう》』の雍の詩には）「（天子の祭を）助けるものは諸侯と二王《におう》の後《のち》、天子(4)はつつしみ深く」とある。どうして三家の堂に用いられようか」と。

[集解]

[一] 馬融は、「三家とは、孟孫氏・叔孫氏・季孫氏をいう。雍は、（『詩経』）周頌《しゅうしょう》の臣《しん》工《こう》（之什の中）の篇名である。天子が宗廟を祭る際には、これを歌って祭りを撤収する。いま三家もこの楽を行うことがあった」と解釈する。

[二] 包咸《ほうかん》は、「辟公とは、諸侯と二王の後をいう。穆穆(5)は、天子の容貌である。（『詩経』周頌）雍篇について、この詩を歌うのは、諸侯と二王の後がやってきて祭を助ける(6)ことがあるからである。いま三家には家臣(7)しかいない。どうしてこの義に基づいてこの詩を堂に用いられようか」と解釈する。

（訳注）1三家は、魯の大夫である三つの家のこと。魯の桓公《かんこう》から別れたため、三桓とも称される。桓公の嫡子は荘公《そうこう》となり、庶子の慶父《けいほ》・叔牙《しゅくが》・季友《きゆう》の子孫がそれぞれ仲孫《ちゅうそん》・叔孫・季

孫の三氏となった。仲孫氏は後世、庶子の中での長子を指す孟を用い、孟孫氏と改めた（『史記』魯周公世家）。2徹は、皇侃『論語義疏』によれば、祭器・供物を撤収すること。3「相くるは維れ辟公、天子 穆穆たり」は、『詩経』周頌 臣工之什の第七篇、雝《よう》（雍と通じる）と題された、「有来雝雝、至止粛粛。相維辟公、天子穆穆」から始まる詩。『毛詩正義』によれば、太祖《たいそ》への禘《てい》の祭りの際に用いる楽歌であるという。禘については、八佾篇第十章の注を参照。4二王の後は、自分の前の二つの国家の子孫。周にとっては、夏《か》と殷《いん》の後裔のこと。周の武王は、夏と殷の王族の後裔を杞《き》と宋《そう》に封じた（『礼記《らいき》』楽記《がくき》篇）。5穆穆は、敬《つつ》しむ様子である（皇侃『論語義疏』）。6助祭は、臣下が君主の行う祭祀を補佐すること。7家臣は、卿・大夫の臣下のこと。邢昺《けいへい》『論語注疏』によれば、卿・大夫を家といい、その家相《かしょう》や邑宰《ゆうさい》の類を家臣という。

〔参校〕『詩経』の鄭箋《ていせん》（鄭玄《じょうげん》の注）では、辟公《へきこう》を「百辟《ひゃくへき》（王朝の臣下）と諸侯」としており、包咸注とは異なる。朱熹『論語集注』は、「辟公は諸侯である。穆穆は深遠の意」とする。また、そもそも魯が天子の礼楽を賜ったことが誤りで、それが季氏の僭上《せんじょう》を招いたという。

03子曰、人而不仁、如礼何。人而不仁、如楽何［一］。

子曰く、「人にして仁ならずんば、礼を如何《いかん》せん。人にして仁ならずんば、楽を如何せん」と[一]。

孔子が言った、「人であって仁でなければ、礼をどうすることができよう。人であって仁でなければ、楽《がく》をどうすることができよう」と。

［集解］

［一］包咸は、「人であって仁でなければ、絶対に礼楽を行えないということである」と解釈する。

〔参校〕皇侃『論語義疏』は、この章を季氏の僭礼を誹ったものであるとする。

04林放問礼之本[一]。子曰、大哉問。礼与其奢也、寧倹。喪与其易也、寧戚[二]。

林放 礼の本を問ふ[一]。子曰く、「大なるかな問ひや。礼は其の奢らん与《よ》りは、寧《むし》ろ倹せよ。喪は其の易《やす》き与りは、寧ろ戚《いた》めよ」と[二]。

林放《りんぼう》が礼の根本を尋ねた。孔子が言った、「優れた問いであるな。礼は奢侈《しゃし》であるよりは、倹約である方がよい。喪礼は簡単であるよりは、（過剰に）哀しむ方がよい」と。

［集解］

［一］鄭玄《じょうげん》は、「林放は、魯の人である」と解釈する。

［二］包咸は、「易は、和易(1)である。礼の本意として、奢侈に陥るよりも倹約である方がよい。喪礼は簡単に済ませるよりは、（死を過剰に）哀しむ方がよい」と解釈する。

〔訳注〕1和易は、簡単に済ませること。

〔参校〕朱熹『論語集注』は、「易は、治である」とし、喪礼においては礼の規定を守ることと、哀痛する心との両者の中庸《ちゅうよう》を重視することであるという。子張篇第十四章も参照。


05子曰、夷狄之有君、不如諸夏之亡也［一］。

子曰く、「夷狄(1)の君有るは、諸夏(2)の亡《な》きが如《ごと》くならざるなり」と［一］。

孔子が言った、「夷狄《いてき》で君主がいることは、中国《ちゅうごく》で（君主の）いないようなことよりもよい」と。

［集解］
［一］包咸は、「諸夏は、中国である。亡は、無である」と解釈する。
〔訳注〕1夷狄は、異民族。東夷・北狄・西戎・南蛮の総称。2夏は、大という意味である。中

国には礼の偉大さがあるので夏という（皇侃《おうがん》『論語義疏』）。

〔参校〕トルファンアスターナ三六三号墓八／一号写本（鄭玄『論語注』）には、「時の喪乱するが為に、以て人心を矯《た》む（そのとき戦乱であったため、これにより人心を矯正した）」という注があり、乱れた中国よりも夷狄の方が良いと解釈する。本書の解釈もこれに従った。朱熹《しゅき》『論語集注』は、程子《ていし》が「夷狄すら君主がいる。中国が僭上《せんじょう》して乱れ、かえって上下の分が無くなっているような状態ではない」と述べるのを引き、「亡」とは、あるにはあるが、その道を尽くせないこととする。伊藤仁斎《いとうじんさい》『論語古義』は、中国も夷狄も、礼楽を用いれば中華であるとする。荻生徂徠《おぎゅうそらい》『論語徴』は、「如《し》かず」と読み、「諸夏」を諸侯の国であるとして、諸侯が乱立して君主が有名無実であっても、礼と義があるため、君主の居る夷狄よりも中国が勝っているとする。

06季氏旅於泰山。子謂冉有曰、汝不能救与〔一〕。対曰、不能。子曰、嗚呼、曾謂泰山不如林放乎〔二〕。

季氏 泰山(1)に旅す(2)。子 冉有(3)に謂ひて曰く、「汝 救《と》むる能はざるか」と〔一〕。対へて曰く、「能はず」と。子曰く、「嗚呼《ああ》、曾《すなは》ち泰山(4)は林放に如《し》かずと謂《おも》へるか」と〔二〕。

季氏が泰山で旅《りょ》（の祭り）をした。孔子は（季氏に仕えていた）冉有《ぜんゆう》に言った、「おまえは止められないのか」と。（冉有は）「できません」と答えた。孔子は言った、「ああ、ならば泰山（の神）は（礼への理解が）林放《りんぼう》にも及ばないとでも思っているのか」と。

［集解］

［一］馬融《ばゆう》は、「旅は、祭の名である。礼⑸に、「諸侯はその封土内にある山川を祭る」とある。いま（季氏という）陪臣《ばいしん》が泰山を祭ることは礼ではない。冉有《ぜんゆう》は、弟子の冉《ぜん》求《きゅう》である。このとき季氏に仕えていた。救は、止のような意味である」と解釈する。

［二］包咸は、「神《しん》は非礼を享《う》けない。林放ですら礼を知る。（まして）泰山の神が、かえって林放よりも（礼を）知らぬことなどあろうか。（それなのに季氏は）あざむいてこれを祭ろうとしている」と解釈する。

（訳注）1泰山は、魯の封土内にある山。五嶽《ごがく》のうちの東嶽《とうがく》として名高い。2旅は、祭祀の名。『周礼《しゅらい》』大宗伯《だいそうはく》に、「国に大故有れば、則ち上帝及《と》四望を旅す」とあり、鄭玄注に、「旅は、陳なり。其の祭事を陳《つら》ねて以て焉《これ》を祈るなり。……四望は、五嶽・四鎮・四瀆《しとく》なり」とある。旅は、本来、祭を陳ねるという意味であったが、馬融の言によれば、のちに祭祀の名になっ

たのであろう。3冉有は、弟子。姓を冉、名を求、字を子有《しゆう》といい、孔子より二十九歳年少（『史記』仲尼弟子列伝）。『孔子家語《こうしけご》』弟子解では、仲弓《ちゅうきゅう》の宗族であるといい、鄭玄『弟子《ていし》目録《もくろく》』では魯の人という。多才で政治を得意とした。控えめな性格で、季氏の宰《さい》であったが、季氏の悪行を諫められなかったことが『論語』に多く見える。ただし『春秋左氏伝』哀《あい》公《こう》伝十一年では、魯の国難にあたり季康子《きこうし》らに参戦を促し、戦果を挙げている。4曾の意味は、則である（皇侃『論語義疏』）。5『礼記《らいき》』王制《おうせい》篇に、「諸侯は名山・大川のその地に在るものを祭る」とあることに基づく。その箇所の鄭玄注には、「魯人は泰山を祭る」とある。

〔参校〕トルファンアスターナ三六三号墓八／一号写本（鄭玄『論語注』）には、「太山（泰山）の神が礼を知ることは、林放が賢であることより優らないと言っている」とあり、林放を賢人としている。朱熹『論語集注』は、「救は、季氏が僭上の罪に陥るのを救うことをいう」とする。「汝 救《すく》ふ能はざるか」と読み、「おまえは（季氏が僭上の罪に陥るのを）救うことができないのか」と解釈することになる。

07子曰、君子無所争。必也射乎〔一〕。揖讓而升下、而飲〔二〕。其争也君子〔三〕。

子曰く、「君子は争ふ所無し。必ずや射か[一]。揖譲(1)して升り下り、而して飲ましむ[二]。其の争ひや君子なり」と[三]。

孔子が言った、「君子は争うことがない。はじめて争うのは射であろうか。揖譲《ゆうじょう》して（堂を）登り降りして、そして（互いに酒を）飲ませる。その争いは君子（の争い）である」と。

［集解］

［一］孔安国は、「射に対するときはじめて争うことがあることをいう」と解釈する。

［二］王粛《おうしゅく》は、「堂上で射をする際、（堂に）升り下りするにはみな拱手《こうしゅ》して譲り合い(2)、そして互いに（酒を）飲ませる」と解釈する。

［三］馬融は、「多筭(3)（勝者）が少筭《しょうさん》（敗者）に（酒を）飲ませるのは君子が争う状況である」と解釈する。

（訳注）１揖譲は、揖は両手を組み合わせ胸の前に出し、敬意を示す挨拶。拱手ともいう。２『儀礼《ぎらい》』大射儀篇に、「（司射）堂に升りて揖し……射を卒ふれば、北面して揖す」とあることに基づく。３多筭・少筭の筭《さん》（算）は、矢が的中する毎に、中という器に一本ずつ加える数え棒のこと（『儀礼』郷射礼篇鄭玄注）。多筭とは、的中が多いことであり、勝者を指す。

〔参校〕朱熹『論語集注』は、射は従容として謙譲であるため、君子の争いである、という。

08子夏問曰、巧笑倩兮、美目盼兮、素以為絢兮、何謂也〔一〕。子曰、絵事後素〔二〕。曰、礼後乎〔三〕。子曰、起予者商也。始可与言詩已矣〔四〕。

子夏⑴問ひて曰く、「「巧笑倩たり、美目盼たり、⑵素⑶以て絢を為す」とは、何の謂《い》ひぞや」と〔一〕。子曰く、「絵の事は素を後にす」と〔二〕。曰く、「礼は後か」と〔三〕。子曰く、「予《われ》を起こす者は商なり。始めて与に詩を言ふ可きのみ」と〔四〕。

子夏《しか》が尋ねた、「(『詩経《しきょう》』衛風《えいふう》碩人《せきじん》にいう)「麗《うるわ》し笑顔がにっこりと、美し瞳はちらりと流し目、おしろいによって華やかに」とは、どういう意味でしょうか」と。孔子は答えて、「絵の作業は白を最後に塗る」と。(子夏は)言った、「礼は最後(の仕上げ)でしょうか」と。孔子は言った、「わたしを啓発してくれるのは商《おまえ》だよ。ようやくともに詩を語れるな」と。

〔集解〕

〔一〕馬融は、「倩《せん》は、笑う様子、盼《けい》は、目を動かす様子である。絢《けん》は、華やかな様子である。この上の二句は、(『詩経』)衛風 碩人の第二章にあり、その下一句(「素 以て絢を為す」）は散逸した」と解釈する。

［二］鄭玄は、「絵は、文《もよう》を画くことである。一般に絵を描く際には、まず多くの色を塗布して、そののちに素（白色）をその間に分布させ、その文《もよう》を完成させる。美女に笑顔や流し目、美しい容姿があったとしても、同様に礼（というおしろい）によって（人として）完成することをたとえているのである」と解釈する。

［三］孔安国は、「孔子は絵の事は素《しろ》を後にすると言った。子夏は聞いて解釈して素《しろ》により礼を喩《たと》えたと知った。それで、「礼は最後ですか」と言ったのである」と解釈する。

［四］包咸は、「予は、我である。孔子が言いたいことは、子夏はわたしの考えを押し広げ理解し、共に詩を語ることができるということである」と解釈する。

（訳注）1子夏は、弟子。学問に秀でていた。学而篇第七章参照。2「巧笑倩たり、美目盼たり」は、『詩経』衛風 碩人にあり、同文。『毛詩』序によれば、荘姜《そうきょう》という女性が衛侯《えいこう》に受け入れられなかったことを衛の人々が哀れんだ歌である。3素は、白色のこと（『周礼《しゅらい》』考工記《こうこうき》鄭注）。

〔参校〕朱熹『論語集注』は、「絵の事は素《しろ》より後にす」と読み、「素」は絵画の下塗りの白い粉で、色彩を施す前に素（白い胡粉）を一面に布き、礼という化粧でそこに彩色を施す、と解釈する。太田錦城《おおたきんじょう》『論語大疏《ろんごたいそ》』は、朱子は、『周礼』考工記に、「絵画の事は、素功《そこう》を後にす」とあるものを「絵画の事は、素功より後にす」と読み違えており、誤りは明らかである、とする。

09子曰、夏礼吾能言之、杞不足徴也。殷礼吾能言之、宋不足徴也〔一〕。文・献不足故也。足、則吾能徴之矣〔二〕。

子曰く、「夏の礼は吾 能く之を言ふも、杞 徴《な》すに足らざるなり。殷の礼は吾 能く之を言ふも、宋 徴すに足らざるなり〔一〕。文・献 足らざるの故なり。足らば、則ち吾 能く之を徴さん」と〔二〕。

孔子が言った、「夏《か》の礼についてわたしは言うことができるが、(その子孫の国である)杞《き》は行うに足りない。殷《いん》の礼についてわたしは言うことができるが、(その子孫の国である)宋《そう》は行うに足りない。(二国の君主に)威儀と賢才が足りないからである。足りていれば、わたしはその礼を行える」と。

［集解］

［一］包咸は、「徴は、成である。杞と宋は、二国の名である。(それぞれ)夏と殷の後

裔である。夏と殷の礼について、わたしは言うことができるが、杞と宋の君は、夏と殷の礼を行うに足りない」と解釈する。

［二］　鄭玄は、(1)「献は、賢のような意味である。わたしがその礼を行わないのは、この二国の君主に、威儀と賢才が足りないからである」と解釈する。

（訳注）1『礼記《らいき》』礼運《らいうん》篇に、「孔子曰く、我 夏の道を観んと欲す、是の故に杞に之《ゆ》く。而るに徴《な》すに足らざるなり。吾 夏時を得たり。我 殷の道を観んと欲す、是の故に宋に之く。而るに徴すに足らざるなり。吾 坤乾を得たり。坤乾の義、夏時の等、吾 是を以て之を観るなり」とあり、その鄭玄注には、「徴は、成なり。君無ければ、与《とも》に成すに足らざるなり」とある。これによれば、孔子は杞と宋で『夏時《かじ》』（鄭玄は現行の『大戴礼記《だたいらいき》』に収められる「夏小正《かしょうせい》」であるという）・『坤乾《こんけん》』という書物を得たが、賢君がいなかったため、共に礼を実現するには足りなかったと鄭玄は理解している。

〔参校〕トルファンアスターナ三六三号墓八／一号写本（鄭玄『論語注』）には、「杞・宋の君は、王者の後裔で、自らその礼楽を行うべきだが、その徳が衰微し、成すに足らない。……わたしが礼によりこれを成さないのは、この二国の君の文章・才賢が足りないためである、と言っている」とあり、二国の君主に不足しているものは、「文章・才賢」であるという。

朱熹『論語集注』は、「文は典籍、献は賢人」とし、礼を言うことはできるが、この二国により証明するには足りない、と解釈する。伊藤仁斎『論語古義』は、本文を「杞に之《ゆ》きて徴とするに足らず」と読む。

10子曰、禘自既灌而往者、吾不欲観之矣［一］。

子曰く、「禘 既に灌してより往《のち》は、吾れ之を観るを欲せず」と［一］。

孔子が言った、「禘《てい》の祭で灌《かん》の儀礼が済んだあとは、（昭穆《しょうぼく》が乱れているので）わたしは見たいと思わない」と。

［集解］

［一］孔安国は、「禘・祫《こう》の礼(1)では、（木主《ぼくしゅ》の）昭穆を順序づける(2)。このため毀廟《きびょう》の木主(3)と郡国廟《ぐんこくびょう》(4)の木主は、すべて太祖《たいそ》廟に合わせ祀《まつ》る。灌は、鬱鬯《うつちょう》(5)を酌み、太祖（廟の地面）に注ぎ神《しん》を降す(6)ことである。灌を終えた後に、尊卑を区別し、昭穆を順序づける。しかし魯は逆祀して(7)（庶兄の）僖公《きこう》を（弟ではあるが嫡子の）閔公《びんこう》の上に）昇らせ、昭穆を乱した(8)。このため（孔子は）灌の儀礼の後を見たがらないのである」と解釈する。

（訳注）1禘・祫は、祭祀の名。ともに太祖《たいそ》の廟に先祖のすべての木主《ぼくしゅ》（位牌）を集め、即位の

順序通りに並べる祭りであるが、その規模と行う年は経典と注者により解釈が異なる。間嶋潤一「鄭玄の禘・祫解釈について――許慎『五経異義』と鄭玄『駁五経異義』の議論――」（『林田慎之助博士傘寿記念 三国志論集』汲古書院、二〇一二年）を参照。2「昭穆を順序づける」とは、太祖の木主を西の壁側に東向きで置き、その東に、北には「昭」として二代目の木主を南向きに、南には「穆」として三代目の木主を北向きに置き、以後昭穆の順で続けていくことである（皇侃『論語義疏』）。3毀廟《きびょう》とは、親等が遠いため毀ち、祧廟《ちょうびょう》（古い木主をすべて合わせて祀る廟）に木主が合祀《ごうし》されたもの。廟は木主を安置するみたまやで、その家の爵位に応じて、設けられる数が定まっている。天子は七廟である。4郡国廟は、漢初にそれぞれの郡国に置かれた漢帝室の祖宗《そそう》廟。元帝《げんてい》期に廃止された（『漢書』韋賢伝）。5鬱鬯は、秬《くろきび》を醸《かも》した酒と、鬱金《うこん》の草を煮た汁を混ぜた、香りのよい酒（邢昺『論語注疏』）。6「神《しん》を降す」は、鬱鬯《うつちょう》を酌み地に注いで、神《しん》が太祖廟に来るのを求めること（邢昺『論語注疏』）。7逆祀は、上下の位次を違えて祀ること。8「昭穆を乱す」の事情は、『春秋《しゅんじゅう》公羊《くよう》伝《でん》』文公《ぶんこう》二年に見え、『国語《こくご》』魯語上にも詳しい。魯の荘公《そうこう》には僖公《きこう》（庶子であり年長）と閔公《びんこう》（嫡子であるが年少）という子がいた。荘公が死ぬと閔公が即位し、閔公が死ぬと僖公が即位した。しかし僖公の子である文公の治世、宗伯《そうはく》（祭祀長官）となった夏父弗忌《かほふっき》は文公におもねり、僖公を閔公の上に昇らせ昭穆を乱したという。

〔参校〕朱熹『論語集注』は、趙伯循《ちょうはくじゅん》の説を引き、魯は本来天子しか行えない禘《てい》を周公の功績により許されていたが、魯がこれを行うのは礼ではないとする。そして潅を行って以降は、気持ちも弛緩するため、見るに足りないものとなるという。

11或問禘之説。子曰、不知也〔一〕。知其説者之於天下也、其如示諸斯乎(1)。指其掌〔二〕。

或《ある》ひと禘の説を問ふ。子曰く、「知らざるなり〔一〕。其の説を知る者の天下に於けるや、其れ斯《ここ》(2)に示すが如きか」と。其の掌《たなごころ》を指す〔二〕。

ある人が禘祭《ていさい》の説を尋ねた。孔子が言った、「知りません。禘の説を知っている人は天下についても、ここに（ある物を指し）示すようなものでしょう」と。自分の手のひらを指した。

［集解］

［一］孔安国は、「知らないと答えたのは、魯の君主のために明言を避けたのである(3)」と解釈する。

［二］包咸は、「孔子がある人に言った、「禘礼《ていれい》の説を知る人は、天下の事についても、

掌中の物を指し示すようなものです」と。その分かりやすいことを言ったのである」と解釈する。

（訳注）1諸は、於である（邢昺『論語注疏』）。2斯は、此である。此とは、孔子の掌中である（皇侃『論語義疏』）。3「魯の君主のために明言を避けた」のは、魯の禘祭《ていさい》は前章のように（昭穆が）乱れており、正しい禘の説を答えれば、それとは異なっている自国の悪を明らかにすることになるため、言うことを避けたのである。

〔参校〕皇侃『論語義疏』は、孔子が魯のために諱《い》んで禘の説を「知らない」と言って終えてしまえば、後世、禘の礼は聖人すらも知らぬものとして絶えてしまうため、言葉を続けたと言う。また禘の説は難しいものではなく、天下の人々はみな掌中の物を指すように知り尽くしている、とする。「示」について、『礼記《らいき》』中庸《ちゅうよう》篇の鄭玄注では、「示」を「寘《し》（置く）」と解する。朱熹『論語集注』は、禘は仁・孝・誠・敬を極めねば参与できないもので、質問者が及ぶことではない。また天子のみが行えるのであり、魯は避けるべきであるから、孔子は「知らない」と言ったという。また「示は、視と同じ」であり、禘の説を知れば「天下を治めることも難しくない」と解釈する。荻生徂徠『論語徴』は、孔子が「知らない」と言ったのは、周公の子である伯禽《はくきん》のころ行われていた本来の禘祭についてであるという。

12祭如在〔一〕、祭神如神在〔二〕。子曰吾不与祭、如不祭〔三〕。

祭るには在《いま》すが如くし〔一〕、神を祭るには神の在すが如くす〔二〕。子曰く、「吾 祭に与《あづか》らざれば、祭らざるが如し」と〔三〕。

祭るときには（死者がそこに）いるかのようにし、神《しん》たちを祭るときには神がいるかのようにする。孔子が言った、「わたしが祭祀に（直接）参加しないのであれば、（わたしは）祭らないのと同じである」と。

〔集解〕

〔一〕孔安国は、「死（者）に仕えるのに、生（者）に仕えるようにすることをいう」と解釈する。

〔二〕孔安国は、「百神を祭ることをいう」と解釈する。

〔三〕包咸は、「孔子は出かけたり病気のために自分で直接祭らない場合には、代理の者に祭りを行わせたが、（それでは）敬意を心に極めることができない。祭らないのと同じである」と解釈する。

〔参校〕トルファンアスターナ三六三号墓八／一号写本（鄭玄『論語注』）には、「祭如在」という本文の下に、「時人の遺《のこ》していた賢聖の言葉である」という注がある。「祭如在」を孔子以外の賢聖の言葉を引用したもの、と解釈するのである。朱熹『論語集注』は程子《ていし》の説を引き、「祭は、先祖を祭る。神を祭るは、自然界の神を祭る」と述べる。荻生徂徠『論語徴』は、「「祭如在」は古経の言葉である。「祭神如神在」は経を解釈した言葉である。その下に引く孔子の言葉はこれを証明している」とする。

13王孫賈問曰、与其媚於奥、寧媚於竈、何謂[一]。子曰、不然。獲罪於天、無所禱也[二]。

王孫賈(1)問ひて曰く、「「其の奥に(2)媚びん与《よ》りは、寧ろ竈に(3)媚びよ」とは、何の謂ひぞや」と[一]。子曰く、「然らず。罪を天に獲《う》れば、祷《いの》る所無きなり」と[二]。

王孫賈《おうそんか》が尋ねて、「(俗に言う)「奥《おう》(奥座敷)に媚びるよりも、竈《そう》(かまど)に媚びなさい」とは、何を言っているのでしょう」と尋ね(て近臣よりも、実権を持つ自分に付きなさいとほのめかし)た。孔子は言った、「そうではありません。(最も尊い)天(と仰ぐ君主)に罪を得たならば、祈る神などないのです」と。

[集解]

[一]孔安国は、「王孫賈は、衛《えい》の大夫である。奥は、内である。それで近臣にたとえている。竈は執政にたとえている。(王孫)賈という人は、執政者である。孔子に自分

と親しくしたいと思わせようとした。そのため暗に世俗の言葉により心を動かそうとしたのである」と解釈する。

［二］孔安国は、「天により君主を喩えている。孔子は王孫賈を拒んで、「もし罪を天に得たなら、群神に祈る道理もない(4)」と述べた」と解釈する。

（訳注）1王孫賈は、衛《えい》の大夫。皇侃《おうがん》『論語義疏』は、周の霊王《れいおう》の孫で、名は賈とする。鄭玄『論語注』も、周の出身で衛に仕えたという。『春秋左氏伝』定公《ていこう》伝八年には、衛の霊公とともに晉《しん》との会盟に参加し、霊公に非礼を行った晉から背くことを提案、その判断に衛の国内が賛同するよう策を巡らせた記事が見える。憲問《けんもん》篇第二十一章も参照。2奥は、邢昺《けいへい》『論語注疏』によれば、室内の西南の隅のこと。奥深いため尊者が居る場所。尊くはあるが役立つ場所でもないため、実権を持たない君主の近臣に喩えるという。3竈は、邢昺『論語注疏』によれば、飲食物を作る場所。卑しく汚いが家のために必須の場所であり、位は低いが賞罰の実権を持ち、人に利益をもたらす執政に喩えているという。4「もし罪を天に得たなら、群神に祈る道理もない」とは、邢昺『論語注疏』によれば、孔子の道の行止《こうし》は、時の君主によるのであり、群神に求めても仕方がないということである。

〔参校〕朱熹『論語集注』は、「天は理である。……理に逆らうことは、罪を天に得ることである」として、ただ理だけに順うべきであり、竈や奥に媚びるべきではないと述べる。

14子曰、周監於二代、郁郁乎文哉。吾従周[一]。

子曰く、「周 二代を監《み》て、郁郁乎《いくいくこ》(1)として文なるかな。吾 周に従はん」と[一]。

孔子が言った、「周は（夏・殷の）二代をみて（検討し）、（その礼楽や制度が）はっきりとして華々しい。わたしは周に従おう」と。

[集解]

[一] 孔安国は、「監は、視である。言いたいことは周の文章(2)は二代よりも備わっているということである。周に従うべきである」と解釈する。

（訳注）1郁郁は、文章（礼楽や制度）が明らかではっきりしていること（皇侃『論語義疏』）。2文章は、ここでは礼楽や制度のこと。文物や法度、儀礼方式など、国家の文化的な決まり事を広く指す語である（邢昺『論語注疏』）。

〔参校〕トルファンアスターナ三六三号墓八／一号写本（鄭玄『論語注』）は、「言ふこころは周・夏の……事……観れば、其の礼法 兼備す。（……は欠落部分）」と述べ、文章を「礼法」と表現している。

15子入太廟[一]、毎事問。或曰、孰謂鄹人之子知礼乎。入太廟、毎事問[二]。子聞之曰、是礼也[三]。

子 太廟に入りて[一]、事毎《ことごと》に問ふ。或ひと曰く、「孰《たれ》か鄹《すう》人の子[1] 礼を知ると謂ふか。太廟に入りて、事毎に問へり」と[二]。子 之を聞きて曰く、「是れ礼なり」と[三]。

孔子は太廟《たいびょう》（周公の廟）に入ると、ひとつひとつの物事を尋ねた。ある人が言った、「だれが鄹人《すうひと》の子は礼を知ると言ったのか。太廟に入って、事ごとに尋ねていた」と。孔子はこれを聞いて言った、「これが礼である」と。

[集解]

[一] 包咸は、「太廟は、周公の廟である。[2] 孔子は魯に仕えていた。魯が周公を祭り、そして（孔子は）助祭[3]したのである」と解釈する。

[二] 孔安国は、「鄹は、孔子の父である叔梁紇《しゅくりょうこつ》[4]の治めていた邑である。当時の人は多くが孔子は礼を知ると言っていた。ある人は、礼を知っている者が、尋ねるべきではないと思ったのである」と解釈する。

[三] 孔安国は、「それを知っていても、もう一度尋ねるべきである。（それが）慎みの極みである」と解釈する。

（訳注）１鄹《すう》は、魯の下邑《ゆう》。「陬《すう》」あるいは「鄒《すう》」に同じ。２「太廟は、周公の廟である」は、『春秋公羊伝』文公《ぶんこう》十三年に、「周公称太廟」とあることに基づく。３助祭は、君主の祭りを助けること。４叔梁紇は、魯の鄹邑の大夫《たいふ》。孔子の父で、『史記』仲尼弟子列伝によれば、孔子が生まれて程なく死に、防山《ぼうざん》に葬られた。かつて、晉を筆頭に諸侯たちが偪陽《ふくよう》という小国を包囲した際、城門が落ちて攻め込んでいた兵たちが閉じ込められたが、郰《すう》人の紇（叔梁紇）が門を持ち上げ救出したという（『春秋左氏伝』襄公《じょうこう》伝十年）。

〔参校〕トルファンアスターナ三六三号墓八／一号写本（鄭玄『論語注』）は、「事ごとに礼を尋ねたのは、太史《たいし》に尋ねたのである」とする。朱熹『論語集注』は、「これはおそらくは孔子が初めて仕えた時」であるとする。伊藤仁斎『論語古義』は、礼を熟知する孔子も具体的な器物・事項については知らないこともあり、謙虚に質問したとする。荻生徂徠『論語徴』は、「事毎に問ふ」ことが、古《いにしえ》の礼の規定としてあったとする。

16子曰、射不主皮〔一〕。為力不同科。古之道也〔二〕。

子曰く、「射は皮を主とせず(1)。力を為《をさ》むるに科を同じくせず(2)。古の道なり」と〔三〕。

孔子が言った、「射では的中を第一とはしない。労役を治めるには等級を同じにしない。（それが）古《いにしえ》の道である」と。

［集解］

［一］馬融は、「射には五つの善がある。一つ目は和志《わし》（正しい志）と言い、（そうであれば）身体もそれに応じる。二つ目は和容《わよう》（正しい振る舞い）と言い、（礼に適った）振る舞いがあることである。三つ目は主皮《しゅひ》（的中）と言い、的に中《あ》たることである。四つ目に和頌《わしょう》（歌に合う）と言い、雅頌《がしょう》（の歌声）に合うことである。五つ目に興儛《こうぶ》（舞をまう）と言い、舞うことと同じである。(3) 天子には三種の侯《まと》があり、（それぞれ）熊・虎・豹の皮により侯を作る。(4) 射というものは、単に（的の）皮に中たることを善しとみなすだけではなく、またそのうえ和容《わよう》（正しいふるまい）を求めるのである」と解釈する。

［二］馬融は、「力を為《をさ》むとは、労役の仕事を治めることである。（労役の重さには）上中下があり、三等級を設けている。だから等級が同じではないと言うのである」と解釈する。

（訳注）1皮は、射で用いる的《まと》の中央。布を張った的である

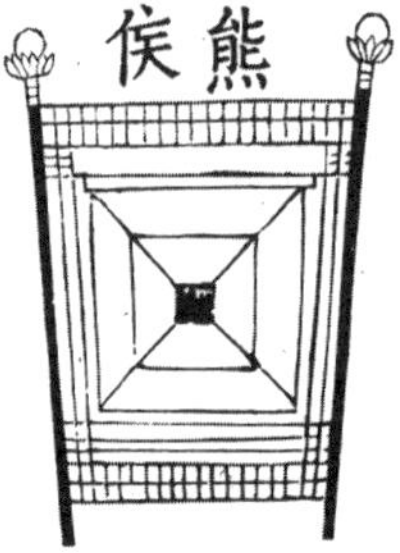

「侯《こう》」の中央に、「鵠《こう》」と呼ばれる獣の皮を張った。的の両側にも獣の皮が張られており、これらの獣の種類によってその的を「熊侯《ゆうこう》」などと呼んだ（『周礼《しゅらい》』司裘《しきゅう》篇鄭玄注）。２「射は皮を主とせず」とは、礼楽によって射る場合には、的に中たることよりも、礼と楽に適《かな》うことを重んじることをいう（『儀礼』郷射礼篇《きょうしゃれい》鄭玄注）。なお、勝敗を争うものは「主皮《しゅひ》の射」という。３以上の文は、『周礼』司徒《しと》篇、および鄭玄注に基づくが、両者の文字に異同がある。４『周礼』司裘《しきゅう》篇に基づく文である。

〔参校〕トルファンアスターナ三六三号墓八／一号写本（鄭玄『論語注』）には、『儀礼』郷射礼《きょうしゃれい》篇より導き出した鄭玄の体系に基づく「射礼」の解釈が掲げられる。これについては、渡邉義浩「鄭玄『論語注』の特徴」（『東洋の思想と宗教』三一、二〇一四年、『論語』の形成と古注の展開』汲古書院、二〇二一年に所収）を参照。朱熹『論語集注』は、孔子が『儀礼』郷射礼篇の文である「射の皮を主とせず」を「力の段階が同じではないため」であると解釈した文であるとする。そして、中たることが重視され、矢が皮を貫くことは重視されなかったのは、人の力に強弱があるためと言う。

17子貢欲去告朔之餼羊[一]。子曰、賜也、汝愛其羊。我愛其礼[二]。

子貢⑴ 告朔⑵の餼羊を去らんと欲す〔一〕。子曰く、「賜《し》や、汝は其の羊を愛《を》しむ。我れは其の礼を愛しむ」と〔二〕。

子貢《しこう》が告朔《こくさく》の（礼に用いる）犠牲の羊をやめるべきと考えた。孔子が言った、「賜よ、お前はその羊を惜しんでいる。わたしはその礼を惜しむ」と。

[集解]

[一] 鄭玄は、「供物の家畜で生きているのものを餼《き》とよぶ。礼に、人君が月ごとに朔《ついたち》（の到来）を廟に告げ、（その際）祭があり、これを朝享《ちょうきょう》⑶という。魯は文公《ぶんこう》からはじめて朔を告げなくなった⑷。子貢はその礼が廃《すた》れているのを見て、それゆえ告朔の羊を廃止させようとしたのである」と解釈する。

[二] 包咸は、「羊があることとは、（後世の人が）告朔の礼（があったことを）を知るよすがである。羊がなければ、礼は最後には廃《すた》れてしまう」と解釈する。

（訳注）1子貢は、弟子。『史記』貨殖《かしょく》列伝には、子貢に商才があり、裕福であったことを伝える。学而篇第十章を参照。2告朔は、諸侯が毎月の月初めに、宗廟《そうびょう》においてその月の朔《ついたち》が来たことを告げること（『周礼』宗伯下 大史 鄭玄注）。その際、羊を用いた。3朝享は、皇侃『論語義疏』によれば、周の礼における告朔の祭の呼び方。4『春秋公羊伝《くようでん》』文公十六

年に、「夏五月、文公は四たび朔を見なかった」とあることに基づく。


18子曰、事君尽礼、人以為諂〔一〕。

子曰く、「君に事ふるに礼を尽くせば、人 以て諂ひと為す」と〔一〕。

孔子が言った、「主君に仕える際に礼を尽くせば、人々はそれを諂《へつら》いとみなす」と。

［集解］
［一］孔安国は、「当時 主君に仕える者たちは、多く礼がなかった。それで礼のある者を（かえって）諂いとみなしたのである」と解釈する。
〔参校〕朱熹『論語集注』は、人々が諂ったとみなしたのは、孔子であるとする。荻生徂徠『論語徴』は、当時の人々が魯君よりも三桓に諂っていたことについての孔子の言葉とする。

19定公問、君使臣、臣事君、如之何〔一〕。孔子対曰、君使臣以礼、臣事君以忠。

定公問ふ〔1〕、「君 臣を使ひ、臣 君に事《つか》ふるは、之を如何《いかん》せん」と〔一〕。孔子 対《こた》へて曰く、「君 臣を使ふに礼を以てし、臣 君に事ふるに忠を以てす」と。

定公《ていこう》が尋ねた、「君主が臣下を使い、臣下が主君に仕えるには、どのようにしたらよかろう」と。孔子は答えた、「君主が臣下を使うには礼により、臣下が主君に仕えるには忠による（ようになさいませ）」と。

［集解］

［一］孔安国は、「定公は、魯の君主の諡《おくりな》(2)である。当時臣下は礼を失し、定公はそのことを悩んでいた。それで尋ねたのである」と解釈する。

（訳注）1定公は、魯の君主。姓は姫、名は宋、諡は定。襄公《じょうこう》の子で、昭公《しょうこう》の庶弟。子は哀公《あいこう》。当時は三桓《さんかん》と陽虎《ようこ》が政権を専横しており、定公は傀儡《かいらい》状態であった（『春秋左氏伝』定公の条）。2諡は、王の死後、生前の功績により与えられる追号である。

〔参校〕皇侃『論語義疏』・邢昺『論語注疏』とも、本文を「君 臣を使ふに礼を以てせば、臣 君に事ふるに忠を以てす」と上句を条件で読む。また皇侃『論語義疏』は、定公が礼を失していたため臣下は服さなかったといい、「臣下が主君に従うことは、草が風に従うようなものである」と述べる。顔淵《がんえん》篇第十九章参照。朱熹『論語集注』に引く呂大臨《りょたいりん》は、君主が礼をもって臣下を使うことと、臣下が忠をもって君主に仕えることとを別に解釈している。

20子曰、関雎、楽而不淫、哀而不傷［一］。

子曰く、「関雎(1)は、楽しみて淫せず、哀しみて傷《そこな》はず」と[一]。

孔子が言った、「関雎《かんしょ》（の詩）は、楽しんでも耽ることなく、悲しんでも悲しみすぎない」と。

[集解]

[一] 孔安国は、「楽しんでも耽《ふけ》るには至らず、哀しんでも悲しみすぎるには至らない。そのほどよく穏やかであることを言うのである」と解釈する。

（訳注）1関雎は、『詩経』国風《こくふう》 周南《しゅうなん》の最初の詩の篇名。「関関たる雎鳩《しょきゅう》は、河の洲に在り（関関雎鳩、在河之洲）。窈窕《ようちょう》たる淑女は、君子の好逑《こうきゅう》（窈窕淑女、君子好逑）」から始まる詩で、『毛詩《もうし》』大序《たいじょ》は、「関雎は、后妃の徳（をうたった詩）である。……関雎は、淑女を得て君子に配することを楽しむ。憂いは賢女を進め、女色に淫《いん》させないことにある。窈窕を哀れみ、賢才を思って、善を損なう心は無い。これが関雎の義である」と述べ、貞淑で徳ある淑女を君子に娶《めと》せることを楽しむ詩であると解釈している。

〔参校〕朱熹『論語集注』は、「淫は、楽しみが過ぎてその適正さを失う状態である。傷は哀しみが過ぎてその調和を損なう状態である」とし、学ぶ者に詩を通して「性情の正を理解することを求めた」とする。関雎《かんしょ》については、泰伯篇第十五章も参照。

21哀公問社於宰我。宰我対曰、夏后氏以松、殷人以栢、周人以栗。曰使民戦栗也[一]。子聞之曰、成事不説[二]、遂事不諫[三]、既往不咎[四]。

哀公(1)社を宰我(2)に問(3)ふ。宰我対《こた》へて曰く、「夏后氏(4)は松を以てし、殷人は栢を以てし、周人は栗を以てす。曰《おも》へらく民(5)をして戦栗せしむるなり」と[一]。子之を聞きて曰く、「成事は説かず[二]、遂事は諫めず[三]、既往は咎めず」と[四]。

哀公《あいこう》が社《しゃ》（に植える樹木）のことを宰我《さいが》に尋ねた。宰我は答えて、「夏《か》王朝は松《しょう》を使い、殷《いん》王朝は栢《はく》を使い、周《しゅう》王朝は栗《りつ》を使います。思うに（栗を使うのは）民を戦慄させる（ためな）のでしょう」と言った。孔子はこれを聞いて、「成ったことは説明できない、終ったことは諫《いさ》められない、過ぎ去ったことは咎《とが》められない」と言った。

[集解]

[一] 孔安国は、「およそ邦《くに》を建て（その後）社を立てる際には、それぞれその土地に相応しい（種類の）樹木を用いる。宰我はその意義に基づかず、でたらめに社樹の説を作って、周が栗を用いることを理由に、民を戦慄させるのであると言った」と解釈する。

［二］包咸は、「物事が成就してしまえば、戻って解釈・説明できない」と解釈する。

［三］包咸は、「物事が遂《と》げられてしまえば、戻って諫め止《とど》めさせられない」と解釈する。

［四］包咸は、「物事が過ぎ去ってしまえば、戻り遡《さかのぼ》って誹《そし》り咎《とが》められない。孔子は宰我を誹り、順序立てて三つのことを言った。これから後には注意させようとしたのである」と解釈する。


（訳注）1哀公は、魯の君主。姓は姫《き》、名は将、諡《おくりな》は哀。定公《ていこう》の子。子は悼公《とうこう》。政権を専横する三桓《さんかん》を討とうとして失敗し、越《えつ》へ逃れた（『史記』魯周公世家）。2社は、土地の神を祭るやしろ。ここでは、『周礼』大司徒に、「其の社稷の壝《い》を設けて、之が田主を樹つるに、各々其の野の宜しき所の木を以てし、遂《かく》て以て其の社と其の野に名づく」とあり、鄭玄注に、「社稷は后土と田正の神《しん》。壝は、壇と堳埒なり。田主は、田神・后土・田正の依る所なり」とあるように、やしろの壝《い》（周囲の塀）に植え、神の依《よ》り代《しろ》とする樹木を指す。3宰我は、弟子。姓を宰、名を予《よ》、字を子我《しが》という（『史記』仲尼弟子列伝）。『孔子家語』七十二弟子解では、魯の人とする。弁舌に優れたが、『論語』中では孔子に叱責される記事が多い。『史記』・『孔子家語』は、宰我が斉《せい》の臨菑《りんし》の大夫となり、田常《でんじょう》と反乱して一族を皆殺しにされたと伝える。4夏后氏は、夏王朝のこと。夏を夏后氏と言い、殷を殷人と言う理由を、皇《おう》

侃《がん》『論語義疏』所引の『白虎通《びゃくこつう》』（佚文）は二説挙げる。一つは、夏は禅譲《ぜんじょう》により君となったため、褒めて「后」と呼び、殷・周は武力で天下を得たため貶《おとし》めて「人」と呼ぶ、「后」は「君」であるという説である。二つは、夏の禅譲は主君より受けたから「君」と称し、殷・周は人民の心によって天下を取ったため「人」と言うという説である。5日は、謂である（皇侃『論語義疏』）。

〔参校〕トルファンアスターナ三六三号墓八／一号写本（鄭玄『論語注』）には、「主は、田主、社を謂ふ」とあり、鄭玄の『論語注』の本文が、「哀公問主於宰我」であったことが分かる。『春秋左氏伝』文公 経二年の「作僖公主」への正義に、「論語の「哀公問主於宰我」は『古《こ》論語《ろんご》』〈古文論語〉及び孔安国と鄭玄は「社主」とし、包咸たちは「廟主」とする」とある。武内義雄《たけうちよしお》は、「論語の本文はもと「社」に作ったのを張侯《ちょうこう》は廟主《びょうしゅ》と解釈したので、包咸たちはこれをうけつぎ、遂に本文も「主」の字に改めた」という（武内義雄「二 何晏の集解」七頁〈『論語之研究』、岩波書店、一九三九年〉）。また、鄭玄が「主」の字を「田主」と解釈するのは、『周礼《しゅらい》』大司徒《だいしと》に従った解釈であり、『周礼』に諸経を従わせる、鄭玄の「三礼体系《さんらいたいけい》」に基づく諸経の体系化の表れである。渡邉義浩「鄭玄『論語注』の特徴」（前掲）を参照。
皇侃『論語義疏』では、宰我は哀公が徳を失い、民がかれに畏服せず戦慄しなかったため、哀公を風刺して改めさせようとしたとする。その上で、「成事不説」は、宰我が自説を作り礼政を衰えさせたことを言い、「遂事不諫」は、哀公が久しく悪をなし民は戦慄しなくなったという事はすでに成っていて、これは宰我の諫められることではないと述べ、「既往不咎」は、宰我が好んで嘘をついたことを深く咎める言葉である、と解釈する。また、皇侃の『論語義疏』は、「民をして戦栗せしむるなり、は哀公の言葉である」という異説を載せる。荻生徂徠『論語徴』は、「社」は「主」が正しく、木主《ぼくしゅ》の素材を述べたとする。

22子曰、管仲之器小哉〔一〕。或曰、管仲儉乎〔二〕。曰、管氏有三帰、官事不摂。焉得儉乎〔三〕。曰、然則管仲知礼乎〔四〕。曰、邦君樹塞門。管氏亦樹塞門。邦君為両君之好、有反坫、管氏亦有反坫〔五〕。管氏而知礼、孰不知礼。

子曰く、「管仲の器は小なるかな」と〔一〕。或ひと曰く、「管仲は倹なるか」と〔二〕。曰く、「管氏　三帰(1)有り、官の事は摂《か》ねず。焉んぞ倹なるを得ん」と〔三〕。曰く、「然らば則ち管仲は礼を知るか」と〔四〕。曰く、「邦君は樹《た》(2)てて門を塞ぐ。管氏も亦た樹てて門を塞ぐ。邦君は両君の好《よしみ》を為すに、反坫(3)有り。管氏も亦た反坫有り〔五〕。管氏にして礼を知らば、孰《たれ》か礼を知らざらん」と。

孔子が言った、「管仲《かんちゅう》の器は小さいな」と。ある人が言った、「管仲は節倹（であるということ）ですか」と。（孔子は）言った、「管氏は（陪臣であるのに諸侯のように）三つの姓の女を娶《めと》って、家臣に仕事をかけ持ちさせない（で職務ごとに人を置いている）。どうして倹約といえよう」と。（ある人は）言った、「それでは管仲は礼を心得ていたのですか」と。（孔子は）言った、「国君は塀を立てて門を目隠しする。管氏も（陪臣でありながら）また塀を立てて門を目隠しした。国君が国君同士で修好する際には、反坫《はんてん》（酒杯を反す台）を設ける。管氏もまた反坫を設けた。管氏が礼を知るのであれば、誰が礼を知らないというのか」と。

［集解］

［一］管仲の器量が小さいことを言っている。

［二］包咸は、「ある人は孔子が管仲を（器量が）小さいと言ったのを見て、管仲を倹約すぎると言ったのだと考えた」と解釈する。

［三］包咸は、「三帰は、三人の姓の異なる女性を娶《めと》ることである。婦人が嫁ぐことを帰と言う。摂は、兼のような意味である。礼では、国君の仕事は重大で、役人はそれぞれ（職ごとに）人が置かれる。大夫は（職を）合わせて兼ねさせる。いま管仲の家臣

たちは職（ごとに人）が十分にいる。節倹とはみなさない」と解釈する。

［四］包咸は、「ある人は節倹かどうかを尋ね、どうして節倹であろうと答えを得た。ある人は節倹ではないと聞き、礼を心得ているのかと尋ねた」と解釈する。

［五］鄭玄は、「反坫《はんてん》は、爵《しゃく》（酒杯）を反すための台である。二本の柱の間に置かれる。君主は（屋敷の）外と内を門で分けることがあり、屏を立てて門を覆い隠す。もし隣国の君主と修好の会盟《かいめい》を開く際には、献酢《けんそ》（主人と客による酒の応酬）の礼がある。互いに酌《く》み、酌み終えれば各々爵を坫《てん》の上に反《かえ》す。管仲は僭上《せんじょう》して、これらを持つことがこのようであり、まことに礼を知らない」と解釈する。

（訳注）1管仲は、斉《せい》の桓公《かんこう》の宰相。姓は管、名は夷吾《いご》。字は仲。富国強兵につとめ、桓公を覇者《はしゃ》にした名宰相として知られる（『史記』管晏列伝）。2樹つは、屏《へい》を立てること。天子・諸侯は門の内外に目隠しの塀を立てる。皇侃『論語義疏』によれば、卿・大夫は簾《すだれ》を、士は帳《とばり》を庭の階に垂らすだけである。3反坫は、邢昺『論語注疏』によれば、酒杯を反すための土製の台。建物の棟《むなぎ》を支える東西の柱の間に設置された。

〔参校〕朱熹『論語集注』は、「器が小さいとは、聖賢の道を理解しておらず、主君を王道に導

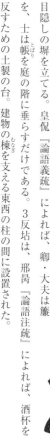

くことができないことを言う」とする。また「三帰は、台《うてな》の名」であり、『説苑《ぜいえん》』善説《ぜんせつ》篇に見えるという。

23子語魯大師楽曰、楽其可知已也。始作翕如也〔一〕。従之純如也〔二〕。皦如也〔三〕。繹如也。以成〔四〕。

子 魯の大師(1)に楽を語りて曰く、「楽は其れ知る可きのみなり。始め作《お》こすに翕如たり〔一〕。之を従《はな》ちて純たり〔二〕。皦如たり〔三〕。繹如(2)たり。以て成る」と〔四〕。

孔子が魯の大師に楽を語って、「楽は知ることができます。はじめの出だしは盛んです。五音(3)がはなたれれば調和します。曲調ははっきりしています。音が途切れません。こうして完成します」と言った。

〔集解〕

〔一〕大師は、楽官の名である。五音《ごいん》を奏《かな》で始める際を言う。翕如《きゅうじょ》は、盛（んな様）である。

〔二〕従は縦（はなつ）と読む。五音がすでに発したことを言う。放たれてその音が調和する。純純は、調和（している様）である。

〔三〕（皦如《きょうじょ》は）その音楽の曲調がはっきりしていることを言う。
〔四〕音楽を発する際には純如《じゅんじょ》（調和）・皦如《きょうじょ》（曲調が明らか）・繹如《えきじょ》（途切れない）による。楽は翕如（盛大）に始まって、純如・皦如・繹如の三つにおいて完成することを言うのである。
（訳注）1大師は、『周礼』大師に、「大師、掌六律六同、以合陰陽之声」とある。祭祀や軍事での音楽の指揮をする官。2繹如は、皇侃『論語義疏』によれば、音が続いて途切れない様子。3五音は、宮《きゅう》・商《しょう》・角《かく》・徴《ち》・羽《う》の五つの音階のこと。音楽全体を指す場合もある。

〔参校〕トルファンアスターナ三六三号墓八／一号写本（鄭玄『論語注』）は、「始め作こすとは、金奏の時をいう。金奏の音を聞くと、人は皆翕《きょう》如《じょ》として変貌する」と始まりを解釈し、「之を縦《はな》つとは、演奏して八音がそろったことをいう。純如は、みな和している容貌である。激如は、志意……の貌なり。この四者が、始まり終わって楽は成る。成は、終の意味である」と終わりまでを解釈している。朱熹『論語集注』は、「翕如」を合わせることとし、「成は、楽がひとたび終わる」こととする。また、「皦如」は「合奏して調和し、それぞれが互いに乱さないようにする」ことで、はっきりしている状態であると解釈する。

24儀封人請見曰[一]、君子之至於斯者、吾未嘗不得見也。従者見之[二]。出曰、二三子、何患於喪乎。天下之無道久矣[三]。天将以夫子為木鐸[四]。

儀の封人(1) 見えんことを請ひて曰く[一]、「君子の斯《ここ》に至るや、吾れ未だ嘗て見ゆるを得ずんばあらざるなり」と。従者 之を見えしむ[二]。出でて曰く、「二三子、何ぞ喪ふことを患へんや。天下の道無きこと久し[三]。天 将に夫子を以て木鐸(2)と為さんとす」と[四]。

儀《ぎ》の封人《ほうじん》が（孔子に）面会を願い言った、「君子がこの地にいらしたら、わたしはお目にかからなかったことはないのです」と。（孔子に）従っていた弟子が封人を（孔子に）謁見させた。（封人は）退出して（弟子たちに）言った、「あなた方は、どうして（夫子の徳が）滅ぶことを心配する必要がありましょう。天下は道を失ってから久しい。天は夫子を（法度を号令する先駆けである）木鐸《ぼくたく》になさろうとしています」と。

[集解]

[一] 鄭玄は、「儀は、衛《えい》の邑であろう(3)。封人は、官名である」と解釈する。

[二] 包咸は、「従者は、弟子で孔子に随って（儀に）行った者である。取り次いで（封

人が孔子に）謁見できるようにした」と解釈する。

〔三〕孔安国は、「（封人は）諸弟子に語って、「どうして夫子の聖なる徳が失われるであろうと心配するのか。天下が道を失ってもう久しい。衰えが極まれば必ず盛んになることがあるのである」と言った」と解釈する。

〔四〕孔安国は、「木鐸は、政教を施す時に振る。天が これから孔子に命じて法度を制定し、天下に号令させようとしていることを言う」と解釈する。

金鐸

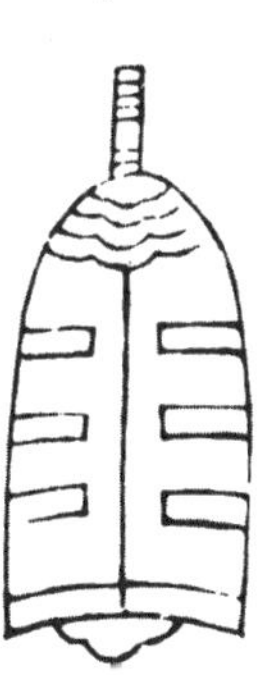

（訳注）1封人は、社の祭壇を整備し、王畿の境界に盛り土をする官（『周礼』封人）。邢昺『論語注疏』によれば、国の辺境に置かれるという。2木鐸は、皇侃『論語義疏』によれば、銅と鉄でできた鈴で、舌（周囲に当たって音を出す部分）が木製のもの。号令する際、鈴を鳴らしてから教示する内容を述べる。文教には木鐸を、武教にはすべて金属製の鈴（金鐸）を用いる。3鄭玄が衛の邑と考えるのは、『春秋左氏伝』襄公 経二十五年に、「衛侯入於夷儀」とあることに基づく（邢昺『論語注疏』）。

〔参校〕トルファンアスターナ三六三号墓八／一号写本（鄭玄『論語注』）は、「封人は官名であり、畿内の封を掌る人である。この人は賢者で、孔子の徳を聞いて、やって来て会おうとした」と述べ、封人を詳細に論ずる。朱熹『論語集注』は、「君子は、当時の賢者」とし、「喪は、位を失い国を去ること」と解釈する。

25子謂韶、尽美矣、又尽善也〔一〕。謂武、尽美矣、未尽善也〔二〕。

子 韶(1)を謂ふ、「美を尽くせり、又 善を尽くせり」と〔一〕。武を謂ふ、「美を尽くせり、未だ善を尽くさず」と〔二〕。

孔子が（舜《しゅん》の楽である）韶《しょう》を批評した、「美を尽くしている、また善を尽くしている」と。（周の武王《ぶおう》の楽である）武《ぶ》を批評した、「美を尽くしている、まだ善を尽くしてはいない」と。

〔集解〕

〔一〕孔安国は、「韶は、舜(2)の楽である。聖徳により禅譲《ぜんじょう》を受けたことを語る（楽である）。そのため善を尽くしているという」と解釈する。

〔二〕孔安国は、「武は、武王(3)の楽である。征伐により天下を取った。そのためまだ善を尽くしてはいないという」と解釈する。

（訳注）1韶は、舜の楽の名。『尚書』益稷《えきしょく》篇に、「簫韶《しょうしょう》九成すれば、鳳皇《ほうおう》も来儀す」とあり、孔安国注に、「韶は、舜の楽の名なり」とある。2舜は、伝説上の帝王。五帝の一人。姓は姚《よう》、名は重華《ちょうか》。堯《ぎょう》の禅譲を受け帝位に即き、天下を治めた（『史記』五帝本紀）。3武王は、西周初代の王。姓は姫、名は発。父である文王の後を受け、殷の紂王を放伐し、周を立てた（『史記』周本紀）。

〔参校〕トルファンアスターナ三六三号墓八／一号写本（鄭玄『論語注』）は、「善を尽くせりとは、太平を致すを謂ふなり」という注をつけ、舜が太平を致したので、その楽を孔子が高く評価したと理解する。黄巾《こうきん》の乱に混乱する後漢《ごかん》末に生きた鄭玄が太平を希求する注を付け、堯の後裔である漢から舜のように禅譲を受けたと主張する曹魏《そうぎ》に仕えた何晏《かあん》が禅譲を正統化する注を付けたことは、渡邉義浩「鄭玄『論語注』の特徴」（前掲）を参照。朱熹『論語集注』は、「美は、音が豊麗であること。善は、美の根拠となるもの」とし、本性が完璧な舜と、本性は完璧ではないが努力した武王ではその美の根拠が異なったと解釈する。

26子曰、居上不寛、為礼不敬、臨喪不哀、吾何以観之哉。

子曰く、「上に居て寛ならず、礼を為して敬せず、喪に臨みて哀しまずんば、吾れ何を以て之を観んや」と。

孔子が言った、「上にいて寛容ではなく、礼を行いながら敬わず、喪に臨んで哀しまないのでは、わたしは何によってその人を見ようか」と。

［集解］なし。

〔参校〕トルファンアスターナ三六三号墓八／一号写本（鄭玄『論語注』）は、「上に居りて寛ならざれば、則ち下は容れらるる所無し。礼は敬を主とし、喪は哀を主とするなり」と注をつけている。

里仁《りじん》第四　凡廿六章　何晏集解

01子曰、里仁為善[一]。択不処仁、焉得智[二]。

子曰く、「里に仁あるものを善と為す[一]。択びて仁あるに処《を》らずんば、焉《いづく》んぞ智あるを得ん」と[二]。

孔子《こうし》が言った、「里に仁者が（住んでいる）のはよいことである。（自ら）選んで仁者の居るところにいなければ、どうして智があるとできようか」と。

[集解]

[一] 鄭玄《じょうげん》は、「里とは、民の居るところである。仁者の（住んでいる）里にいること、これはよいことである」と解釈する。

[二] 鄭玄は、「善い居処を求めていながら仁者の（住んでいる）里にいなければ、智があるとすることはできない」と解釈する。

〔参校〕朱熹『論語集注』は、本文を「里は仁なるを美と為す」（『論語集注』は「善」を「美」に作る）と読み、「里では仁厚の風俗がある所こそよい」と解釈する。荻生徂徠《おぎゅうそらい》『論語徴《ろんごちょう》』は、こうした朱熹の解釈に対して、『孟子』公孫丑《こうそんちゅう》上・滕文公《とうぶんこう》下・尽心《じんしん》上、および『荀子《じゅんし》』大略に同句があり、『孟子』趙岐《ちょうき》注に「里は、居《を》るなり」とあるのに基づき、「仁に里《を》るを善と為す」と読む。また、この「仁に里るを善と為す」を古語とし、「択びて仁に処らずんば、焉んぞ智なるを得ん」をそれに対する孔子の説明と解釈する。


02子曰、不仁者不可以久処約[一]、不可以長処楽[二]。仁者安仁[三]、智者利仁[四]。

子曰く、「不仁者は以て久しく約①に処《を》る可からず[一]、以て長く楽②に処る可からず[二]。仁者は仁に安んじ[三]、智者は仁を利す③」と[四]。

孔子が言った、「不仁の者は長い困窮に耐えられず（悪いことをし）、また（驕って悪いことをするので）長い富貴に耐えられない。仁者は（性が仁であるので）仁に落ち着き、知者は（仁を知ることを良いとするので）仁をうまく用いる」と。

［集解］

［一］孔安国《こうあんこく》は、「長く困窮すると悪いことをする」と解釈する。

［二］孔安国は、「必ず驕《おご》ってほしいままに振る舞う」と解釈する。

［三］包咸《ほうかん》は、「ただ性が仁である者だけがおのずとこれを体得している。そのため仁に安んずという」と解釈する。

［四］王粛《おうしゅく》は、「仁を知ることを良いこととしている。そのためうまく用いてこれを行

う」と解釈する。

（訳注）1約は、貧困のようなものである（皇侃《おうがん》『論語義疏《ろんごぎそ》』）。2楽は、富貴である（皇侃『論語義疏』）。3「仁者は仁に安んじ、知者は仁を利す」は、『礼記《らいき》』表記《ひょうき》篇に、「仁者安仁、知者利仁、畏罪者強仁」と同句が見える。

［参校］トルファンアスターナ三六三号墓八／一号写本（鄭玄『論語注』）は、「仁者は仁道に安楽になり、智者は仁を利としてこれを行う」と解釈する。朱熹『論語集注』は、「仁者は仁に安んず」について、仁者があらゆる場合に仁に安んじていられると解釈する。また、「知者は仁を利す」について、「利」を「貪る」の意味で解し、知者が仁を深く理解し心から好み、必ず自分のものにしようとすることと解釈する。荻生徂徠『論語徴』は、「仁者は仁に安んず」について、仁者が仁から外れると、すぐに復帰しようと思うと解釈する。また、「知者は仁を利とす」について、小人が利を見るように、知者が何とか仁を得ようとすると解釈する。

03子曰、唯仁者能好人、能悪人［一］。

子曰く、「唯だ仁者のみ能く人を好み、能く人を悪《にく》む」と［一］。

孔子が言った、「ただ仁者だけが人を好むことも、人を憎むこともできる」(1)と。

［集解］

［一］孔安国は、「ただ仁者だけが人の好悪を知り尽くすことができる」と解釈する。

（訳注）1皇侃『論語義疏』に引く繆播《びゅうはん》の説によれば、仁者は好悪の表れを知り尽くすことができるので、好悪を定められるという。

［参校］朱熹『論語集注』は、仁者は、私心がなく、好悪が理に当たるとする。伊藤仁斎《いとうじんさい》『論語《ろんご》古義《こぎ》』は、朱熹は仁を理とするから「好悪が理に当たる」というが、これでは仏教と同じであり、仁が人を愛する心を根本としていることを理解していない、と批判する。荻生徂徠《おぎゅうそらい》『論語徴《ろんごちょう》』も、仁斎と同じく朱熹の解釈を批判するが、この章を人材登用が適切に行われることを述べていると解釈する。

04子曰、苟志於仁矣、無悪也［一］。

子曰く、「苟《まこと》に仁に志《こころざ》せば、悪《あ》しきこと無し」と［一］。

孔子は言った、「本当に仁を志せるならば、（その他についても）悪いことなどない」と。

［集解］

［一］孔安国は、「苟は、誠である。言いたいことは本当に仁を志《こころざ》せる者ならば、その他についても悪いことなどないということである」と解釈する。

〔参校〕トルファンアスターナ三六三号墓八／一号写本（鄭玄『論語注』）では、「苟は、且《しばら》くの比《ころほひ》という意味である。人はしばらくでも仁をなすという志があれば、善を加えられる。久しく仁をなせるものは言うまでもない、という意味である」と解釈する。伊藤仁斎『論語古義』は、「悪しきこと無し」を「（人々に）憎まれることがない」という意味で解釈する。荻生徂徠『論語徴』は、「苟」を「もし」という意味であることを強調する。

05子曰、富与貴、是人之所欲也。不以其道、得之不処也［一］。貧与賤、是人之所悪。不以其道得之、不去也［二］。君子去仁、悪乎成名［三］。君子無終食之間違仁。造次必於是、顛沛必於是［四］。

子曰く、「富と貴とは、(1)是れ人の欲する所なり。其の道を(2)以てせざれば、之を得るも処《を》らざるなり［一］。貧と賤とは、是れ人の悪む所なり。其の道を以てせざれは、之を得るも去らざるなり［二］。君子 仁を去りて、悪《いづ》くにか名を成さん［三］。君子は終食の間も仁より違《さ》ること無し。造次《ざうじ》にも必ず是に於《おい》てし、顛沛《てんぱい》にも必ず是に於てす」と［四］。

孔子が言った、「富と貴さは、人の欲するものである。（しかし）道によらなければ、それらを得ても落ち着かない。貧しさと賤しさは、人の憎むものである。（しかし）道によらなければ、それらを得ても避けてはならない。君子は仁から離れて、どうして名を成すことができようか。君子は食事をとる（わずかの）あいだも仁から離れることがない。慌ただしいときにも必ず仁から離れず、倒れたときにも必ず仁から離れないのである」と。

［集解］

［一］孔安国は、「道によって富貴を得なければ、（そこに）落ち着かないのである」と解釈する。

［二］状況には悪い時と良い時がある。そのため君子は道を履《ふ》んでいてもかえって貧賤となる（時がある）。これは道によって富貴を得ていないという（適切な状態の）ことである。人が憎むものであっても、違って避けてはならない。

［三］孔安国は、「悪《いづ》くにか名を成さんとは、名を成して君子となることができない（こ

とである)」と解釈する。

〔四〕馬融《ばゆう》は、「造次《ぞうじ》は、慌ただしいことである。顛沛《てんぱい》は、倒れることである。(君子は)慌ただしかったり倒れたりしても、仁から離れないのである」と解釈する。

〔訳注〕1富とは、財が多いことであり、貴とは、位が高いことである(皇侃『論語義疏』・邢昺《けいへい》『論語注疏《ろんごちゅうそ》』)。2「道」は、「仁」と解されることも多いが、何晏《かあん》注に基づけば、人為により改変できない、その人自身の本来的なあり方を決定づけるものとされている。

〔参校〕皇侃『論語義疏』は、富貴について、「其の道を以て之を得ざれば、処らざるなり」と読み、「もし道理によって富貴を得たのでなければ、(そこに)落ち着いてはならない」と解釈する。また、貧賤について、「其の道を以て之を得ざるも、去らざるなり」と読み、「もし道理によって貧賤を得たのでなくとも、(そこを)去ってはならない」と解釈する。また、皇侃は、「もし道理によれば、有道者は当然富貴となるし、無道者は当然貧賤となる。これが理の常道なのである」として、『論語集解』とは異なった運命観を述べている。伊藤仁斎『論語古義』は、「其の道」は、両方とも「仁」のことであるとする。荻生徂徠『論語徴』は、仁斎の解釈に対して、富貴になる道が「仁」であり、貧賤になる道が「不仁」であるとする。

06子曰、我未見好仁者、悪不仁者。好仁者、無以尚之[一]。悪不仁者、其為仁矣、不使不仁者加乎其身[二]。有能一日用其力於仁矣乎。我未見力不足者也[三]。蓋有之乎、我未之見也[四]。

子曰く、「我 未だ仁を好む者も、不仁を悪《にく》む者も見ず。仁を好む者は、以て之に尚《くは》ふる無し[1][一]。不仁を悪む者は、其れ仁を為し、不仁者をして其の身に加へしめず[二]。能く一日 其の力を仁に用ふること有らんか。我 未だ力の足らざる者を見ず[三]。蓋し之れ有らんも、我は未だ之を見ざるなり」と[四]。

孔子が言った、「わたしはまだ仁を好む者も、不仁を憎む者も見たことがない。仁を好む者は、これに加えるものはない。不仁を憎む者も、やはり仁をなし、不仁者に（非義を）我が身に加えさせないようにする（が仁を好む者には及ばない）。一日でもその力を仁のために用いることのできる者がいるのだろうか。わたしはまだ（仁を行うのに）力の足りない者など見たことがない。おそらく（そうした人は）いるのであろうが、わたしはまだ見たことがない」と。

[集解]

[一] 孔安国は、「（仁を好む者に）さらに加えることは難しい」と解釈する。

［二］孔安国は、「言いたいことは不仁を悪《にく》む者が、不仁の者に非義を己に加えないようにさせるのは、仁を好む者が、これに加えるものがなく優れているのには及ばないということである」と解釈する。

［三］孔安国は、「言いたいことは一日でもその力を用いて仁を修めることのできる者がいない。わたしは仁を行おうとして力が足りない者など見たことはないのに、ということである」と解釈する。

［四］孔安国は、「（孔子は）配慮して当時の人々を非難してすべて仁を行うことができないと言いたくなかった。そのため（仁を行う力の足りない者が）いるとしても、わたしはまだ見たことがない、とするのである」と解釈する。

〔訳注〕1皇侃『論語義疏』・邢昺《けいへい》『論語注疏《ろんごちゅうそ》』によれば、性として仁を好む者は、徳の最上であり、他者の行いがそれを淩《しの》ぐことはない、という。

〔参校〕朱熹『論語集注』は、「仁を好む者《こと》」・「不仁を悪む者《こと》」を共に「成徳の事」とする。また、「蓋し之れ有るも、我は未だ之を見ざるなり」を、「おそらく（そうした人は）いるのだが、自分はたまたま見かけたことがない」と解する。伊藤仁斎『論語古義』は、こうした朱熹の解釈に対し、「仁を好む者」・「不仁を悪む者」には差があり、前者は人の不仁を見たらそれに同情してともに善に向かおうとするが、後者は厳しく拒絶するため、前者には及ばないとする。荻生徂徠『論語徴』は、仁を好むことや憎むことについて、それらが生まれつきの素質であるとし、そのような素質のある者を見たことはないが、少しでも仁に対して努力しているのに力不足というのもまだ見たことがない、と解釈する。

07子曰、民之過也、各於其党。観過斯知仁矣〔一〕。

子曰く、「民の過《あやま》つや、各々其の党に於《お》いてす。過ちを観て斯《ここ》に仁たるを知る」と〔一〕。

孔子が言った、「民の過ちというのは、それぞれその（小人や君子といった）同類の中でおかす。過ちを観察し（小人が君子の行いをできない場合には、過ちとしないようにそれぞれの類を鑑みて対応すれば、それが）仁であることが分かる」と。

〔集解〕

〔一〕孔安国は、「党は、同類のことである。小人が君子の行いをできないのは、小人の過ちではない。（そのため）許してこのことを責めてはならない。過ちを観察し、賢い者や愚かな者をそれぞれ相応しい場所に配置すれば、それが仁である」と解釈する。

〔参校〕トルファンアスターナ三六三号墓八／一号写本（鄭玄『論語注』）は、「此の党とは、一族をいう。（一族への）親しみ方が厚く過《あやま》つのは仁であり、薄く過つのは不仁である」と解釈する。朱熹『論語集注』は、過ちがあっても、その内容を見ることで当人の仁愛の情が厚いか薄いかが分かる、と解釈する。伊藤仁斎『論語古義』は、民が過つのは、勝手にそうなるのではなく、親戚や僚友のためであるから、深くとがめるべきではない、と解釈する。荻生徂徠『論語徴』は、「過ちを観て斯に仁を知る」が古語であり、孔子がそれを説明しているという。「党」を郷党（地元）とし、朝廷や宗廟《そうびょう》では君子が慎むので過ちも少ないが、地元では親戚・朋友がいるところなので過ちが出てくるのは当然であり、国人はこのようであるのを見れば、むしろ国君が仁徳で教化していることが分かる、と解釈する。

08子曰、朝聞道、夕死可矣［一］。

子曰く、「朝《あした》に道を聞かば、夕《ゆふべ》に死すとも可なり」と［一］。

孔子が言った、「朝に道を聞くことができれば、その晩に死んでもよい」と。

［集解］

［一］言いたいことは死を迎えようとしているが、世に道があることを（まだ）聞いていないということである。

〔参校〕『漢書』夏侯勝《かこうしょう》伝では、夏侯勝と黄覇《こうは》が事件に連座して獄に繋《つな》がれ、黄覇が夏侯勝から『尚書《しょうしょ》』を学ぼうとした際、夏侯勝がそれを罪で死ぬことを理由に拒絶したことに対して、黄覇が「朝に道を聞かば、夕に死すとも可なり」と述べた逸話が見える。トルファンアスターナ三六三号墓八／一号写本（鄭玄『論語注』）は、「君子は道を渇望し、酔い飽きる心はなく、死して後に已《や》む」と解釈する。皇侃『論語義疏』は、孔子が世の中に道がないことを歎《たん》じた言であるとする。邢昺『論語注疏』は、孔子が世の中に道がないことを憎んだ言であるとする。朱熹『論語集注』は、「道」は事物がかくあらねばならぬ理であり、もしこれを聞くことができれば、生きては順調で、死ぬ際にも心穏やかで、思い残すことはない、と解釈する。伊藤仁斎『論語古義』は、この語は老衰や病いのため学ばない者に発した語であるとし、「道」を人たるの道として、これを聞かなければ生きている価値はなく、草木・禽獣と同じであると解釈する。荻生徂徠『論語徴』は、「道」は先王《せんおう》の道であり、孔子の時はまだ先王の道が残っていて、孔子はこの道が地に落ちないように方々をたずね求め歩いたとし、「夕に死すとも可なり」は孔子が自ら道を求める心の強さを言ったものと解釈する。

09子曰、士志於道。而恥悪衣悪食者、未足与議也。

子曰く、「士は道に志す。而るに悪衣悪食を恥づる者は、未だ与《とも》に議《い》ふに足らざるなり」と。

孔子が言った、「士人は道に志《こころざ》す。それなのに粗衣粗食を恥じるような者は、共に語るに足らない」と。

［集解］なし。

〔参校〕トルファンアスターナ三六三号墓八／一号写本（鄭玄『論語注』）は、「粗衣粗食を恥じる者は、耕やし稼《かせ》ごうとする情が多い、とする。荻生徂徠『論語徴』は、ここでの議論の対象は政治である、とする。

10子曰、君子之於天下也、無適也、無莫也。義之与比也〔一〕。

子曰く、「君子の天下に於けるや、適《てき》も無く(1)、莫《ばく》も無し。義と比《した》しむ(2)」と〔一〕。

孔子が言った、「君子が天下のことに処するにあたっては、厚くするところもなく、薄くするところもない。義と親しむのである」と。

［集解］

〔一〕言いたいことは、君子が天下に処するに当たっては、厚くするところもなく、薄くするところもなく、過度に慕うものがない。ただ義があるところだけ（に親しむの）であるということである。

（訳注）1適は、厚であり、莫は、薄という意味である（皇侃『論語義疏』）。2比は、親という意味である（皇侃『論語義疏』）。

〔参校〕トルファンアスターナ三六三号墓八／一号写本（鄭玄『論語注』）は、「適は、疋であり、莫は、慕である。君子の志は天下に公平であり、常につるむ仲間は無く、貪《むさぼ》り慕うものも無く、ただ義の在る所に（志が）ある」と解釈する。朱熹『論語集注』は、「適は、それに一途《いちず》に従うこと、莫は、そうしようとしないことで、比は、従うこととし、「一途に従うこともなく、そうしないこともない」と解釈する。荻生徂徠『論語徴』は、君子は天下において誰に就《つ》き誰を去るのかと言えば、ただ義ある者と親しむということである、と解釈し、去就の道を語る章と理解する。

11子曰、君子懐徳〔一〕、小人懐土〔二〕。君子懐刑〔三〕、小人懐恵〔四〕。

子曰く、「君子は徳に懐《やす》んじ〔一〕、小人は土に懐んず〔二〕。君子は刑に懐んじ〔三〕、小人は恵に懐んず」と〔四〕。

孔子が言った、「君子は徳に落ち着き、小人は（移動したくないので）土地に落ち着く。君子は法制に落ち着き、小人は恩恵に落ち着く」と。

［集解］

［一］孔安国は、「懐は、安という意味である」と解釈する。

［二］孔安国は、「移動することを憚《はばか》るのである」と解釈する。

［三］孔安国は、「（君子は）法制に落ち着くのである」と解釈する。

［四］包咸は、「恵は、恩恵である」と解釈する。

〔参校〕トルファンアスターナ三六三号墓八／一号写本（鄭玄『論語注』）は、「懐は、来という意味である。刑は、法である」とする。朱熹『論語集注』は、「懐は、思念である」とする。

12子曰、放於利而行［一］、多怨［二］。

子曰く、「利に放《よ》りて行へば［一］、怨み多し」と［二］。

孔子が言った、「（何についても）利に基づき行動をすると、怨まれることが多い」と。

［集解］

〔一〕孔安国は、「放は、依という意味である。どの事についても利に基づいて行うことである」と解釈する。

〔二〕孔安国は、「怨まれる道である」と解釈する。

〔参校〕トルファンアスターナ三六三号墓八／一号写本（鄭玄『論語注』）は、「人の行いは、常に利によって行えば、貪欲に近づいて謙譲から遠ざかる。このため多く人に怨まれるのである」とする。

13子曰、能以礼譲為国乎。何有〔一〕。不能以礼譲為国、如礼何〔二〕。

子曰く、「能く礼譲を以て国を為《をさ》めんか。何か有らん〔一〕。礼譲を以て国を為むる能はずんば、礼を如何《いかん》せん」と〔二〕。

孔子が言った、「礼譲により国を治めよう。何の（難しい）ことがあろう。礼譲により国を治められなければ、礼を用いることができない」と。

〔集解〕

〔一〕何か有らんとは、難しくないことを言う。

〔二〕包咸は、「礼を如何せんとは、（礼があっても）礼を用いることができないのをいう」と解釈する。

〔参校〕朱熹『論語集注』は、「譲」を礼の中身とし、「礼の中身があって国を統治できよう。何の難しいことがあろう。そうでなければ、礼の規定が備わっていても、どうすることもできない」と解釈する。

14子曰、不患無位、患所以立。不患莫己知也、求為可知也〔一〕。

子曰く、「位無きことを患へず、立つる所以を患ふ。己を知ること莫きを患へず、知らる可きことを為すを求む」と〔一〕。

孔子が言った、「地位のないことを憂えず、身を立てる方法（が仁義によらないこと）を憂える。自分を認められないことを憂えず、認められるべき（善道を求め学習・行動する）ことを求める」と。

〔集解〕

〔一〕包咸は、「善道を求めて学習し行動すれば、（自然と）人々は自分を知ることになる」と解釈する。

〔参校〕トルファンアスターナ三六三号墓八／一号写本（鄭玄『論語注』）は、「立つる所以を患ふ」について、「身を立てるのに仁義によらないことを憂える」とし、「知らる可きことを為すを求む」について、「善道を求めて学び行えば、人はこれを知るようになる」とする。

15子曰、参乎、吾道一以貫之哉。曾子曰、唯[一]。子出。門人問曰、何謂也。曾子曰、夫子之道、忠恕而已矣。

子曰く、「参や、吾が道は一 以て之を貫く」と。曾子曰く、「唯《ゐ》」と[一]。子 出づ。門人問ひて曰く、「何の謂ひぞや」と。曾子曰く、「夫子の道は、忠恕のみ」と。

孔子が言った、「参《しん》よ、わたしの道は一つで貫かれている」と。曾子は、「はい」と答えた。孔子は出て行った。門人が尋ねた、「どういう意味でしょうか」と。曾子は言った、「先生の道は、忠恕《ちゅうじょ》だけである」と。

［集解］

［一］ 孔安国は、「すぐに理解して質問しなかった。そのため答えて「はい」と言ったのである」と解釈する。

（訳注）1忠は真心を尽くすこと、恕は自分や他者を推し量ることをいう（邢昺『論語注疏』）。衛霊公篇《えいのれいこう》には、「子貢 問ひて曰く、「一言にして以て終身 之を行ふ可き者有るか」と。子

曰く、「其れ恕か。己の欲せざる所は、人に施すこと勿《な》かれ」と」とある。

〔参校〕トルファンアスターナ三六三号墓八／一号写本（鄭玄『論語注』）は、「人に告げるのに善道によることを忠という。「己の欲せざる所、人に施す勿き」を恕という」とある。朱熹『論語集注』は、自己の心を尽くすことを「忠」といい、自己の心を推すのを「恕」という、とし、共に孔子の道がただ一理によって天下万事の理を統べている、と説明する。これに対して、伊藤仁斎『論語古義』は、孔子は「心」や「理」とは言わずに「道」と言っており、聖人の道とはあくまでも日常の道徳である、とする。荻生徂徠『論語徴』は、「吾が道」は、先王の道であるとし、その中の一つでありながら、先王の道すべてを貫くものが「仁」であり、曾子は「忠恕」を持ち出して「仁」に至る方法を示した、とする。

16子曰、君子喩於義、小人喩於利［一］。

子曰く、「君子は義を喩《さと》り、小人は利を喩る」と［一］。

孔子が言った、「君子は義に明るく、小人は利に明るい」と。

［集解］

［一］孔安国は、「喩は、暁のような意味である」と解釈する。

〔参校〕朱熹『論語集注』は、「義は天理に適《かな》うもの、利は人情が望むものである」とする。

17子曰、見賢思斉焉〔一〕、見不賢者而内自省也。

子曰く、「賢を見ては斉《ひと》しからんことを思ひ〔一〕、不賢を見ては内に自ら省みるなり」と。

孔子が言った、「賢者を見たときは同じようになろうと思い、賢でない人を見たときは内心で自分を省みるのである」と。

〔集解〕

〔一〕包咸は、「賢者と同じようになろうと思うのである」と解釈する。

〔参校〕トルファンアスターナ三六三号墓八／一号写本（鄭玄『論語』注）は、「（省は）察のような意味である」とする。

18子曰、事父母幾諫〔一〕、見志不従、又敬不違、労而不怨〔二〕。

子曰く、「父母に事ふるには幾《ひそ》かに諫め〔一〕、志を見て従はざれば、又 敬して違《たが》はず、労して怨みず」と〔二〕。

孔子が言った、「父母に仕えるには（その悪いところを見たときには）それとなく諫め、（それでも父母の）心を見て従いそうにないならば、その上でつつしみ深くして逆らわず、苦労しても怨みには思わない」と。

〔集解〕

〔一〕包咸は、「幾は、微という意味である。それとなく諫めて、善言を父母に伝えるべきである」と解釈する。

〔二〕包咸は、「志を見るとは、父母の志を見ることである。諫めた言葉に従わない様子ならば、その上で慎み深くすべきである。あえて父母の意に逆らって自分の諫めを押し通さない」と解釈する。

〔参校〕トルファンアスターナ三六三号墓八／一号写本（鄭玄『論語注』）は、「父母に事ふるには幾《ひそ》かに諫む」について、「譏（鄭玄『論語注』は幾を譏につくる）は、剴のような意味である。父母を諫める者は剴《やは》らかにこれに迫る。礼には、子が父母に仕えるには隠して犯すことは無い」と注をつけ、「労して怨みず」について、「孝子は父母があれば、自ら専らにする所は無い」と注をつける。朱熹『論語集注』は、この章が『礼記《らいき》』内則《だいそく》篇と対応していることを指摘し、「父母に事ふるには幾かに諫む」は、『礼記』内則篇の「父母に過失があれば、穏やかに容貌をなごませ、声を柔らかにして諫める」ということであり、「志を見て従はざれば、又敬して違はず」は、『礼記』内則篇の「諫言が聞き入れられなければ、ますます父母を敬い孝を尽くし、父母が悦べばまた諫める」ということであり、「労して怨みず」は、『礼記』内則篇の「父母が地元で罰せられるようになるより、そうならないようによく諫めよ。父母が怒って悦ばず、自分を鞭で打って血が流れも、厭ったり怨んだりせずに、ますます敬い孝を尽くせ」ということである、とする。

19子曰、父母在、子不遠遊。遊必有方［一］。

子曰く、「父母在《いま》せば、子遠く遊ばず。遊ぶには必ず方あり」と［一］。

孔子が言った、「父母のおられる間は、子は遠くへは遊びにいかない。遊ぶにも必ずいつも同じ場所にせよ」と。

［集解］

［一］鄭玄は、「方は、常のような意味である(1)」と解釈する。

（訳注）1『礼記《らいき》』曲礼《きょくらい》篇上に、「人の子たる者は、外出するときには必ず（行く先を）告げ、帰ってきたときには必ず面会する。游ぶにも必ず定まった所でし、習ぶにも必ず本業をま

なぶ」とあるのに基づく。

〔参校〕朱熹『論語集注』は、自分が親のことを思い続けるということだけではなく、親の方にも自分のことを気にかけ続けて心労をかけることを危惧している、と解釈する。また、「方」を方角の意味で理解する。


20子曰、三年無改於父之道、可謂孝矣〔一〕。

子曰く、「三年　父の道を改むること無きは、孝と謂ふ可し」と〔一〕。

孔子が言った、「（父の死から）三年のあいだ（心が耐えられないので）父のやり方を改めないことは、孝と言うことができる」と。

〔集解〕
〔一〕鄭玄は、「孝子が喪に服している際、（死を）哀惜《あいせき》し（生前を）思慕《しぼ》してその父のやり方を改めることがないのは、心が耐えられないからである」と解釈する。
〔参校〕トルファンアスターナ三六三号墓八／一号写本（鄭玄『論語注』）は、「孝子は、哀しみ慕ってその父の常道を改めない。心が忍びがたいからである」という注がある。

21子曰、父母之年、不可不知也。一則以喜、一則以懼〔一〕。

子曰く、「父母の年は、知らざる可からず。一は則ち以て喜び、一は則ち以て懼《おそ》る」と〔一〕。

孔子が言った、「父母の年齢は、知らなければならない。一つには（長命であることを）喜び、一つには（老衰していることを）心配する」と。

［集解］

［一］孔安国は、「父母が長命であるのを知れば喜び、老衰しているのを知れば心配する」と解釈する。

22子曰、古者、言之不出也。恥躬之不逮也〔一〕。

子曰く、「古《いにしへ》の者、言を之れ出ださざるは、躬の逮《およ》ばざるを恥づればなり」と〔一〕。

孔子が言った、「古の人が、言葉を（軽々しく）口にしなかったのは、自分（の行い）が及ばないことを恥じたからである」と。

［集解］

［一］包咸は、「古の人が、言葉を軽々しく口から発しなかったのは、自分の行いが及ば

ないであろうことを恥じたためである」と解釈する。

23子曰、以約失之者、鮮矣［一］。

子曰く、「約を以て之を失する者は、鮮《すくな》し」と［一］。

孔子が言った、「慎ましくしていて失敗する人は、ほとんどいない」と。

［集解］

［一］孔安国は、「（奢侈も倹約も）ともに中を得ていない。（しかし）贅沢で驕《おご》り高ぶっていれば、禍いを招き、慎ましくしていれば、心配なことはない」と解釈する。

〔参校〕トルファンアスターナ三六三号墓八／一号写本（鄭玄『論語注』）は、「約は、倹である。倹《つづまや》かである者は常に足りる」と解釈する。朱熹『論語集注』は、謝氏の言を引いて、驕らず勝手にしないのを「約」という、とする。

24子曰、君子欲訥於言、而敏於行［一］。

子曰く、「君子は言には訥《とつ》にして、行には敏ならんと欲す」と［一］。

孔子が言った、「君子は言葉を重くして、行動を敏捷《びんしょう》にしたいと思うものである」

と。

［集解］

［一］包咸は、「訥は、遅く鈍いことである。（君子は）言葉は遅鈍《ちどん》であろうとし、行動は敏捷であろうとする」と解釈する。

25子曰、徳不孤。必有隣［一］。

子曰く、「徳は孤ならず。(1)必ず隣有り」と［一］。

孔子が言った、「徳ある者は孤立しない。必ず隣《なかま》ができる」と。

［集解］

［一］万事は同類で集まり、(2)同志は互いに求め合う。(3)そのため必ず隣《なかま》がいる。こういう訳で（徳ある者は）孤立しないのである。

（訳注）1「徳は孤ならず」は、『周易』坤卦《こんか》文言伝《ぶんげんでん》に、「君子は敬もて以て内を直くし、義もて以て外を方にす。敬義 立ちて徳 孤ならず」と見える。2「方は類を以て聚まる（万事は同類で集まる）」は、『周易』繋辞上伝《けいじじょうでん》に、「方は類を以て聚まり、物は群を以て分かれ、吉凶 生ず」と見える。3「同志は相 求む（同志は互いに求め合う）」については、『周易』乾

卦 文言伝に、「同声 相 応じ、同気 相 求む」と見える。

〔参校〕トルファンアスターナ三六三号墓八／一号写本（鄭玄『論語注』）は、「必ず隣有る」理由として、「徳が互いに近いからである」とする。荻生徂徠『論語徴』は、「隣」は、具体的に助けがあることと解釈する。

26子游曰、事君数斯辱矣。朋友数斯疏矣[一]。

子游(1)曰く、「君に事《つか》ふるに数々《しばしば》すれば斯《ここ》に辱めらる。朋友に数々すれば斯に疏《うと》んぜらる」と[一]。

子游が言った、「君にお仕えしてうるさくすると恥辱をうける。友達にうるさくすると疎遠にされる」と。

［集解］

［一］数は、速数（しばしば何回も）の数のことをいう。

（訳注）1子游は、弟子。為政篇第七章を参照。

公治長《こうやちょう》第五　凡二十九章　何晏集解

01子謂公治長、可妻也。雖在縲絏之中、非其罪也。以其子妻之〔一〕。

子 公治長を謂ふ、(1)「妻《めあは》す可きなり。縲絏《るゐせつ》の中に在りと雖も、其の罪に非ざるなり」と。其の子を以て之に妻す〔一〕。

孔子《こうし》が公治長《こうやちょう》について言った、「（わたしの娘を）妻にするのがよい。（罪人として）黒い縄に繋がれたが、かれの罪ではなかった」と。自分の娘をかれに嫁がせた。

〔集解〕

〔一〕孔安国《こうあんこく》は、「公治長は、（孔子の）弟子であり、魯の人である。姓は公治で、名は長である。縲《るい》は、黒いなわ。絏《せつ》は、攣《れん》（つなぐ）である。罪人を拘束するものである」と解釈する。

（訳注）1公治長は、弟子。姓を公治、名を長、字を子長《しちょう》という。斉《せい》の人である（『史記』仲尼弟子列伝）。『孔子家語《こうしけご》』七十二弟子解では、魯《ろ》の人とし、恥を忍べる人物であったとする。

〔参校〕トルファンアスターナ三六三号墓八／一号写本（鄭玄『論語注』）は、「公治長は、かつて他人の罪により執法の吏により捉えられた。時人はこれを恥辱としたので、孔子がこれを釈明した」と解釈する。皇侃《おうがん》『論語義疏《ろんごぎそ》』は、姜処道《きょうしょどう》の『論釈《ろんしゃく》』を引き、公治長が禽獣の言葉を理解したという逸話を以下のように記す。公冶長が衛《えい》から魯に帰る途中、国境で鳥たちが人の死肉を清渓《せいけい》に食べに行こうと話しているのが聞こえた。しばらくして、一人の老婆が路上で泣いていたので、訳をたずねると、「我が子が出かけたきり帰ってこない。死んでしまったのだろうが。遺体がどこかもわからない」と話した。公冶長は、「先ほど鳥が、清渓に肉を食いに行こうと話していました。恐らくそれがお子さんでしょう」と言った。老婆が見に行くと、息子が死んでいた。老婆が村長にこのことを告げると、村長はどうやって息子の死に場所を知ったのかと老婆に尋ねた。老婆は、「公冶長に会ったら、そのように話しておりました」と言った。役人は、「公冶長が子を殺していないのなら、どうして場所を知っていたのだ」と言い、公冶長を取り調べて獄に捕らえた。獄主がなぜ殺したのか尋ねると、公冶長は、「鳥の言葉が分かるだけで、人は殺していません」と答えた。獄守は、「もし本当に分かるというのなら、放免してやろう。分からなければ、死んで償《つぐな》ってもらうぞ」と言って、公冶長を六十日間監獄に拘留した。その最終日、雀が檻《おり》の上でチュンチュンと鳴きあい、公冶長は微笑んだ。獄吏は、公冶長が雀の鳴き声を笑っている、鳥の言葉が分かるのではなかろうかと獄主に報告した。獄主は、「雀がなんと言っていたから笑ったのだ」と公冶長に質問させた。公冶長は、「雀がチュンチュン鳴いて、「白蓮川《びゃくれん》のほとりに牛車が横転して、（積み荷の）穀物をひっくり返した。牡牛《おうし》は角を折っているし、こぼした荷は集めきれない。さぁ啄《ついば》みに行こう」と言い合っていたのです」と答えた。獄主は信じなかったが、人を行かせて確認すると、果たしてその通りであった。この後も猪《いのしし》や燕《つばめ》の言葉を何度も的中させ、そうして放免されたのである。邢昺《けいへい》『論語注疏《ろんごちゅうそ》』はこの話を採らず、皇侃も、「この話は雑書に出ており、必ずしも信じることはできない。しかし古くから、公冶長が鳥の言葉を理解したという話が伝わっており、とりあえず記しておく」と述べている。

02子謂南容、邦有道不廢、邦無道免於刑戮。以其兄之子妻之［一］。

子 南容を謂ふ、「邦に道有れば廢《す》てられず、邦に道無きも刑戮《けいりく》を免《まぬが》れん」と。其の兄の子を以て之に妻《めあは》す［一］。

孔子が南容《なんよう》について言った、「邦《くに》に道が行われていれば（任用され）捨ておかれないし、邦に道が行われていなくとも刑罰（の辱め）を免れるだろう」と。自分の兄の娘を南容に嫁がせた。

［集解］

［一］王粛《おうしゅく》は、「南容は、弟子の南宮縚《なんきゅうとう》である。魯の人である。字は子容《しよう》。廢てられず

とは、任用されることをいう」と解釈する。

（訳注）1南容は、弟子。姓を南宮、名を括《かつ》、字を子容《しよう》という（『史記』仲尼弟子列伝）。『孔子家語』七十二弟子解では、名を韜《とう》、魯の人とする。『礼記《らいき》』檀弓《だんぐう》篇上の鄭玄《じょうげん》注では、孟孫氏《もうそん》の当主孟僖子《もうきし》の子である南宮敬叔《なんきゅうけいしゅく》と同一人物とする。南宮敬叔は、孔子が周《しゅう》へ行き、老子《ろうし》に礼を学んだ際に、その旅の支援を魯君に願ったとされる人物である（『史記』孔子世家）。

〔参校〕皇侃『論語義疏』は、公冶長と南容の徳に優劣があり、そのため嫁がせるのに自分の娘、兄の娘の違いがあったとする旧説を引いた上で、単に年齢の問題であろうと否定する。

03子謂子賤〔一〕、君子哉、若人。魯無君子者、斯焉取斯〔二〕。

子 子賤(1)を謂ふ〔一〕、「君子なるかな、若《かくのごと》き人。魯に君子無かりせば、斯《こ》れ焉《いづ》くにか斯れを取らん」と〔二〕。

孔子が宓子賤《ひっしせん》について言った、「君子であるな、このような人は。魯に君子がいなかったとしたら、この人はどこでそれを得たというのか」と。

〔集解〕

〔一〕孔安国は、「子賤は、魯の人である。弟子の宓不斉《ひっふせい》である」と解釈する。

［二］包咸《ほうかん》は、「若《かくのごと》き人は、このような人という意味である。もし魯に君子がいなければ、子賤はどこでこうした行いを体得して、それを学び実践できたであろう」と解釈する。

（訳注）1子賤は、弟子。姓を宓《ふく》、名を不斉、字を子賤という。孔子より四十九歳年少である。単父《ぜんぽ》の宰となった（『史記』仲尼弟子列伝）。『孔子家語』七十二弟子解では、魯の人とし、才知と仁愛を持っており、民はかれを欺くのは忍びないと思ったという。なお、日本に伝わる正和《せいわ》本・正平《せいへい》本という『論語集解』の古本では、姓を「密」とし、「ヒツ」と読みが書き込まれている。本書は、その読みに従った。

04子貢問曰、賜也何如。子曰、汝器也［一］。曰、何器也。曰、瑚璉也［二］。

子貢（1）問ひて曰く、「賜や何如《いかん》」と。子曰く、「汝《なんぢ》は器《き》なり」と［一］。曰く、「何《なん》の器ぞや」と。曰く、「瑚璉なり」と［二］。

子貢《しこう》が尋ねて、「賜《わたくし》はどうでしょう」と言った。孔

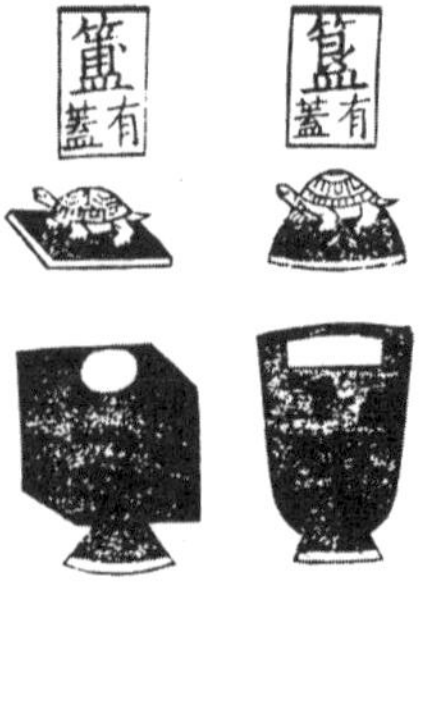

子が言った、「おまえは器《うつわ》である」と。（子貢が）「何の器でしょうか」と言った。（孔子は）言った、「（宗廟《そうびょう》の祭祀で穀物を盛るための貴重な器である）瑚璉《これん》である」と。

［集解］

［一］孔安国は、「お前はまさにうつわの（ような）人だというのである」と解釈する。

［二］包咸は、「瑚璉は、黍稷《しょしょく》（モチキビとウルチキビ）の器である。夏では瑚と呼び、殷では璉と呼び、周では簠簋《ほき》(2)と呼ぶ。貴重な宗廟の器である」と解釈する。

（訳注）1子貢は、弟子。姓を端木《たんぼく》、名を賜《し》、字を子貢といい、孔子より三十一歳の年少。衛《えい》の人。能弁で、商才があった（『史記』仲尼弟子列伝）。その聡明さを周囲からも賞賛されたが、しばしば多弁と人物批評の癖を孔子に窘《たしな》められた。2簠簋《ほき》は、宗廟祭祀に用いる青銅器で、方形のものを簠と言い、円形のものを簋と言う。

［参校］トルファンアスターナ三六三号墓八／一号写本（鄭玄『論語注』）は、「如何というのは、自分がどのようなものに似ているかを尋ねている」と解釈する。皇侃《おうがん》『論語義疏』は、「（為政篇に）「君子は器ならず」と言う。器というのは使い道が決まっており、瑚璉は貴い器ではあるが、やはり何にでも使えるものではない。だから江熙《こうき》は、「瑚璉《これん》は宗廟《そうびょう》にあれば貴い器であるが、民が使用するのには適さない。お前（子貢）は弁舌の士であり、身なりを整え

国政に関われば並外れて優秀とみなされるが、必ずしも雑務ができるとは限らない」と孔子は言った」と解釈する。邢昺《けいへい》『論語注疏』は、「子貢は、孔子がそれぞれの弟子たちを評価したのを見て、かれらが皆、自分には及ばないと思ったので質問した」と述べる。朱熹《しゅき》『論語集注』は、「「器」とは具体的用途を持つ道具である。子貢は、特定の器であることに止まらないという君子の段階にはまだ至ってはいないが、貴重な器ではある、ということであろうか」と述べている。

05或曰、雍也、仁而不佞〔一〕。子曰、焉用佞。禦人以給、屢憎民。不知其仁也。焉用佞也〔二〕。

或ひと曰く、「雍(1)や、仁あるも佞(2)あらず」と〔一〕。子曰く、「焉《いづく》んぞ佞を用ひん。人に禦《こた》ふる(3)に給を以てすれば、屢々《しばしば》民に憎まれん。其の仁なるを知らず。焉んぞ佞を用ひんや」と〔二〕。

ある人が言った、「(冉《ぜん》)雍《よう》は、仁はあるが佞《ねい》(弁才)はない」と。孔子が言った、「どうして佞が必要であろうか。他人に応える際に俊敏であれば、しばしば民に憎まれよう。かれが仁であるかは知らない。(しかし)佞は不要である」と。

［集解］

［一］馬融《ばゆう》は、「雍は、弟子の仲弓《ちゅうきゅう》の名前である。姓は、冉《ぜん》である」と解釈する。

［二］孔安国は、「屢《る》は、数《しばしば》である。佞人は、言辞が俊敏であり、しばしば民に憎まれる」と解釈する。

（訳注）1雍は、弟子。姓を冉《ぜん》、名を雍、字を仲弓という（『史記』仲尼弟子列伝）。『孔子家語』七十二弟子解では、伯牛《はくぎゅう》の宗族であるといい、孔子より二十九歳年少とする。賤しく、不《ふ》肖《しょう》の父から生まれたが、本人は徳行を称えられた。2佞《ねい》は、弁才である（邢昺『論語注疏』）。3禦《ぎょ》について、鄭玄注は、応と読み替えている。

06子使漆彫開仕。対曰、吾斯之未能信［一］。子説［二］。

子 漆彫開(1)をして仕へしむ。対へて曰く、「吾れ斯《こ》れを之《こ》れ未だ信ずる能はず」と［一］。子 説《よろこ》ぶ［二］。

孔子が漆彫開《しっちょうかい》を仕官させ（ようとし）た。（漆彫開は）答えて、「わたしは仕官にまだ自信を持てません（学問を尽くしていないからです）」と言った。孔子は（その道に志すことが深いのを）喜んだ。

[集解]

[一] 孔安国は、「開は弟子である。漆彫は姓である。開は名である。仕進の道は、未だ信ずる能はずとは、まだ学習を尽くしていないということである」と解釈する。

[二] 鄭玄《じょうげん》は、「漆彫開の道に志すことが深いのを喜んだのである」と解釈する。

(訳注) 1漆彫開は、弟子。姓を漆彫、名を開、字を子開《しかい》という(『史記』仲尼弟子列伝)。『孔子家語』七十二弟子解では、姓は漆雕、字は子若《しじゃく》、蔡《さい》の人で、孔子より十一歳の年少、『尚《しょう》書《しょ》』を学んでいたとする。注疏に引く鄭玄注は、魯《ろ》の人とする。

07子曰、道不行、乗桴浮於海。従我者、其由也与[一]。子路聞之喜[二]。子曰、由也、好勇過我。無所取材[三]。

子曰く、「道 行はれず、桴に乗りて海に浮かばん。我に従ふ者は、其れ由(1)なるか」と[一]。子路 之を聞きて喜ぶ[二]。子曰く、「由や、勇を好むこと我に過ぎたり。材を取る所無からん」と[三]。

孔子が言った、「(わたしの理想とする)道は行われない、(小さな)桴《いかだ》に乗って海を行こうか。わたしについて来る者は、さて由《ゆう》であろうか」と。子路《しろ》はこれを聞いて喜んだ。孔子が言った、「由は、勇敢さを好むことはわたし以上である。（しかし桴の）材料を調達できないだろう」と。

［集解］

［一］馬融《ばゆう》は、「桴《ふ》は、竹木を編んだいかだである。大きいものは筏《はつ》と呼び、小さいものは桴と呼ぶ」と解釈する。

［二］孔安国は、「（子路は孔子が）自分と一緒に行くことを喜んだのである」と解釈する。

［三］鄭玄は、「子路は夫子《ふうし》が行きたいと望んだのを真に受けた。それで勇敢さを好むことはわたし以上であると言ったのである。材を取る所無からんとは、桴の材料を調達できないことを言う。子路が（孔子の）微言を理解しなかったために、（孔子は）子路に戯《たわむ》れただけである」と解釈する。（鄭玄はまた）一説には、「子路は孔子が海を行こうと考えていると聞き、すぐに喜んだが、（孔子の）望みについてさらに顧みることはなかった。それで孔子は子路の勇敢さを嘆いて、「わたし以上である、（しかしお前を）連れて行くことは無いよ」と言った。言いたいことは行くのはただ自分だけということである。古くは、「材」の字と「哉」の字は同じであった」とある、と異なる解釈も併記する。

（訳注）1由は、弟子。姓を仲、名を由、字を子路《しろ》といい、卞《べん》の人、孔子より九歳年少である（『史記』仲尼弟子列伝）。最年長の弟子で、孔子に諫言する場面も多い。勇敢で果断だが、向こう見ずな所もあった。季氏《きし》の宰《さい》や衛《えい》の大夫《たいふ》となったが、反乱に巻き込まれて死んだ。

〔参校〕トルファンアスターナ三六三号墓八／一号写本（鄭玄『論語注』）は、「孔子は世を疾《にく》んで、この言葉を発した。子路はそれを（自分への）信であるとして、従って行こうとした」と子路の気持ちを解釈するなど、集解に引用される鄭玄注とは異なる。邢昺《けいへい》『論語注疏』は、子罕篇第十四章に、「子九夷《きゅうい》に居《を》らんと欲す」とあることに基づき、「わたしの善道は、中国ではもはや行われない。そこで桴桅《いかだ》に乗って海を渡り、九夷（東方の九種の異民族の地）に暮らそうとした。（そこの）賢人であれば自分の道を行えるからである」と解釈する。朱熹『論語集注』は、「取り材《はか》る所無し」と読み、「道理をはかり見定めて義に合致させられない」と解釈する。

08孟武伯問、子路仁乎。子曰、不知也〔一〕。又問。子曰、由也、千乗之国、可使治其賦也〔二〕。不知其仁也。求也何如。子曰、求也、千室之邑、百乗之家、可使為之宰也〔三〕。不知其仁也。赤也何如。子曰、赤也、束帯立於朝、可使与賓客言也〔四〕。不知其仁也。

孟武伯問ふ[1]、「子路は仁なるか」と。子曰く、「知らざるなり」と[一]。又問ふ。子曰く、「由や、千乗の国[2]、其の賦《ふ》を治めしむ可し[二]。其の仁なるを知らざるなり」と。「求[3]や何如《いかん》」と。子曰く、「求や、千室の邑《いふ》、百乗の家[4]、之《これ》が宰たらしむ可きなり[三]。其の仁なるを知らざるなり」と。「赤[5]や何如」と。子曰く、「赤や、束帯[6]して朝に立ち、賓客と言はしむ可し[四]。其の仁なるを知らざるなり」と。

孟武伯《もうぶはく》が尋ねた、「子路は仁であろうか」と。孔子が言った、「知りません」と。（孟武伯が）また尋ねた。孔子が言った、「由は、千乗《せんじょう》の国で、そこの兵役を治めさせることはできます。かれが仁であるかは知りません」と。（孟武伯が尋ねて）「（冉《ぜん》）求《きゅう》はどうであろう」と。孔子が言った、「求は、千室の邑《ゆう》、百乗の家（卿《けい》・大夫《たいふ》の采邑《さいゆう》）で、そこの宰《さい》とならせることはできます。かれが仁であるかは知りません」と。（孟武伯が尋ねて）「（公西《こうせい》）赤《せき》はどうであろう」と。孔子が言った、「赤は、朝服を整えて朝廷に立ち、（来朝した）賓客と話をさせられます。かれが仁であるかは知りません」と。

［集解］

［一］孔安国は、「仁の道は、極めて大きく、完全に（子路を仁であると）名付けること

はできないのである」と解釈する。

［二］孔安国は、「賦は、兵賦(7)のことである」と解釈する。

［三］孔安国は、「千室の邑《ゆう》は、卿《けい》・大夫《たいふ》の（所有する）邑である。卿・大夫は（その采邑を）家と呼ぶ。（動員できる戦車の数は）諸侯は千乗である。（百輌の戦車を出す）卿・大夫であるから百乗と言うのである。宰は、家臣《かしん》（卿・大夫の臣）である」と解釈する。

［四］馬融は、「赤は、弟子の公西華《こうせいか》である。威儀と偉容を備えており、行人(8)とすることができる」と解釈する。

（訳注）1孟武伯は、魯の大夫。孟懿子《もういし》の子。為政《いせい》篇第六章を参照。2千乗の国は、公《こう》・侯《こう》の封国のこと。学而《がくじ》篇第五章の馬融注を参照。3求は、弟子の冉求《ぜんきゅう》。八佾《はちいつ》篇第六章を参照。4百乗の家は、卿・大夫の采邑《さいゆう》のこと（『周礼』都司馬の鄭玄注）。5赤は、弟子。姓を公西、名を赤、字を子華《しか》という。孔子より四十二歳年少である（『史記』仲尼弟子列伝）。『孔子家語』七十二弟子解では、魯《ろ》の人とする。6束帯《そくたい》は、朝服。7兵賦《へいふ》は、兵役の税（『春秋左氏伝』隠公四年注）8行人は、賓客の礼儀と朝勤聘問《ちょうきんへいもん》の仕事を掌る官（『周礼《しゅらい》』大行人・小行人）。

09子謂子貢曰、汝与回也孰愈〔一〕。対曰、賜也何敢望回。回也聞一以知十。賜也聞一以知二。子曰、弗如也。吾与汝弗如也〔二〕。

子　子貢に謂ひて曰く、「汝と回とは孰《いづ》れか愈《まさ》れる」と〔一〕。対へて曰く、「賜や何ぞ敢て回を望まん。回や一を聞きて以て十を知る。賜や一を聞きて以て二を知る」と。子曰く、「如《し》かざるなり。吾と汝とは如かざるなり」と〔二〕。

孔子が子貢《しこう》に言った、「おまえと（顔《がん》）回《かい》とではどちらが勝っているであろうか」と。（子貢は）答えて言った、「賜《わたくし》はどうして回（のようであること）を望みましょう。回は一を聞いたなら十を知ります。賜は一を聞いて二を知るだけです」と。孔子が言った「及ばないな。わたしとおまえは（ともに回には）及ばない」と。

〔集解〕

〔一〕孔安国は、「愈《ゆ》は、勝（まさる）というような意味である」と解釈する。

〔二〕包咸《ほうかん》は、「（孔子は）子貢が及ばないことを認めた。重ねてわたしとおまえは共に及ばないと言うのは、おそらくそう言って子貢の心を慰めようとしたのであろう」と解釈する。

〔参校〕トルファンアスターナ三六三号墓八／一号写本（鄭玄『論語注』）は、「どうしてあえて回を望みましょうというのは、あえて顔回のような才を望まないのである」と述べて、顔回と子貢の比較対象を才に限定する。朱熹『論語集注』は、「吾は女《なんぢ》の如《し》かずとするを与《ゆる》す」と読み、「わたしはおまえが（回に）及ばないとした見識を認める」と解釈する。

10宰予昼寝[一]。子曰、朽木不可彫也[二]、糞土之牆不可杇也[三]。於予与何誅[四]。子曰、始吾於人也、聴其言而信其行。今吾於人也、聴其言而観其行。於予与改是[五]。

宰予(1)昼寝ぬ《い》(2)[一]。子曰く、「朽木は彫る可からず[二]、糞土の牆は杇《ぬ》る可からず[三]。予に於《おい》てや何ぞ誅《せ》めん」と[四]。子曰く、「始め吾の人に於けるや、其の言を聴きて其の行を信ず。今吾の人に於けるや、其の言を聴きて其の行を観る。予に於てや是れを改む」と[五]。

宰予《さいよ》が（学問を怠《おこた》り）昼寝をしていた。孔子が言った、「腐った木には彫刻することができない、糞土《ふんど》の牆《かきね》には塗ることができない。宰予に対してはどうして責めたりしようか」と。孔子が言った、「以前わたしは人に対して、その言葉を聞いてその行いを信用した。今ではわたしは人に対して、その言葉を聞いてその行いを観察するようになった。宰予のことで態度を改めた」と。

［集解］

［一］包咸は、「宰予は、弟子の宰我《さいが》である」と解釈する。

［二］包咸は、「朽は、腐である。彫は、彫刻して絵を刻むことである」と解釈する。

［三］王粛は、「杇《を》は、墁《こて》（で塗ること）である。（朽木と糞土の牆の）二者は、巧労を施しても、それでも（根本が悪いので）大成しないことを喩《たと》えている」と解釈する。

［四］孔安国は、「誅は、責である。今わたしはどうしてお前を責めたりしようか（責めることすらしないという意味である）。深く宰我を責める言葉である」と解釈する。

［五］孔安国は、「是を改むは、以前は言葉を聴いて（その人の）行動を信じていたが、今では（それを）改めて言葉を精察し行動を観察するようになったということである。（そうした態度の変化は）宰我の昼寝からはじまった」と解釈する。


（訳注）1宰予は、弟子。姓を宰、名を予、字を子我《しが》という。弁才があり、口が達者であった（『史記』仲尼弟子列伝）。『論語注疏』に引かれる鄭玄注は、魯《ろ》の人と言う。孔子の優れた門弟を総称する「四科十哲《しかじってつ》」に挙げられ弁舌を得意としたが、その発言をしばしば孔子に咎《とが》められている。2「昼寝ぬ」は、学問を怠り昼寝をしていたのである（皇侃『論語義疏』）。

［参校］トルファンアスターナ三六三号墓八／一号写本（鄭玄『論語注』）は、「宰我《さいが》は言論を得

意とするが、行動が周到ではなかった。そのため、（孔子は）ここにおいて（言論により）行動を信じることに改めたのである」と解釈する。邢昺《けいへい》『論語注疏』は、「宰我は四科（十哲）に位置づけられており、それでも孔子が深く叱責したのは、宰我にかこつけて（他の弟子たちに）教えを授けたのであり、宰我を見下すのは（かえってかれが）本当に学問を怠《おこた》るような人ではないからなのである」と述べる。唐《とう》の李匡乂《りきょうがい》『資暇集《しかしゅう》』に引く梁《りょう》の武帝《ぶてい》の『論語』注では、「昼（晝）は画（畫）の字に（字形が似ているので誤ったので画の字に）作るべきである」とし、「寝室に画をえがいた」と解釈し、韓愈《かんゆ》『論語筆解《ろんごひっかい》』も同様である。荻生徂徠《おぎゅうそらい》『論語徴』は、寝は寝室のことであるとし、「昼に寝室にいたとは、言うことができないような行為をしていたのであろう」と述べる。

11子曰、吾未見剛者。或対曰、申棖〔一〕。子曰、棖也慾。焉得剛〔二〕。

子曰く、「吾れ未だ剛者[1]を見ず」と。或ひと対へて曰く、「申棖[2]あり」と〔一〕。子曰く、「棖や慾あり。焉《いづく》んぞ剛なるを得ん」と〔二〕。

孔子が言った、「わたしはまだ堅剛な人を見たことがない」と。ある人が答えて、「申棖《しんとう》がおります」と言った。孔子が言った、「棖は情欲がある。どうして堅剛であることができようか」と。

［集解］

［一］包咸は、「申棖は、魯《ろ》の人である」という。

［二］孔安国は、「慾は、情慾《じょうよく》の多いことである」と解釈する。

〔訳注〕1剛は、意志が堅固で、曲がらないことを言う（鄭玄『論語注』）。2申棖は、孔子の弟子の申続《しんしょく》である（鄭玄『論語注』）。申続は、『史記』仲尼弟子列伝に、姓を申、名を党《とう》、字を周《しゅう》というと見え、『孔子家語』七十二弟子解には、名を続といい、魯《ろ》の人であると見える。

〔参校〕邢昺『論語注疏』は、「剛は、純朴で正直で筋の通った者を言う」とし、「情欲が多いと、場合によっては個人的に媚びへつらったりする。どうして剛でいられようか」と述べる。朱子『論語集注』は、謝良佐《しゃりょうさ》の説を引き、「物（の誘惑）に勝てることを剛と言う。……物に蔽《おお》われてしまうのを慾と言う」とする。

12子貢曰、我不欲人之加(1)諸我也。吾亦(2)欲無加諸人也［一］。子曰、賜也、非爾所及也［二］。

子貢曰く、「我 人の我を加《しの》ぐを欲せざるなり。吾も亦《ま》た人を加ぐこと無からんと欲す」と［一］。子曰く、「賜や、爾《なんぢ》の及ぶ所に非ざるなり」と［二］。

子貢が言った、「わたしは他人がわたしを侮るのを好みません。わたしもまた他人を侮ることが無いようにします」と。孔子が言った、「賜よ、（他人に侮らせないことは）おまえが及ぶことではない」と。

［集解］

［一］馬融は、「加は、淩（侮る）である」と解釈する。

［二］孔安国は、「言いたいことは人を止めて（侮るという）非義《ひぎ》を自分に行わせないように仕向けることはできないということである」と解釈する。

（訳注）1諸は、於である（鄭玄『論語注』）。2亽は、亦の古字。皇侃『論語義疏』・邢昺『論語注疏』は、「亦」につくる。

〔参校〕皇侃『論語義疏』に引く袁氏《えんし》は、「加は、理に適合しないことを言う。……理に適合し尽くすのは、賢人である。子貢の分ではない」と注する。朱熹『論語集注』は、「我 人の諸《これ》を我に加ふることを欲せざるや、吾れも亦た諸を人に加ふること無からんと欲す」と読み、「他人が自分にしてほしくないことは、自分もまた他人にしようとは望まない」と解釈する。衛霊公《えいのれいこう》篇第二十四章には、子貢が生涯行うべき一言を求めたところ、孔子が「己の欲せざる所、人に施すこと勿かれ」と返したことが見える。

13子貢曰、夫子之文章、可得而聞也[一]。夫子之言性与天道、不可得而聞也已矣[二]。

子貢曰く、「夫子の文は章《あきら》かにして、得て聞く可きなり[一]。夫子の性と天道とを言ふは、得て聞く可からざるのみ」と[二]。

子貢《しこう》が言った、「先生の（礼儀を述べる）文彩《ぶんさい》(1)は（かたちが）明らかで、見聞き（して修めることが）できる。先生が性《せい》と天道《てんどう》を言うことは、見聞き（して理解）できない」と。

［集解］

［一］章は、明である。（先生が礼儀を述べる）文彩は形として現れており、耳目によって修めることができる。

［二］性は、人が（先天的に受けて）生まれてくるものである。天道は、元亨日新《げんこうにっしん》の道(2)である。深遠微妙であり、それゆえに理解できない。

（訳注）1夫子が礼儀を述べるのには文彩があり、かたちが明らかである（邢昺『論語注疏』）。

2「元亨日新」は、『周易《しゅうえき》』乾卦《けんか》文言伝《ぶんげんでん》および繋辞《けいじ》上伝《じょうでん》を典拠とする。「元」・「亨」は、天の四徳のうちの二つ。「元」は、万物を始生するもので、衆善の長、「亨」は、万物に通貫するもので、衆美の会集するところである。「日新」は、それが不断に生成変化することをいう。

〔参校〕トルファンアスターナ三六三号墓八／一号写本（鄭玄『論語注』）は、「文章は、藝《げい》の義理をいう」、「性は、人が血気を受けると共に生じるもので、賢愚・吉凶がある」、「天道は、七政変動の占をいう」と解釈する。皇侃『論語義疏』は、「先生の文章（六籍《りくせき》、経書）は、見ることができるが、言（六籍の本旨）や性や天道のことは、理解することができない」と解釈する。朱熹『論語集注』は、「先生の文章（徳が外に現れたもの）は、毎日外に現れ、学ぶ者はみな知ることができる。性（天理《てんり》）と天道（天理の本体）となると、先生は稀にしか言わず、学ぶ者たちも聞くことができない」と解釈する。

14子路有聞、未之能行、唯恐有聞［一］。

子路 聞くこと有りて、未だ行ふ能はざれば、唯だ聞くこと有るを恐る［一］。

子路は（教えを）聞いて、まだ実践できていなければ、（さらに別の教えを）聞くことをひたすらに恐れた。

［集解］

［一］孔安国は、「（子路は）以前に聞いた教えをまだ実践できていなかった。それゆえ

以後に（孔子から別の教えを）聞くことがあると、どちらも行えなくなることを恐れたのである」と解釈する。

〔参校〕トルファンアスターナ三六三号墓八／一号写本（鄭玄『論語注』）は、「聞くことを恐れたとは、後で聞くことがあると、またそれを行うことに汲汲として、前に聞いたことを成せなくなることを憂えたのである」と解釈する。

15子貢問曰、孔文子何以謂之文也［一］。子曰、敏而好学、不恥下問。是以謂之文也［二］。

子貢問ひて曰く、「孔文子（1）は何を以てか之を文と謂ふ（2）」と［一］。子曰く、「敏にして学を好み、下問を恥ぢず。是《ここ》を以て之を文と謂ふなり」と［二］。

子貢が尋ねて、「孔文子《こうぶんし》はどうしてかれ（の諡《おくりな》）を文と言うのでしょう」と言った。孔子が言った、「鋭敏で学問を好み、目下の者に問うことを恥じない。これにより諡を文と言うのである」と。

［集解］

［一］孔安国は、「孔文子は、衛《えい》の大夫の孔叔圉《こうしゅくぎょ》である。文は、諡である」と解釈する。

［二］孔安国は、「敏は、理解が早いことである。下問は、自分以下の地位にある人に問

うことである」と解釈する。

（訳注）1孔文子は衛の大夫。姓を孔、名を圉、謚を文といい、仲叔圉《ちゅうしゅくぎょ》とも称される。孔悝《こうかい》の父。『春秋左氏伝』哀公《あいこう》伝十一年には、孔叔圉が大叔疾《だいしゅくしつ》という衛の大夫の妻を離婚させ、自分の娘を嫁がせたが、大叔疾は先の妻を呼び戻し優遇した。孔叔圉は怒って、大叔疾を攻めようとしたが、孔子に止められた。そこで大叔疾の先の妻を奪った、という記事が見える。2文は、邢昺『論語注疏』に引く『逸周書《いっしゅうじょ》』謚法解《しほうかい》によれば、学問に勤め好むことを称する謚である。

16子謂子産、有君子之道四焉〔一〕。其行己也恭、其事上也敬、其養民也恵、其使民也義。

子 子産を謂ふ、「君子の道 四有り〔一〕。其の己を行ふや恭、其の上に事ふるや敬、其の民を養ふや恵、其の民を使ふや義なり」と。

孔子が子産《しさん》を言って、「（子産は）君子《くんし》の道を四つ備えていた。自分が行うには恭順で、目上に仕えるには敬意をもち、民を養うには恩恵を用い、民を使役するには（相応しい時に行い）義にかなっていた」とした。

［集解］

［一］孔安国は、「子産は、鄭《てい》の大夫の公孫僑《こうそんきょう》である」という。

（訳注）1子産は、鄭の宰相。姓を姫、名を僑、字を子産という。鄭の穆公《ぼくこう》の孫で、簡公《かんこう》・定公《ていこう》に仕えた。宰相として税や土地の制度改革を行い、中国史上最初の成文法を制定し、様々な善政を敷いて、晋《しん》と楚《そ》という強国に圧迫されていた鄭を安定させた。孔子はかれの死に涙し、「古の遺愛である」と賞賛したという（『史記』鄭世家）。2皇侃『論語義疏』によれば、自分の行いが常に恭順であり、人や物に背き違うことがない、という意味である。3邢昺『論語注疏』によれば、民を使役するのに、すべて礼によって、相応しい時期に行い、農事を妨げない、という意味である。

〔参校〕朱熹『論語集注』は、「恭は、謙虚である。敬は、慎み敬うことである。恵は、慈愛福利である。義は、都と地方に秩序があり、上下に服装規定があり、田に境界があり、井戸ごとに五戸の組織があるようにしたことである」とする。

17子曰、晏平仲善与人交、久而人敬之［一］。

子曰く、「晏平仲(1) 善く人と交はり、久しくするも而も人 之を敬す」と(2)［一］。

孔子が言った、「晏平仲《あんへいちゅう》は立派に人と交際し、（つきあいが）長くなっても人々はかれを敬った」と。

〔集解〕

〔一〕周生烈《しゅうせいれつ》は、「（晏子は）斉《せい》の大夫である。晏は姓である。平は諡《おくりな》である。名は嬰《えい》である」と言っている。

（訳注）1晏平仲は、斉の宰相。姓を晏、名を嬰、字を平仲という。霊公《れいこう》・荘公《そうこう》・景公《けいこう》に仕え、混乱する斉《せい》で主君に忠誠を示し続けた（『史記』晏平仲伝）。一方で、景公が孔子を登用しようとしたのを止めたという（『史記』孔子世家）。2皇侃『論語義疏』は、「一般に人の交わりは絶えやすい。しかし晏平仲は交際が長くなっても人々は（付き合うほどに）ますますかれを敬った」と解釈する。

〔参校〕トルファンアスターナ三六三号墓八／一号写本（鄭玄『論語注』）は、「晏平仲は、性質が謙遜で人と久しく交わり、交わるほど人々を敬った」と解釈する。朱熹『論語集注』も、鄭玄注同様、晏嬰が人々を敬ったと解釈する。

18子曰、臧文仲居蔡〔一〕、山節藻梲〔二〕。何如其知也〔三〕。

子曰く、「臧文仲（1）蔡《さい》を居《お》き〔一〕、節を山（2）にし梲《せつ》に藻（3）す〔二〕。何如《いかん》ぞ其れ知ならんや」

と[三]。

孔子が言った、「臧文仲《ぞうぶんちゅう》は（魯の大夫に過ぎないのに、諸侯が占いに使う）蔡《さい》（という）大亀を持ち、（天子の廟《びょう》に施すように）節《せつ》（ますがた）を山の形に（彫刻）して梲《せつ》（梁の上の柱）に藻《そう》（水草文様）をあしらっている。どうして（世間が言うように）智者であろうか」と。

［集解］

［一］包咸は、「臧文仲は、魯の大夫、臧孫辰《ぞうそんしん》である。文は、諡《おくりな》である。蔡《さい》は、国君（が用いる占いのため）の大亀である。蔡の地から産出され、それで（蔡を）名前とした。長さは一尺《しゃく》二寸《すん》（約27㎝）ある。（臧文仲が）蔡をもつことは僭越《せんえつ》である」と解釈する。

［二］包咸は、「節は、栭《ますがた》である。彫刻して山の形を作る。[2] 梲《せつ》は、梁《はり》の上の楹《はしら》である。水草文様を描く。これらがおごり高ぶっていることをいう」と解釈する。

［三］孔安国は、「当時の人がかれを智者と評することを譏《そし》っている」と解釈する。

（訳注）1臧文仲は、大夫。氏を臧孫《ぞうそん》、名を辰《しん》、字を文仲という。魯の荘公《そうこう》・閔公《びんこう》・僖公《きこう》・文公《ぶんこう》

に仕えた。斉《せい》や晋《しん》などの大国に圧迫されていた魯を外交面で支えた。功績も多く、後人の評価も高い（『春秋左氏伝』荘公 伝十一年～哀公 伝二十四年）。2邢昺『論語注疏』によれば、柱の頭を彫刻して、ますがた（柱の上に置き棟木を受ける方形の部材）を山形に作るという。3藻《そう》は、水草の文様があるものである（『尚書正義』益稷謨）。

〔参校〕トルファンアスターナ三六三号墓八／一号写本（鄭玄『論語注』）は、「文仲は奢侈《しゃし》である。もしこのようであれば、どうして智であろうか。（それなのに）時人がこれを智と評価することを刺《そし》っているのである」と解釈する。

19子張問曰、令尹子文〔一〕、三仕為令尹、無喜色。三已之、無慍色。旧令尹之政、必以告新令尹。何如也。子曰、忠矣。曰、仁矣乎。曰、未知。焉得仁〔二〕。

子張 問ひて曰く、「令尹(1)の子文(2)〔一〕、三たび仕へて令尹《れいいん》と為れども、喜ぶ色無し。三たび之を已《や》めらるれども、慍《いか》る色無し。旧令尹の政、必ず以て新令尹に告ぐ。何如《いかん》や」と。子曰く、「忠なり」と。曰く、「仁なるか」と。曰く、「未だ知らず。焉《いづく》んぞ仁なるを得ん」と〔二〕。

子張《しちょう》が尋ねて、「（楚の）令尹《れいいん》の子文《しぶん》は、三たび仕えて令尹となりましたが、嬉しそうな顔色はありませんでした。三たび令尹をやめさせられましたが、怨みがましい顔色はありませんでした。（毎回自分が行っていた）前の令尹のときの政務を、必ず新しい令尹に申し送りました。いかがでしょうか」と言った。孔子が言った、「忠である」と。（子張は）言った、「仁でしょうか」と。（孔子は）言った、「分からない。どうして仁であるといえよう」と。

［集解］

［一］孔安国は、「令尹の子文は、楚の大夫《たいふ》である。姓は闘《とう》、名は穀於菟《こうおと》である」と解釈する。

［二］孔安国は、「（孔子は）ただかれが政治に忠実であることは聞いたが、まだかれが仁であるかは知らないのである」と解釈する。

（訳注）1令尹《れいいん》は、官名。邢昺『論語注疏』によれば、楚における最高執政官で、他国で言う宰にあたる。2子文は、楚の令尹の闘子文。姓を闘、名を穀於菟《こうおと》という。成王《せいおう》に仕えた。楚王若敖《じゃくごう》の孫で、密通によって生まれたため捨てられ、虎の乳を飲んでいた所を発見されたことから、楚の言葉で乳を指す「穀《こう》」と、虎を指す「於菟《おと》」を名としたと言う。子玉《しぎょく》と成《せい》得臣《とくしん》に令尹を譲った。私財を投げうって民に施《ほどこ》し、清貧であったという（『春秋左氏伝』荘

公 伝三十年から宣公 伝四年）。皇侃『論語義疏』に引く范寧《はんねい》注は、子文は謚であるという。鄭玄『論語注』は、姓を鬭、名を穀《こく》とする。

20崔子弑斉君、陳文子有馬十乗、棄而違之〔一〕。至於他邦、則又曰、猶吾大夫崔子也。違之。至一邦、則又曰、猶吾大夫崔子也。違之。何如。子曰、清矣。曰、仁矣乎。曰、未知。焉得仁〔二〕。

「崔子(1)斉君(2)を弑《しい》するや、陳文子(3)馬十乗を有《たも》つも、棄てて之を違《さ》る〔一〕。他邦に至るや、則ち又曰く、「猶ほ吾が大夫の崔子のごときなり」と。之を違る。一邦に至るや、則ち又曰く、「猶ほ吾が大夫の崔子のごときなり」と。之を違る。何如《いかん》」と(4)。子曰く、「清なり(5)」と。曰く、「仁なるか」と。曰く、「未だ知らず。焉《いづく》んぞ仁なるを得ん」と〔二〕。

（子張が言った）「崔子《さいし》が斉《せい》の君を弑殺《しいさつ》すると、陳文子《ちんぶんし》は馬車十乗を持っていましたが、棄てて斉を立ち去りました。よその国に行くと、また、「（ここの臣下も）まるでわが国の大夫の崔子のようである」と言いました。（そして）そこを去りました。別の国に行くと、また、「（ここの臣下も）まるでわが国の大夫の崔子のようである」

と言いました。（そして）そこを去りました。いかがでしょうか」と。孔子が言った、「清廉である」と。（子張は）言った、「仁でしょうか」と。孔子が言った、「分からない。どうして仁であるといえよう」と。

［集解］

［一］孔安国は、「（崔杼《さいちょ》も陳文子も）ともに斉の大夫である。崔杼が乱をおこし、陳文子はこれを憎んだ。その（馬車十乗の）四十匹の馬を捨てて、（禄位を）失ってそこから去った」と解釈する。

［二］孔安国は、「陳文子は悪逆無道なものを避け、有道《ゆうどう》を求めた。春秋時代にあっては、臣下がその君主を凌《しの》ぐこと、みな崔杼のようで、良い人物はいなかったのである」と解釈する。

（訳注）1崔子は、斉の大夫。姓を崔、名を杼《ちょ》、謚を武という。斉《せい》の丁公《ていこう》の子孫。恵公《けいこう》・霊公《れいこう》・荘公《そうこう》・景公《けいこう》に仕えた。荘公即位に功があったが、後妻と荘公との密通を理由に、乱を起こして君主の荘公を弑殺し、景公を立てて相となり、政権を専らにしたが、のち斉の大夫であった慶封《けいふう》に攻められ自害した（『春秋左氏伝』襄公 伝二十三～二十八年）。2斉君は、荘公。父の霊公は妾《めかけ》の子を太子としたが、荘公は妾とその子を殺して、斉君となった。このとき

崔杼の協力を受けたが、崔杼の妻と私通し、崔杼と対立し弑殺《しいさつ》された（『史記』斉太公世家《せいたいこうせいか》）。3陳文子は、斉の大夫。姓を田、名を須無《しゅむ》、諡を文という。鮑国《ほうこく》らとともに慶封の家を討伐し、慶封を斉から追放した（『春秋左氏伝』襄公 伝二十年）。4邢昺『論語注疏』では、この章と前の章を合わせて一つの章とみなす。よってこの発言も前章を承けた子張のものと解した。5清は、清廉である（義疏）。6四十匹の馬は、邢昺『論語注疏』によれば、古くは四匹の馬を一緒に一台の馬車に繋いだために、四匹を乗と言った。それで十乗は四十匹であるという。

〔参校〕トルファンアスターナ三六三号墓八／一号写本（鄭玄『論語注』）には、「焉得仁」という本文の下に、「崔子は、斉の太夫、崔杼なり。斉の荘公を弑す。陳文は、斉の下太夫、陳須無の諡なり。四馬を乗と曰ふ。違は、由ほ去るのごとし。文子、崔杼の其の〔君〕を殺すを見……朝に留まるを悪《にく》み、禄位と馬とを棄てて去る。旧説に云ふ、始めて去り衛に之《ゆ》く。衛の臣に悪しきこと崔杼の如き者有り。鄭に〔之《ゆ》く〕。鄭の臣に悪しきこと崔杼の如き者有り。此より已後、之く所未だ聞かず。後に及びて斉に返ると。清なりとは、其の行 是《かく》の如くんば、何を以て潔清と為さんか。未だ智らず者《とは》、翔けて後に集《やす》んぜざればなり」という注がある。朱熹『論語集注』は、邢昺『論語注疏』と同様に、この章と前の章を合わせて一つの章とみなす。

21季文子三思而後行。子聞之曰、再思斯可矣[一]。

季文子(1)　三たび思ひて而《しか》る後に行ふ。子　之を聞きて曰く、「再び思へば斯《こ》れ可なり」と[一]。

季文子《きぶんし》は三度考えてからその後に実行した。孔子はこれを聞いて、「二度考えればもう十分である」と言った。

［集解］

［一］鄭玄は、「季文子《きぶんし》は、魯《ろ》の大夫、季孫行父《きそんこうほ》である。文は、諡《おくりな》である。文子は忠であって賢い行いがあり、物事を実行する際に過ちが少ない。（そこで孔子は）必ずしも三度考えるには及ばないとしたのである」と解釈する。

（訳注）1季文子は、魯の宰相。姓を姫《き》、名を行父《こうほ》、諡を文という。宣公《せんこう》・成公《せいこう》・襄公《じょうこう》に仕えた。季孫氏の三代目で、魯の政権を専断した。一方、その倹約によって忠であるとも評されている（『春秋左氏伝』成公　伝十六年・襄公　伝五年）。

〔参校〕『春秋左氏伝』文公　伝六年に、季文子が晋《しん》に行く際、晋侯が病気であったことから、出先で喪《も》に会った場合の礼を調べていったほど、不測の事態に備えていた事例が見える。これを西晉《せいしん》の杜預《どよ》の注は、「文子の三思《さんし》」と高く評価する。皇侃『論語義疏』に引く李彪《りひょう》の注は、曾子《そうし》の三省《さんせい》（我が身を三たび省《かえり》みる、学而篇第四章）や、南容《なんよう》の三復（詩を三度反復する、先進篇第五章）を孔子が褒めたことと対照的であることから、この箇所は季文子を褒めるものではなく、季文子への世間の高い評判を矯正するため、「季文子は行動するのに不十分であるのに、二度考えれば良いとしている。三度考えることがない」と述べたものである、と解釈する。

22 子曰、甯武子〔一〕、邦有道則知、邦無道則愚。其知可及也。其愚不可及也〔二〕。

子曰く、「甯武子（1）〔一〕、邦に道有れば則ち知、邦に道無ければ則ち愚なり。其の知は及ぶ可きなり。其の愚は及ぶ可からざるなり」と〔二〕。

孔子が言った、「甯武子《ねいぶし》は、邦《くに》に道が行われているときは智者で、邦に道が行われていないときは愚者（のよう）であった。その智者ぶりはまねができる。その愚者ぶりはまねができない」と。

［集解］

［一］馬融は、「衛《えい》の大夫の甯喩《ねいゆ》である。武は、諡《おくりな》である」と言っている。

［二］孔安国は、「愚者をよそおう様子が真実のようであった。それで及ぶことができないと言ったのである」と言っている。

（訳注）1甯武子《ねいぶし》は、衛の大夫。姓を甯、名を喩《ゆ》、諡を武という。成公《せいこう》に仕えた。成公は暗愚であったが、武子は成公が危機に陥るたび、成公を守ることに尽力した忠臣である。

23子在陳曰、帰与、帰与。吾党之小子、狂簡斐然成章、不知所以裁之也［一］。

子　陳に在りて曰く、「帰らんか、帰らんか。吾が党の小子、狂簡斐然として章を成すも、之を裁する所以を知らざるなり」と［二］。

孔子は陳《ちん》に居たときに言った、「帰ろうか、帰ろうか。わが郷党の後進は、大いに道へ進もうとしてあや模様を織り成しているが、これを（衣服に）仕立てる方法を知らない（わたしは帰ってかれらを仕立ててやらねばならない）」と。

［集解］

［一］孔安国は、「簡は、大という意味である。孔子は陳に居たとき、（魯に）帰ろうと思い、（陳を）去ろうと考えて、「吾が郷党の後進は、（進むことを知って退くことをし

らない）狂者《きょうしゃ》(4)で大いに道へ進もうとしている。みだりに穿鑿《せんさく》し、それでも美しいあや模様を織り成しているが、（これを）衣服に仕立てる方法を知らない。わたしは帰ってこれを仕立ててやらねばならない」と言った。こうして（孔子は）魯に帰った」と解釈する。

（訳注）1孔子は、故郷の魯《ろ》では自らの志《こころざし》が果たされないと悟り、十四年間の諸国遊説の旅に出た。その周遊中、陳《ちん》に滞在していた時期を指す。2吾が党の小子は、自分の郷党にいる後進で、学問の遅れた人のことである（皇侃『論語義疏』）。3斐然《ひぜん》は、あや模様の美しいようす（皇侃『論語義疏』）。4狂者は、邢昺『論語注疏』子路篇第二十一章に、「進むことを知って退くことをしらない者である」とある。また同章の集解には、「進んで善道を取るものである」とある。

〔参校〕トルファンアスターナ三六三号墓八／一号写本（鄭玄『論語注』）は、次のように注をつけている。本文の区切り方を示すため、本文と【注】の訓読と日本語訳を続けて示そう。

子 陳に在りて曰く、「帰らんか、帰らんか、吾党の小子よ。【吾党の小子は、魯人の弟子と為《な》れるものなり。孔子 陳に在る者、時《とき》、之と与《とも》に倶《とも》に魯に帰らんと欲す。】狂簡斐然《きやうかんひぜん》にして……吾 之を裁する所を知らず」と。【狂なる者は、進趣にして時事に簡略なり。

時に陳人 皆 高談虚論し、言 非にして博きを謂ふ。吾 裁制して之を止むる所以《ゆえん》を知らず。毀誉 日ごとに衆《おほ》し。故に之を避けて帰らんと欲するのみ。】

孔子は陳に居たときに言った、「帰ろうか、帰ろうか。わが郷党の弟子たちよ。【吾党の小子は、魯の人で弟子となったものである。孔子は陳に居たとき、かれらと一緒に魯に帰ろうとしたのである。】（陳の人々は）進むだけで肝要なことはせず……わたしはかれらを制御できない」と。【狂というものは、進もう進もうとしてその時々のことは疎《おろそ》かなことをいう。このとき陳の人はみな声高に根拠なく談論し、言葉はよくなく大きなことだけをいう。わたしは（陳の人を）制御して止める方法が分からない。毀誉褒貶《きよほうへん》ばかりが日ごとに多くなる。このため陳を避けて魯に帰ろうと思ったのである。】

このように「吾党の小子よ」で、句を切ることは鄭玄『論語注』独自の解釈である。『論語集解』以下歴代の『論語』解釈は、「帰らんか」で切り、「吾党の小子」を下に繋《つな》げ、故郷（魯）の若者たちが「狂簡斐然」と解釈する。これに対して、鄭玄『論語注』は、「吾党の小子」を陳に随行している魯人の弟子と解釈する。「狂簡斐然」であるのは、陳の人々となる。それは、この公冶長篇と、先進篇の「孔子が言った、「わたしに陳《ちん》と蔡《さい》（の厄）の際に従った者たちは、みな仕官ができなかった者である」と。徳行では、顔淵《がんえん》と閔子騫《びんしけん》と冉伯牛《ぜんはくぎゅう》と仲弓《ちゅうきゅう》。言語では、宰我《さいが》と子貢《しこう》。政事では、冉有《ぜんゆう》と季路《きろ》。文学では、子游《しゆう》と子夏《しか》である」という二章を総合的に解釈するためである。鄭玄は、先進篇における、「陳・蔡《さい》に従ひし者」である顔淵《がんえん》ら「孔門十哲《こうもんじってつ》」を公冶長篇の「吾党の小子」としている。さらに、『詩経』において、陳《ちん》の詩が風俗の乱れを表現していることも、鄭玄の解釈の伏線となっている。自分の弟子ではなく陳の人々を「狂簡斐然」であるとする公冶長篇の鄭玄の解釈は、先進篇、さらには『詩経』までをも視野に入れた総合的な解釈なのである。

24子曰、伯夷・叔斉、不念旧悪。怨是用希［一］。

子曰く、「伯夷・叔斉、(1)旧悪(2)を念《おも》はず。怨み是《ここ》を用《もっ》て希なり(3)」と［一］。

孔子が言った、「伯夷《はくい》・叔斉《しゅくせい》は、昔のうらみを思わなかった。（そのため）怨むことはほとんどなかった」と。

［集解］

［一］孔安国は、「伯夷・叔斉は、孤竹《こちく》の君主の二子である。孤竹は、国名である」という。

（訳注）1伯夷・叔斉は、殷《いん》末・周《しゅう》初の兄弟。ともに孤竹国の王子で、兄の伯夷は父の遺志によ

り王位を弟の叔斉に譲ろうとしたが、叔斉は長幼《ちょうよう》の序により、受けなかった。王座を譲り合い、ついに国を出奔した二人は、周に身を寄せたが、周の武王《ぶおう》が、殷の臣下でありながら紂王《ちゅうおう》を討伐しようとしたことを不忠であるとなじった。殷が滅亡すると、周の粟《ぞく》を食べることを恥じ、首陽山《しゅようざん》に入って薇《わらび》を食べて生活したが、やがて餓死したという（『史記』伯夷列伝）。2旧悪について、皇侃『論語義疏』は「故憾《こかん》（昔のうらみ）」とする。3「怨み是を用て希なり」について、皇侃『論語義疏』は、「もし昔の怨みを記憶していれば、怨みはさらに多くなる。伯夷・叔斉だけは心が広々としていてとらわれない」と解釈する。

〔参校〕邢昺『論語注疏』は、「旧悪」を「昔の悪」として、「昔の悪を思って報復しようとはしない。そのため希にしか人に怨まれないのである」と解釈する。なお、述而篇第十五章には、「仁を求めて仁を得たのである。どうして怨むことがあろうか」という孔子の言葉があり、伯夷と叔斉は餓死することを怨まなかったという。

25子曰、孰謂微生高直〔一〕。或乞醯焉。乞諸其隣而与之〔二〕。

子曰く、「孰《たれ》か微生高(1)を直たりと謂ふ〔一〕。或ひと醯《けい》(2)を乞ふ。諸《これ》を其の隣に乞ひて(3)之に与ふ」と〔二〕。

孔子が言った、「誰が微生高《びせいこう》を直であると言うのか。ある人が酢をもらいに来た。（微生高は切らしていたので）酢を隣近所に求めてその人に与えた」と。

［集解］

［一］孔安国は、「微生は姓である。名は高、魯の人である」と解釈する。

［二］孔安国は、「酢を隣近所に求めて、それで求める者に与えた。気遣いは行き届いているが、直である人とは言えない」と解釈する。

（訳注）1微生高は、魯の人。「微」の文字が「尾」と通用することから尾生高《びせいこう》とも呼ばれる。『荘子《そうじ》』盗跖《とうせき》篇には、尾生高が女性と橋の下で待ち合わせをしたが、女性は来なかった。川が増水しても尾生高は去らず、橋の柱に抱きついたまま溺死した、という逸話を載せるなど、「信」の人として多くの文献に名が見える。2醯《けい》は、酢である（邢昺『論語注疏』）。3そのとき微生の家には醯が無かったからである（皇侃『論語義疏』）。

〔参校〕朱熹『論語集注』は、「本心を曲げ人に迎合し、他人の美点をかすめ取り別の人に恩を売るのを正直とすることはできないと非難した」と解釈する。

26子曰、巧言・令色・足恭［一］、左丘明恥之［二］。丘亦恥之。匿怨而友其人［三］、左丘明恥之。丘亦恥之。

子曰く、「巧言・令色・足恭《しゅきょう》なるは[一]、左丘明(1)之を恥づ[二]。丘も亦た之を恥づ。怨みを匿《かく》して其の人を友とするは[三]、左丘明之を恥づ。丘も亦た之を恥づ」と。

孔子が言った、「言葉巧みで、顔つきを飾り、媚びて迎合することは、左丘明《さきゅうめい》はこれを恥じた。丘《わたし》もこれを恥じる。怨みをかくしてその人を友とすることは、左丘明はこれを恥じた。丘もこれを恥じる」と。

[集解]

[一] 孔安国は、「足恭は、媚《こ》びへつらい迎合する様子である」と解釈する。

[二] 孔安国は、「左丘明は、魯の大夫である」という。

[三] 孔安国は、「心の内では怨みあいながらも外では親しさを装うことである」と解釈する。

(訳注) 1左丘明は、魯の太史《たいし》(歴史官、鄭玄『論語注』)。『漢書』劉歆《りゅうきん》伝では、孔子の弟子で、『春秋左氏伝《しゅんじゅうさしでん》』の著者とする。皇侃『論語義疏』は、孔子に『春秋』を受けたという。左丘明を『春秋左氏伝』の著者と同一人物とみなすのは、後世の創作であろう。津田左右吉《つだそうきち》『左伝の思想史的研究』(東洋文庫、一九三五年、『津田左右吉全集』第十五巻、岩波書店、

一九六四年に所収）を参照。

〔参校〕「巧言・令色」への批判は、学而篇第三章、陽貨篇第十七章にも見える。

27 顔淵・季路侍。子曰、盍各言爾志。子路曰、願車馬・衣軽裘、与朋友共、敝之而無憾〔一〕。顔淵曰、願無伐善〔二〕、無施労〔三〕。子路曰、願聞子之志。子曰、老者安之、朋友信之、少者懐之〔四〕。

顔淵・季路(1)侍《じ》す。子曰く、「盍《なん》ぞ各々爾《なんぢ》の志を言はざる」と。子路曰く、「願はくは車馬・衣軽裘、朋友と共にし、之を敝《やぶ》らるるも憾《うら》み無からん」と〔一〕。顔淵曰く、「願はくは善を伐《ほこ》ること無く〔二〕、労を施すこと無からん」と〔三〕。子路曰く、「願はくは子の志を聞かん」と。子曰く、「老者は之を安んじ、朋友は之を信じ、少者は之を懐《やす》んぜん」と〔四〕。

顔淵、季路が侍《はべ》っていた。孔子が言った、「それぞれ自分の志を言ってみよ」と。子路が言った、「（自分の）車馬と軽い皮ごろもを、友人と共有して、それを壊し破られても恨まないようにしたいです」と。顔淵が言った、「（自分の）善を誇ることなく、労苦を（人に）与えないようにしたいです」と。子路が言った、「どうか先生の志をお聞かせください」と。孔子が言った、「老人には落ち着かれ、友人には信用され、若者にはなつき安らがれたい」と。

［集解］

［一］孔安国は、「憾は、恨という意味である」と解釈する。

［二］孔安国は、「自分から自己の善を言いふらすことがないことである」と解釈する。

［三］孔安国は、「労苦を人に与えないということである」と解釈する。

［四］孔安国は、「懐は、安（なつき安らぐ）という意味である」と解釈する。

（訳注）1季路《きろ》は、子路の字《あざな》である（鄭玄『論語注』）。

〔参校〕朱熹『論語集注』は、「善は、能力があること。施は、誇示するという意。労は、功労があること。『周易《しゅうえき》』に、「労して伐らず」と言うのがこれである」と解釈する。

28子曰、已矣乎。吾未見能見其過而内自訟者也［一］。

子曰く、「已《や》んぬるかな(1)。吾れ未だ能く其の過ちを見て内に自ら訟《せ》むる者を見ざるなり」と［一］。

孔子が言った、「永遠に見られないのか。わたしは未だに自分の過ちを見つめて内心で自責できる者を見たことがない」と。

［集解］

［一］包咸は、「訟は、責めるというような意味である。言いたいことは人に過ちがあったとき、自らを責められる者はいないということである」と解釈する。

〔訳注〕1已は、終である。言いたいことは永遠に見ることはないであろうということである（邢昺『論語注疏』）。

〔参校〕皇侃『論語義疏』は、「已は、止である」とする。

29子曰、十室之邑、必有忠信如丘者焉。不如丘之好学者也已。

子曰く、「十室の邑、必ず忠信 丘が如き者あらん。丘の学を好むに如《し》く者あらざるのみ」と。

孔子が言った、「十軒ばかりの邑《むら》にも、丘《わたし》のように忠信である人は必ずいるであろう。（しかし）丘のように学問を好む人がいないだけである」と。

［集解］なし。

〔参校〕トルファンアスターナ三六三号墓八／一号写本（鄭玄『論語注』）は、「丘のように学問を好む人は少ない」と解釈する。

雍《よう》也《や》第六　凡卅章　何晏集解

01子曰、雍也可使南面也［一］。

子曰く、「雍⑴や南面⑵せしむ可し」と［一］。

孔子が言った、「雍《よう》は（諸侯として）南面させてよい」と。

［集解］

［一］包咸《ほうかん》は、「南面せしむ可しとは、諸侯《しょこう》に任命して国を治めさせられることを言う」と解釈する。

〔訳注〕1雍は、弟子の冉雍《ぜんよう》。字は仲弓《ちゅうきゅう》。徳行に優れた。公冶長篇第五章を参照。2南面は、王の位に就くこと。玉座が南向きであったことに由来する（『周易』説卦《せっか》伝）。

〔参校〕『史記《しき》』仲尼弟子《ちゅうじていし》列伝は、「孔子は仲弓を徳行があるとして、「雍や南面せしむ可し」と言った」と伝え、南面すべき理由として徳行を挙げている。『説苑《ぜいえん》』脩文《しゅうぶん》篇では、「南面は天子を指す」とする。朱熹『論語集注』は、南面を「人君が政治を執る位」と解釈する。

02仲弓問子桑伯子［一］。子曰、可也、簡［二］。仲弓曰、居敬而行簡、以臨其民、不亦可乎［三］。居簡而行簡、無乃太簡乎［四］。子曰、雍之言然。

仲弓 子桑伯子を問ふ(1)〔一〕。子曰く、「可なり、簡なり(2)」と〔二〕。仲弓曰く、「敬に居りて簡を行ひて、以て其の民に臨まば、亦た可ならずや〔三〕。簡に居りて簡を行ふは、無乃《むし》ろ太簡ならんか」と〔四〕。子曰く、「雍の言 然り」と。

仲弓《ちゅうきゅう》が子桑伯子《しそうはくし》について尋ねた。孔子が言った、「よかろう、簡である」と。仲弓が言った、「敬粛であって簡略（な統治）を行い、それによりその民に臨むのであれば、よいのでしょう。（しかし）おおざっぱであって簡略（な統治）を行えば、あるいはぞんざい過ぎるのではないでしょうか」と。孔子が言った、「雍の言葉のとおりである」と。

〔集解〕
〔一〕王粛《おうしゅく》は、「伯子は、書伝に見えない」という。
〔二〕子桑伯子が簡であることを理由によいと言ったのである。
〔三〕孔安国《こうあんこく》は、「身を敬粛《けいしゅく》にして、下に臨む際に寛略《かんりゃく》であればよい」と解釈する。
〔四〕包咸は、「伯子の簡は、行き過ぎた簡なのである」と解釈する。

（訳注）1子桑伯子は、邢昺『論語注疏』に引く鄭玄『論語注』では、「秦《しん》の大夫」とする。『春秋左氏伝』文公 伝三年の杜預《どよ》注には、「子桑は、公孫枝《こうそんし》である」とある。公孫枝は、秦の

穆公《ぼくこう》に重用されたが、孔子とは時代が合わない。したがって、鄭玄説を採れば、2の『説《ぜい》苑《えん》』の逸話は、史実としては成立しない。2皇侃『論語義疏』は、「簡をおおざっぱで細かな礼法が無く、簡略であることとし、敬があれば礼にかなった行動が取れるので、可である」とする。また『説苑』脩文《しゅうぶん》篇は、子桑伯子が孔子に会う際に衣冠を身につけておらず、孔子が、「質《しつ》はあっても文《ぶん》が無ければ野蛮となり、牛馬と同じである」と譏《そし》ったと伝える。

〔参校〕朱熹『論語集注』は、この章と前章とをまとめて一章として、子桑伯子を魯の人とし、『荘子《そうじ》』大宗師《たいそうし》に見える子桑戸《しそうこ》であろうとする。子桑戸は隠者で、孟子反《もうしはん》らと交流があり、その死にあたって孔子は、子貢《しこう》を葬式の手伝いに行かせたという。

03哀公問曰、弟子孰為好学。孔子対曰、有顔回者、好学。不遷怒、不弐過。不幸短命死矣。今也則亡。未聞好学者也[一]。

哀公(1)問ひて曰く、「弟子《ていし》孰《たれ》か学を好むと為す」と。孔子対《こた》へて曰く、「顔回(2)なる者有り、学を好めり。怒りを遷さず、過ちを弐《ふたた》びせず。不幸 短命にして死せり。今や則ち亡《な》し(3)。未だ学を好む者を聞かざるなり」と[一]。

(魯の)哀公《あいこう》は(孔子に)尋ねた、「(あなたの)弟子《でし》の中でだれが学問を好みますか」

と。孔子は答えて、「顔回《がんかい》という者がおり、学問を好みました。怒りを（理から）移さず、過ちを繰り返しません。（しかし）不幸にも年若くして死にました。（そのため学問を好む者は）今ではもういなくなりました。学問を好む者（がいること）を聞いておりません」と言った。

［集解］

［一］普通の人は情に任せて、喜怒が理に違《たが》っている。顔淵は道に任せて、怒りは分《ぶん》を過ぎない。遷とは、移という意味である。（顔淵は）怒ってもその理のとおりであり、移り変わることがない。過ちを弐《ふたた》びせずとは、良くないことがあれば、もう二度と行わないことである。

（訳注）１哀公は、魯の君主。為政篇第十九章を参照。２顔回は、弟子。孔子に最も期待されていたが夭折《ようせつ》した。『春秋公羊伝《くようでん》』と『史記』孔子世家は、顔回の卒年を哀公十四（紀元前四八一）年としている。これによれば、顔回は四十歳前後で死去している。別説として、『孔子家語』七十二弟子解は、顔回は三十二歳で死去したと記す。これは陳蔡《ちんさい》の厄《やく》のころである。３皇侃『論語義疏』は、「亡は、無である」とし、「学問を好む者がいない」と解釈する。

〔参校〕トルファンアスターナ一八四号墓一二／一（b）～一二／六（b）号写本（鄭玄『論語注』）は、「顔回は、甲に怒る所があっても、乙には及ぼさない。行いに不善があれば、未だかつて二度とは行わなかった」と解釈する。皇侃『論語義疏』は、「顔回が学を好み聖道《せいどう》に近い様子は、広い世の中で唯一であった。こうした人は二度とは得難《えがた》い。このため「未だ聞かず」というのである」と解釈する。朱熹『論語集注』は、「今や則ち亡し。未だ学を好む者を聞かざるなり」という言葉が、孔子が顔回の死を深く惜しみ、そのうえ真に学を好む者が得難いことを表していると解釈する。さらに、程子《ていし》の言葉を引いて、「顔回の怒りは、個々の対象にあって、自分が引きずるものではない。そのため「移さない」のである」とし、また「学は、それによって聖人に到達する道である」と述べる。伊藤仁斎《いとうじんさい》『論語古義』は、「過ちを弐《ふた》びせず」の「弐《じ》」とは、朱熹の解釈のような「過ちを繰り返す」という意味ではなく、「過ちを改めないばかりかそれを取り繕《つくろ》う」ことである」といい、聖人にも過ちはあるとする。荻生徂徠《おぎゅうそらい》『論語徴』は、朱熹の解釈に対して、「喜怒は対象にあって自分にはないというが、これは虚無《きょむ》に流れている。聖人であっても一般人と同じく喜怒がある。ただ聖人の喜怒は、個人的欲望に陥《おちい》らず、仁義によって発する」と主張する。

04子華使於斉。冉子為其母請粟。子曰、与之釜[一]。請益。曰与之庾[二]。冉子与之粟五秉[三]。子曰、赤之適斉也、乗肥馬、衣軽裘。吾聞之也、君子周急不継富[四]。

子華(1)斉《せい》に使ひす。冉子(2)其の母の為に粟《ぞく》を請ふ。子曰く、「之に釜《ふ》を与へよ」と[一]。益《ま》さんことを請ふ。曰く、「之に庾《ゆ》を与へよ」と[二]。冉子之に粟五秉《へい》を与ふ[三]。子曰く、「赤《せき》の斉に適《ゆ》くや、肥馬に乗り、軽裘を衣《き》たり。吾之を聞く、「君子は急なるを周《すく》ひて富めるに継がず」と」と[四]。

子華《しか》が斉《せい》に使者として出かけた。冉子《ぜんし》は子華の母のために粟《ぞく》を願った。孔子が言った、「子華の母に一釜《ふ》(六斗《と》四升《しょう》)を与えなさい」と。(冉子は)増やすよう願った。(孔子が)言った、「一庾《ゆ》(十六斗)を与えなさい」と。冉子は子華の母に五秉《へい》(八百斗)の米を与えた。孔子が言った、「赤《せき》が斉へ出かけたときは、肥えた馬に乗り、軽い高級な毛皮を着ていた。わたしはこう聞いている、「君子は切迫した者を助けるが金持ちに加増はしない」と」と。

[集解]

[一]馬融《ばゆう》は、「子華は、弟子の公西華《こうせいか》、赤《せき》の字である。六斗《と》四升《しょう》を釜《ふ》という」と解釈する。

［二］包咸は、「十六斗を庾《ゆ》とする」と解釈する。

［三］馬融は、「十六斛《こく》[3]（百六十斗）を秉《へい》という。五秉は合わせて八十斛（八百斗）である」と解釈する。

［四］鄭玄《じょうげん》は、「冉有《ぜんゆう》が子華の母に与えたものが多すぎたことを非難しているのである」と解釈する。

（訳注）1子華は、弟子の公西赤のこと。公冶長篇第八章に、使者となり得る威儀《いぎ》があったと見える。2冉子は、弟子の冉有のこと。八佾篇第六章を参照。東条一堂《とうじょういちどう》『論語知言《ろんごちげん》』は、「この章は冉有の門人が記したもので、だから冉子と呼ぶ」という。3斛は、『儀礼《ぎらい》』聘礼《へいれい》に、「十斗を斛という」とある。釜《ふ》・庾《ゆ》・斛《こく》・秉《へい》は、単位名。また、量目をはかる器具。

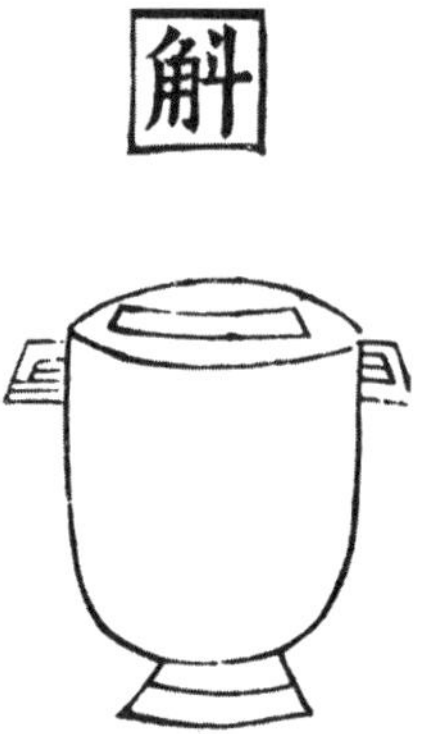

〔参校〕トルファンアスターナ一八四号墓一二／一（b）～一二／六（b）号写本（鄭玄『論語注』）は、「子華は、孔子の弟子の公西華で、赤《せき》の字である。孔子のために使者となった。その母は家に居り食糧が乏しかった。冉子は、仕事に当たる人は、必ずそれで食べられるべ

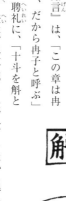

きこと、君主に仕えれば俸禄があるようなものだと考えた。そのために赤の母のために粟を孔子に求めた。この時、孔子は魯に仕えていた。六斗四升を釜《ふ》という」、「庾《ゆ》は、器の名であり、容量は二斛《こく》、厚さは半寸、唇《しん》の厚さは一寸である。子華は師のために使者となった。その意義は、君主に仕える者とは異なるので、これに与えるものが少ないのは、冉有の言葉を抑えたからである」と解釈する。皇侃『論語義疏』は、『周礼』に基づき、庾を二斗四升とする。朱熹『論語集注』は、程頤《ていい》の言葉を引き、「聖人は寛容ですぐに他人を拒んだりはしない。そのため、与えるべきではないことを示すために、あえて少ない量を述べた」という。

05原思為之宰[一]。与之粟九百。辞[二]。子曰、毋[三]、以与爾鄰里・郷党乎[四]。

原思（1）之が宰と為る[一]。之に粟《ぞく》九百を与ふ。辞《じ》す[二]。子曰く、「毋《な》かれ[三]、以て爾《なんぢ》の鄰里・郷党に与へんか」と[四]。

原思《げんし》が孔子の（家邑《かゆう》の）宰となった。かれに俸禄九百（斗）を与えた。（原思は遠慮して）受け取らなかった。孔子が言った、「ならぬ、それをお前の隣《りん》や里《り》・郷《きょう》や党《とう》に分けてやればよい」と。

［集解］

［一］包咸は、「弟子の原憲《げんけん》である。思は、字《あざな》である。孔子は魯の司寇《しこう》(2)となり、原憲を（自分の）家邑の宰としたのである」と解釈する。

［二］孔安国は、「九百は、九百斗である。辞は、遠慮して受けないことである」と解釈する。

［三］孔安国は、「俸禄は、受けるべき立場にのっとって、遠慮をしないのである」と解釈する。

［四］鄭玄は、「五家を鄰《りん》とし、五鄰を里《り》とする。一万二千五百家を郷《きょう》とし、五百家を党《とう》とする」と解釈する。

（訳注）1原思は、弟子。姓を原、名を憲《けん》、字を子思《しし》という。孔子の死後、衛《えい》に隠居し貧しい生活を送っていたが、それを恥じなかった（『史記』仲尼弟子列伝）。『孔子家語』七十二弟子解では、宋《そう》の人とし、孔子より三十六歳年少であるとする。2司寇は、官名。刑罰を掌る（『尚書』周官篇）。周の六卿の一つで、秋官の長である。

〔参校〕トルファンアスターナ一八四号墓一二／一（b）～一二／六（b）号写本（鄭玄『論語注』）は、「九百とは、九百釜《ふ》である」という。朱熹『論語集注』は、「九百はその単位を言っていないので（単位が何かは）考えられない」とする。荻生徂徠『論語徴』は、「九百斗は日本における八石八升であり、一年で九十七石となるので、中士の俸禄に当たる」と述べる。

06子謂仲弓曰、犂牛之子、騂且角、雖欲勿用、山川其舎諸［一］。

子　仲弓を謂ひて曰く、「犂牛《りぎゅう》の子も、騂《あか》くして且つ角あらば、用ふること勿《な》からんと欲すと雖も、山川⑴其れ諸《これ》を舎《す》てんや」と［二］。

孔子は仲弓《ちゅうきゅう》について言った、「まだら牛の子でも、（毛並みが）赤くかつ（端正な）角《つの》があれば、（犠牲として）用いまいと思っても、山川（の神々）がこれを捨てておこうか」と。

［集解］

［一］犂《り》は、まだらな模様である。騂《せい》は、赤色である。角があるとは、角が端正で、犠牲に適しているということである。まだらな牛の子であるのを理由に（犠牲に）用いまいとしたとしても、山川（の神々）はどうしてこれを捨てておこうか。父が善くなくとも、その子の美点を損なうことはないのである。

〔訳注〉1山川は、義疏によれば、山川の百神のこと。

〔参校〕トルファンアスターナ一八四号墓一二／一（b）〜一二／六（b）号写本（鄭玄『論語注』）は、「仲弓は賢であったが父は不肖《ふしょう》であった。（そのため）仲弓は自分から遠慮しようという意志があったようなので、（孔子は）これを告げて、仲弓を進ませた」と解釈する。仲弓の父について、『史記』仲尼弟子列伝は、「仲弓の父は、賤人である」と生まれの卑しさをいい、『孔子家語』七十二弟子解では、「（仲弓は）不肖の父より生まれた」と愚かさをいう。朱熹『論語集注』は、「仲弓の父は賤しく行ないが悪い」と折衷している。

07子曰、回也、其心三月不違仁。其余則日月至焉而已矣〔一〕。
子曰く、「回や、其の心は三月（1）仁に違はず。其の余（2）は則ち日月《ひびつきづき》に至れるのみ（3）」と〔一〕。
孔子が言った、「（顔）回は、その心が三ヵ月も（他の時でも）仁に違わない。そのほかの者は一日か一ヵ月のあいだ（仁に）至るだけである」と。

〔集解〕
〔一〕（顔回以外の）ほかの者も一時的に仁に至る時はあるが、顔回だけはいつでも（仁の至ることは）変わらないことを言う。

（訳注）1三月は、一つの季節であり、天の気が一変する。一変してもなおこれが行えれば、他の時でも（そうであることが）分かる（皇侃『論語義疏』）。2其の余は、ほかの弟子をいう（皇侃『論語義疏』）。3ほかの者が一時的に仁に至る時もあるが、（それは）一日か一ヵ月だけである（邢昺『論語注疏』）。

〔参校〕朱熹『論語集注』は、「三月は、長い時間をいう」とし、「日月に至るとは、一日に一回到達することや、一ヵ月に一回到達することである」と解釈する。伊藤仁斎《いとうじんさい》『論語古義』は、「其の余」は文学・政治を指すとし、「他の人々にとって難事である自分の心と仁の一体化を三ヵ月の久しきにわたって行うことができ、文学や政治についてはさほど努力しなくても日や月に到達できた」と解釈する。荻生徂徠『論語徴』は、「顔回よ。もし心が久しく仁に依れば、それ以外の諸々の徳はみな自然に集まってくる」と解釈する。

08季康子問、仲由可使従政也与。子曰、由也果［一］。於従政乎何有。曰、賜也可使従政也与。子曰、賜也達［二］。於従政乎何有。曰、求也可使従政也与。子曰、求也藝［三］。於従政乎何有。

季康子[1]問ふ、「仲由[2]は政に従はしむ可きか」と。子曰く、「由や果なり［一］。政に従ふに於て何か有らん」と。曰く、「賜[3]は政に従はしむ可きか」と。子曰く、「賜や達なり[二]。政に従ふに於て何か有らん」と。曰く、「求[4]は政に従はしむ可きか」と。子曰く、「求や藝あり[三]。政に従ふに於て何か有らん」と。

季康子《きこうし》が尋ねた、「仲由《ちゅうゆう》（子路）は政務に従事させられるか」と。孔子が言った、「由は果断です。政務に従事するくらいは何でもありません」と。（季康子が）言った、「賜《し》（子貢）は政務に従事させられるか」と。孔子が言った「賜は（道理に）精通しています。政務に従事するくらいは何でもありません」と。（季康子が）言った、「求《きゅう》（冉有）は政務に従事させられるか」と。孔子が言った、「求は才能豊かです。政務に従事するくらいは何でもありません」と。

[集解]

[一] 包咸は、「果とは、果敢に決断することをいう」と解釈する。

[二] 孔安国は、「達とは、物事の道理に精通していることをいう」と解釈する。

[三] 孔安国は、「藝とは、才能が多いことをいう」と解釈する。

（訳注）1季康子は、魯の大夫。為政篇第二十章を参照。冉有・子路は、季氏に仕えた。また季康子が、子貢の弁舌を頼る記事が、『春秋左氏伝』哀公《あいこう》伝七年と哀公伝二十七年に見える。

2仲由は、弟子の子路《しろ》。勇敢で決断力があった。為政篇第十七章を参照。3賜は、弟子の子貢《しこう》。弁が立ち、聡明であった。学而篇第十章を参照。4求は、弟子の冉有《ぜんゆう》。礼法に通じていた。八佾《はちいつ》篇第六章を参照。

09季氏使閔子騫為費宰［一］。閔子騫曰、善為我辞焉［二］。如有復我者［三］、則吾必在汶上矣［四］。

季氏(1)閔子騫(2)をして費の宰為《た》らしめんとす［一］。閔子騫曰く、「善く我が為に辞《じ》せよ［二］。如《も》し我を復《ふたた》びする者有《こと》らば［三］、則ち吾は必ず汶(3)の上《ほとり》に在らん」と［四］。

季氏《きし》が閔子騫《びんしけん》を（自分の采邑である）費《ひ》の宰《さい》にさせようとし（て使者を派遣し）た。閔子騫は（使者に）言った、「うまくわたしのために辞退してください。もし再びわたしを召されるなら、きっとわたしは汶水《ぶんすい》のほとり（である斉《せい》の地）に行くことでしょう」と。

［集解］

［一］孔安国は、「費は、季氏の邑《ゆう》である。季氏は臣下の節を守らず、その邑宰《ゆうさい》は反乱を起こした(4)。（季氏は）閔子騫《びんしけん》が聡明であるのを聞き、それでかれを用いようとしたの

である」と解釈する。

［二］孔安国は、「（閔子騫は）季氏の宰となることを望まなかった。（そこで）使者に、「うまくわたしのために辞退の言葉を考えて、わたしを再び費に召さぬようにさせてください」と語った」と解釈する。

［三］孔安国は、「我を復びすとは、再び来てわたしを召すことである」と解釈する。

［四］孔安国は、「去って汶水《ぶんすい》のほとりに行き、北にむかって斉《せい》に行こうと考えている」と解釈する。

（訳注）1季氏は、魯の大夫、季孫氏のこと。費《ひ》を領有していた。季桓子《きかんし》であるか季康子《きこうし》であるかは不明。2閔子騫は、弟子。姓を閔、名を損《そん》、字を子騫という。孔子より十五歳年少（『史記』仲尼弟子列伝）。寡黙であったが、発言すれば的確であった。孝行で知られる。3汶は、魯の北、斉の南にある川。魯《ろ》と斉《せい》の境となる。4魯の昭公《しょうこう》十二（前五三〇）年、費の宰であった南蒯《なんかい》が謀反を起こしていることが『春秋左氏伝』に見える。

10伯牛有疾［一］。子問之、自牖執其手曰［二］、亡之［三］。命矣夫、斯人也而有斯疾也、斯人也而有斯疾也［四］。

伯牛(1)疾《やまひ》有り［一］。子 之を問ひ、牖《まど》より其の手を執りて曰く［二］、「之を亡《うしな》はん［三］。命なるかな、斯《こ》の人にして斯の疾有るや、斯の人にして斯の疾有るや」と［四］。

伯牛《はくぎゅう》が病気を患った。孔子はかれを見舞い、窓からその手をとって言った、「この人を喪《うしな》うであろう。天命であろうか、この人がこんな病気になろうとは、この人がこんな病気になろうとは」と。

［集解］

［一］馬融は、「伯牛は、弟子で、冉耕《ぜんこう》である」という。

［二］包咸は、「（伯牛は）悪疾があって、人と対面したがらなかった。このため孔子は窓からその手を執ったのである」と解釈する。

［三］孔安国は、「亡は、喪という意味である。病が重いので、その手をとって、「この人を喪うのだろう」と言ったのである」と解釈する。

［四］包咸は、「繰り返して言うのは、伯牛を痛惜することが甚だしいからである」と解釈する。

（訳注）1伯牛は、弟子。姓を冉、名を耕、字を伯牛という（『史記』仲尼弟子列伝）。『孔子家語《こうしけご》』七十二弟子解と鄭玄『弟子目録《ていしもくろく》』では魯の人とする。徳行に優れていたという。

〔参校〕トルファンアスターナ一八四号墓一二／一（b）～一二／六（b）号写本（鄭玄『論語注』）は、「二回言うのは、賢人がこの悪疾に遭ったことを痛惜するからである」と解釈する。伯牛の悪疾は、『淮南子』精神訓篇に、「冉伯牛、厲《らい》（癩病《らいびょう》）となる」とある。皇侃『論語義疏』は、「本来病気の時には、室の北壁に東枕で眠り、師が見舞いに来た際には寝台を南の窓の下に移し、師は入室して寝台の北に立ち南に面して見舞えるようにする」という。

11子曰、賢哉回也。一簞食、一瓢飲[一]、在陋巷。人不堪其憂、回也不改其楽。賢哉回也[二]。

子曰く、「賢なるかな回や。一簞《たん》の食《し》、一瓢《ぺう》の飲[一]、陋巷《ろうかう》に在り。人は其の憂ひに堪《た》へざるも(1)、回や其の楽しみを改めず(2)。賢なるかな回や」と[二]。

孔子が言った、「賢であるな顔回は。少しの飯に、少しの飲み物で、むさ苦しい路地に暮らしている。（普通の）人であればその憂いに堪えられないが、回はその（道を）楽しんでいるところを改めない。賢であるな顔回は」と。

［集解］

［一］孔安国は、「簞《たん》は、笥（竹製の容器）である。瓢《ひょう》は、瓠《こ》（ひさごをくりぬいた容器）

である」と解釈する。

［一］孔安国は、「顔淵は道を楽しんでおり、少しの飯でむさ苦しい路地に暮らしていても、その楽しんでいるところを改めないのである」と解釈する。

（訳注）1普通の人はこのことを憂いとして、（そのように）あり続けることができない。そのため「其の憂ひに堪へず」というのである（皇侃『論語義疏』）。2顔回は、このことを楽しみとして、永久に（このあり方を）変えることがない。そのため「其の楽しみを改めず」というのである（皇侃『論語義疏』）。

〔参校〕トルファンアスターナ一八四号墓一二／一（b）～一二／六（b）号写本（鄭玄『論語注』）は、「貧困は、人の憂うものであるが、顔回は道に志《こころざ》し、深く楽しむところがあった。このために深くこれを賢とした」と解釈する。

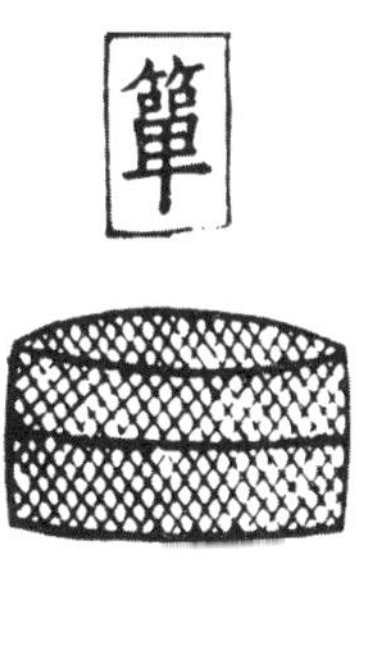

朱熹『論語集注』は、程子《ていし》の語を引いて、「粗末な食事や住居は楽しむべきものではない。やはり自分の楽しみが確固としてあったのである。「其」の字こそ玩味すべきであり、そこにはもともと深い意味がある」とする。伊藤仁斎『論語古義』は、こうした『論語集注』の言に対し、「朱熹たちは顔回の楽しみが言葉で形容しき

れないのに苦しんで、やたらに高遠な議論を持ち出すが、これが実徳の問題であることをわかっていない」と批判する。荻生徂徠『論語徴』も、『論語集注』の解釈には否定的で、「顔回が貧困を苦にしなかったのは、天命を厚く信じていたからである」とする。また、顔回が楽しんでいた道は、先王の道であるという。

12冉有曰、非不説子之道也。力不足也。子曰、力不足者、中道而廢。今汝画[一]。

冉有(1)曰く、「子の道を説《よろこ》ばざるに非ざるなり。力足らざるなり」と。子曰く、「力足らざる者(2)は、中道にして廃す。今汝は画《とど》まれり」と[一]。

冉有《ぜんゆう》が言った、「先生の道を喜ばないのではありません。力が足りないのです」と。孔子が言った、「力の足りない者は、途中でやめる。今のおまえは（自分から）立ち止まっている」と。

[集解]

[一] 孔安国は、「画は、止という意味である。力が足りない者は、道半ばでやめる。今おまえは自分から立ち止まっているだけである。力を尽くしたわけではない」と解釈する。

〔訳注〕1冉有は、鄭玄『論語注』・皇侃『論語義疏』・邢昺『論語注疏』・朱熹『論語集解』では、冉求につくる。2里仁篇第六章で、孔子は「力の足りない者を見たことがない」と述べている。

〔参校〕皇侃『論語義疏』は、「もし学問を行った上で力が足りないのであれば、道半《なか》ばでやめて止まるはずであり、最初から自分自身で、もしもできなかったらなどと言い出すことはなく、単に冉有が学問を行っていないだけである」とする。朱熹『論語集注』は、「画」を「限」とし、「字面に区画を描くように自分を限る」と解釈する。

13子謂子夏曰、為君子儒、毋為小人儒［一］。

子　子夏に謂ひて曰く、「君子の儒と為《な》れ。小人の儒と為ること毋《な》かれ」と［一］。

孔子が子夏に言った、「おまえは君子の儒になりなさい。小人の儒にはならないように」と。

［集解］

［一］君子が儒となれば、それにより道を明らかにする。小人が儒となれば、その名を誇るのである。

（訳注）１子夏は、弟子。学問に優れるが、かれの一門は末節に拘《こだわ》ると子游《しゆう》に批判されたことが子張篇第十二章に見える。２儒は、濡《じゅ》（うるおす）である。そもそも物事を学習することが久しければ、体の中をうるおわせる。それで長いこと学んだ者を儒と呼ぶのである（皇侃『論語義疏』）。

〔参校〕トルファンアスターナ一八四号墓一二／一（b）～一二／六（b）号写本（鄭玄『論語注』）は、「儒が教訓を掌《つかさど》ると、師と言う。子夏の性は急峻で、君子の人を教訓するのはよいが、小人を教訓すると怒らせてしまう。そのためこれを戒めた。『周礼《しゅらい》』に、「儒は道徳により人を教える」とある」と解釈する。朱熹『論語集注』は、「儒は、学ぶ者の称」であるとし、憲問《けんもん》篇第二十六章の「古の学者は己《おのれ》の為《ため》にし、今の学者は人の為にす」を踏まえて、「君子の儒は己の為にし、小人の儒は人の為にす」と述べる程子の説を引用する。なお『論語』の中で、「儒」の字は、この章だけに見え、孔子を「大儒」と呼称する最古の文献は、『荀子《じゅんし》』である。『韓非子《かんぴし》』は、孔子の門派を「儒」と呼び、『史記《しき》』や『漢書《かんじょ》』により、「儒」という呼称が定着した。

14子游為武城宰〔一〕。子曰、汝得人焉耳乎哉〔二〕。曰、有澹臺滅明者。行不由径、非公事、未嘗至於偃之室也[三]。

子游(1)武城の宰と為る[一]。子曰く、「汝 人を得たるか」と[二]。曰く、「澹臺滅明(2)といふ者有り。行くに径《こみち》に由らず、(3)公事に非ざれば、未だ嘗《かつ》て偃《えん》の室に至らざるなり」と[三]。

子游が武城《ぶじょう》の宰となった。孔子が言った、「おまえは人物を得られたか」と。（子游が）言った、「澹臺滅明《たんだいめつめい》という者がおります。（道を）行くには近道を通らず、公務でなければ、一度も偃《わたし》の部屋に来たことがありません」と。

[集解]

[一] 包咸は、「武城は、魯の下邑《かゆう》(4)である」と解釈する。

[二] 孔安国は、「焉耳乎哉は、みな（語勢を助ける）辞である」と解釈する。

[三] 包咸は、「澹臺は姓、滅明は名である。字は子羽《しう》である。かれが公正無私でかつ方正であると言っている」と解釈する。

（訳注）1子游は、弟子。為政《いせい》篇第七章参照。陽貨《ようか》篇第四章では武城を大道により治めている、と孔子に評される。2澹臺滅明《たんだいめつめい》は、弟子。姓を澹臺、名を滅明、字を子羽といい、孔子より三十九歳の年少。武城の人で、容貌がとても醜かったため、孔子は才能がないと思った。

しかし南方で弟子三百人を従え諸侯《しょこう》に名を馳せたことから孔子は反省したという（『史記』仲尼弟子列伝）。『孔子家語』七十二弟子解では、君子の容貌があり、孔子は才能を期待したが、沿えなかった。しかし公正で、行動により名を為し、魯で大夫となったとする。3「行くに径に由らず」は、注疏によれば、大道に従って行き、小径《こみち》を通らないことである。4下邑は、国都以外の城邑《じょうゆう》のこと。

15子曰、孟之反不伐［一］。奔而殿。将入門、策其馬曰、非敢後也、馬不進也［二］。
子曰く、「孟之反（1）伐《ほこ》らず［一］。奔りて殿《しんがり》たり。将に門に入らんとし、其の馬に策《むちう》ちて曰く、「敢て後《おく》れたるに非ず。馬 進まざりしなり」と」と［二］。
孔子が言った、「孟之反《もうしはん》は（功を）誇らなかった。（魯が斉《せい》と戦って）敗走した際に殿《しんがり》となった。（魯の）門に入ろうとしたとき、その馬を鞭《むち》打って、「わざと遅れたわけではない。馬が進まなかったのである」と言った」と。

［集解］
［一］孔安国は、「魯の大夫の孟之側《もうしそく》である。斉と戦い、軍は大敗した。伐《ほこ》らずとは、自分で自分の功績を誇らないことである」と解釈する。

［二］ 馬融は、「殿《しんがり》は、軍の後ろにいる人である。前は啓《けい》といい、後は殿という。孟之反《もうしはん》は賢く勇気があった。軍はひどく敗走したが、それでも殿となった。人々は（かれを）迎えてそのことを手柄としたが、（本人は）自分ひとりがその名声を受けるのを望まなかった。それで、「わたしはわざと最後尾で敵を防ごうとしたのではない。馬が進まなかったのである」と言ったのである」と解釈する。

（訳注）1孟之反は、魯の大夫。姓を孟、名を之側《しそく》、字を之反《しはん》という（皇侃『論語義疏』）。魯の哀公《あいこう》十一（前四八四）年、魯に斉の大軍が攻め込み、魯は敗走した。その際、孟之反は遅れて殿となった。そして矢を引き馬に鞭《むち》打って、馬が進まないのだと言った（『春秋左氏伝』哀公　伝十一年）。『荘子《そうじ》』大宗師《だいそうし》篇には、孟子反と見え、子桑《しそう》らと友人であったという。

16子曰、不有祝鮀之佞、而有宋朝之美、難乎、免於今之世矣［一］。

子曰く、「祝鮀(1)の佞《ねい》有らずして、宋朝(2)の美有るは、難きかな、今の世に免《まぬか》れんこと」と［一］。

孔子が言った、「祝鮀《しゅくた》のような口才《こうさい》は無いのに、宋朝《そうちょう》のような美貌《びぼう》が有るのは、難しいな、今の時世で（害悪から）免れるのは」と。

〔集解〕

〔一〕孔安国は、「佞《ねい》は、口才である。祝鮀《しゅくた》は、衛《えい》の大夫、名は子魚《しぎょ》である。当時の世は、かれを貴んだ。宋朝《そうちょう》は、宋の国の美男子である。しかし姦淫《かんいん》を好んだ。祝鮀のような口才であるべきなのに、かえって宋朝のような美貌であれば、難しいな、今の世の害悪を免れられないということである」と解釈する。

（訳注）1祝鮀は、衛の大夫。名は鮀、字は子魚。『春秋左氏伝』には祝佗《しゅくだ》と見え、楚《そ》を討つため周《しゅう》が開いた会盟に同行し、衛が蔡《さい》の後手になることをその弁舌で防いだ（『春秋左氏伝』定公《ていこう》 伝四年）。2宋朝は、宋の公子。美男子で、衛の霊公《れいこう》の夫人となった南子《なんし》（宋公の娘）の恋人であった。南子が衛に嫁いだ後にも、南子の側に召された（『春秋左氏伝』定公 伝十四年）。

〔参校〕皇侃『論語義疏』は、「もし祝鮀の佞がなければ、逆に宋朝の美がなければならない。もし二者ともに無ければ、今の世の患難を免れることを難しくさせる」といい、口才と美貌のいずれか一方が必要である、という別解を記す。朱熹『論語集注』は、本文を「祝鮀の佞も無く宋朝の美も無ければ」と読み、「衰亡した世では、諂《へつら》いを好み美貌をよろこぶ。（だから）そのようでなければ（危機を）免れ難い」と解釈する。これに対して、荻生徂徠《おぎゅうそらい》は、「孔子は衛の霊公について論じ、次に他国について祝鮀の才能（を持つ臣下）は無く、宋朝の美貌（を持つ臣下）だけがいるから、孔子は（そうした他国は）患難を免れないと論じている」とする。なお、憲問《けんもん》篇第十九章では、衛の霊公は無道であるが、祝鮀などの才能ある臣下の存在により国が滅びない、と孔子が述べている。

17子曰、誰能出不由戸者。何莫由斯道也［一］。
子曰く、「誰《たれ》か能く出でて戸に由《よ》らざる者たらん。何ぞ斯《こ》の道に由ること莫《な》きや」と［一］。

孔子が言った、「だれが戸口によらずに外出できる者であろうか。（同様に、立身成功に必須であるのに、みな）なぜこの道に由《よ》ることがないのだろう」と。

［集解］
［一］言いたいことは、人が立身成功することは、道に由らねばならない、ということである。（それは）たとえば人が出入りする際に、必ず戸口を通らねばならないようなものである。
〔参校〕里仁篇第五章にも、道によって富と富貴を得るべきであることが説かれている。

18子曰、質勝文則野〔一〕、文勝質則史〔二〕。文質彬彬、然後君子〔三〕。

子曰く、「質 文に勝《まさ》れば則ち野《や》〔一〕。文 質に勝れば則ち史〔二〕。文質彬彬《ひんぴん》として、然《しか》る後に君子なり」と〔三〕。

孔子が言った、「質が文に勝れば野（人のように粗野）である。文が質に勝れば史（官のように実質がないの）である。文と質とがともに備わってこそ、はじめて君子である」と。

［集解］

〔一〕包咸は、「野《や》は、野人のようなものである。野鄙《やひ》でぞんざいであることを言うのである」と解釈する。

〔二〕包咸は、「史（官）というものは、文は多いが質は少ない」と解釈する。

〔三〕包咸は、「彬彬《ひんぴん》は、文と質がともに半分ずつの様子である」と解釈する。

（訳注）1皇侃『論語義疏』によれば、質は実質、文は文飾のこと。なお、『荀子《じゅんし》』臣道《しんどう》篇には、「忠信を質とし、礼義を文とする」とある。

〔参校〕朱熹『論語集注』は、史は「多く学んで事を知るが、誠が足りないことがある」とし、楊時《ようじ》が述べる、根本である質がなければ文を施すところもなくなるため、史であるよりは野であれという説を引く。先進《せんしん》篇第一章では、礼楽においては、君子よりも、野人の如き人にこそ従うと孔子が述べている。

19子曰、人之生也直〔一〕。罔之生也、幸而免〔二〕。

子曰く、「人の生くるや直なればなり〔一〕。之を罔《し》ひて生くるは、幸ひにして免るるなり」と〔二〕。

孔子が言った、「人が生を全うできるのは正直《せいちょく》（の道）だからである。これをあざむいて生きながらえているのは、僥倖《ぎょうこう》によって（死を）免れているのである」と。

〔集解〕

〔一〕馬融は、「言いたいことは人が世に生れて寿命を全うできるわけは、（その人の生き方が）正直の道だからである」と解釈する。

〔二〕包咸は、「正直の道を騙《かた》ってその上生きながらえているのは、幸いにして（死を）免れているのである」と解釈する。

〔参校〕トルファンアスターナ一八四号墓一二／一（b）～一二／六（b）号写本（鄭玄『論語注』）には、「その生まれながらの善の性を欺《あざむ》く者は、必ず刑戮《けいりく》が及ぶことになる。（生きているのは）幸にして免れているのである」と解釈する。

20子曰、知之者、不如好之者。好之者、不如楽之者［一］。

子曰く、「之を知る者は、之を好む者に如《し》かず。之を好む者は、之を楽しむ者に如かず」と［一］。

孔子が言った、「学問を知っている者は、学問を好む者（の熱烈さ）に及ばない。学問を好む者は、学問を楽しむ者（の深さ）に及ばないのである」と。

［集解］

［一］包咸は、「学問について知る者は、学問を好む者の熱烈さに及ばない。学問を好む者は、また学問を楽しむ者の深さに及ばない」と解釈する。

〔参校〕トルファンアスターナ一八四号墓一二／一（b）～一二／六（b）号写本（鄭玄『論語注』は、「学問を知る者は才を用いるだけである。学問を楽しむ者は性からこれを深くする」と解釈する。

21子曰、中人以上、可以語上也。中人以下、不可以語上也［一］。

子曰く、「中人[1]より以上には、以て上を語る可きなり。中人より以下には、以て上を語る可からざるなり」と〔一〕。

孔子が言った、「中人《ちゅうじん》より上の人物には、上（智の知識）を語るべきである。中人より下の人物には、上（智の知識）を語るべきではない」と。

［集解］

［一］王粛は、「上は、上智[2]の知る内容を言う。二度中人を挙げるのは、中人は上にもできるし下にもできるからである」と解釈する。

〔訳注〕1中人は、人の性を上・中・下に分けたうちの、真ん中の人。2上智《じょうち》は、陽貨《ようか》篇第三章に、「子曰く、「唯だ上智と下愚とは移らず」と」と見える。最高の性であり、決して悪事を犯さないため、教化の対象外とされる。

〔参校〕皇侃『論語義疏』・邢昺『論語注疏』ともに人の性を九品（上上・上中・上下・中上・中中・中下・下上・下中・下下）に分け、その五つ目である中中を本文の中人と解釈する。また、上上たる聖人と、下下たる愚人は変化せず教化できないことから、中人以上とは上中・上下・中上であり、中人以下とは中下・下上・下中であるとする。なお『論語義疏』はより詳しく、上上の孔子の道は上中の顔回《がんかい》に、上中の顔回の道は上下の閔子騫《びんしけん》に、上下の閔子騫の道は中上の中人に語って理解させられる、と解釈する。朱熹『論語集解』は、「人を教える者は、相手の（能力の）高下に従って語れば、その言葉は入りやすく、段階を飛び越える弊害が無い」とする。この章は、儒教における重要な議論である性説の中で、人の性を三つに分ける性三品《せいさんぴん》説の根拠として、古くは董仲舒《とうちゅうじょ》学派の著した『春秋繁露《しゅんじゅうはんろ》』にも引用される。性三品説は、王充《おうじゅう》・荀悦《じゅんえつ》と継承され、『論語義疏』や『論語注疏』にも、この考え方が見られる。渡邉義浩「『論語義疏』における平等と性三品説」（『激突と調和——儒教の眺望』明治書院、二〇一三年、『『論語』の形成と古注の展開』汲古書院、二〇二一年所収）を参照。

22樊遅問知。子曰、務民之義[一]、敬鬼神而遠之。可謂知矣[二]。問仁。子曰、仁者先難而後獲。可謂仁矣[三]。

樊遅(1) 知を問ふ。子曰く、「民の義を務め[一]、鬼神(2)を敬して之を遠ざく。知と謂ふ可し」と[二]。仁を問ふ。子曰く、「仁者は難《かた》きを先にして獲《う》るを後にす。仁と謂ふ可し」と[三]。

樊遅《はんち》が知を尋ねた。孔子が言った、「民（の教導）のためにすべきことに務め、鬼《き》神《しん》については恭敬して疎遠にする。知と言ってよい」と。（樊遅は）仁を尋ねた。

（孔子が）言った、「仁者は苦労を先にして（功績を）得るのを後にする。仁と言っ
てよい」と。

［集解］
［一］王粛《おうしゅく》は、「民を教導するためにすべきことに務めるのである」と解釈する。
［二］包咸は、「鬼神を恭敬して度々近づくことはしないのである」と解釈する。
［三］孔安国は、「先に苦労してそして後から功績を得るというのは、これは仁といえる行いである」と解釈する。

（訳注）1樊遅は、弟子。為政《いせい》篇第五章を参照。『論語』中で、このほか「知」を一度、「仁」を二度尋ねている（顔淵篇第二十二章・子路篇第十九章）。2鬼神は、死者の霊魂《れいこん》のこと。祭祀の対象であった。為政篇第二十四章を参照。

〔参校〕朱熹『論語集解』は、本文の「民」を下民とせず、単に人のこととし、「人の義に務む」と解釈する。荻生徂徠《おぎゅうそらい》『論語徴』は、「鬼神を敬して之に遠ざく」は、「天人の分、および形無きものとあるものの道理を明らかにすることであるため、孔子は知と言えると述べた」という。先進《せんしん》篇第十二章も参照。

23子曰、智者楽水[一]、仁者楽山[二]。智者動[三]、仁者静[四]。智者楽[五]、仁者寿[六]。

子曰く、「智者は水を楽しみ(1)[一]、仁者は山を楽しむ[二]。智者は動き[三]、仁者は静かなり[四]。智者は楽しみ[五]、仁者は寿《いのちなが》し」と[六]。

孔子が言った、「智者は水を楽しみ、仁者は山を楽しむ。智者は動き、仁者は静かである。智者は楽しみ、仁者は長生きである」と。

［集解］

［一］包咸は、「智者はその才智をはたらかせて世を治めることが、水が流れて留まることを知らないかのようであるのを楽しむのである」と解釈する。

［二］仁者は山が安定堅固で、ありのままで動くことがなく、そうであるのに万物がそこから生成するというようなことを楽しむのである。

［三］包咸は、「自ら進んでいくので、動くのである」と解釈する。

［四］孔安国は、「無欲であるので、静かなのである」と解釈する。

［五］鄭玄は、「智者は自身で働いてその志を得るので、楽しむのである」と解釈する。

［六］包咸は、「性が静かなので、長生きである」と解釈する。

（訳注）1楽とは、愛好することをいう（注疏）。

〔参校〕徐幹《じょかん》『中論《ちゅうろん》』夭寿《ようじゅ》篇には、本章に「仁者は寿《いのちなが》し」とあるのに、顔回が夭折《ようせつ》したことについて、三つの見解が載せられている。すなわち、荀爽《じゅんそう》は、「寿」とは仁者の徳が永遠であることを解釈しているとし、孫翺《そんこう》は、「仁者は寿し」は事実を述べているのではなく、仁を奨励するための言葉であるとする。これらに反対する徐幹は、帝尭《ていぎょう》から周《しゅう》の武王《ぶおう》に至るまで、また、后稷《こうしょく》から周公《しゅうこう》・召公《しょうこう》に至るまで仁者はすべて長命であり、顔回は例外に過ぎないとする。皇侃『論語義疏』と邢昺『論語注疏』は、「この章は初めに知・仁の性を明らかにし、次に知・仁の用を明らかにし、第三に知・仁の功を明らかにしている」とする。朱熹『論語集注』では、「知者は物事の理を理解し、それをあまねく行き渡らせるさまが水に似ている」とし、「仁者は、義理に安んじて、重厚であって動揺しないのが、山に似ている」とする（第一段目）。また、「動」と「静」はそのもの自体について言い（第二段目）、「楽」と「寿」はそのものの効果について解釈する（第三段目）としている。荻生徂徠『論語徴』は、「「楽」は楽しむことで、「寿」は山が崩れないようであること。仁者や知者は山の安泰堅固さと水の流れの闊達さがそれぞれ心にかない楽しむことである」として、朱子の見解を否定する。

24子曰、斉一変至於魯。魯一変至於道〔一〕。

子曰く、「斉《せい》一変せば魯《ろ》に至らん。魯 一変せば道に至らん」と〔一〕。

孔子が言った、「斉が（名君によって）一変すれば魯のようになろう。魯が一変すれば大道《たいどう》（の行われた時代）のようになろう」と。

〔集解〕

〔一〕包咸は、「斉と魯に太公[1]と周公[2]の教化の余光があることを言う。太公は大賢で、周公は聖人である。いま斉と魯の政治と教化が衰えているといっても、もしこれらを盛んにする明君がいれば、斉は魯のようにならせることができるし、魯は大道[3]が行われていた時のようにならせることができる」と解釈する。

（訳注）1太公《たいこう》は、斉《せい》の太公。姓は呂《りょ》、名は尚《しょう》、太公望《たいこうぼう》とも呼ばれる。周《しゅう》の武王《ぶおう》を補佐し、その功績から斉に封じられた（『史記』斉太公世家）。礼を簡素にし、斉の習俗に従った統治を行い、周公はこれを聞き、民に慕われるはずだと感嘆したという（『史記』魯周公世家）。2周《しゅう》公《こう》は、文王《ぶんおう》の四男。姓は姫《き》、名は旦《たん》、周公旦《しゅうこうたん》とも呼ばれる。殷《いん》の紂王《ちゅうおう》を征伐した際の功績から魯に封じられたが、魯へは行かず、周の武王を補佐し、武王の死後は、その子の成王《せいおう》を摂政《せっしょう》として支えた。子の伯禽《はくきん》が代わって魯の祖となった。周の礼制の創始者とされる

（『史記』魯周公世家）。3大道《たいどう》は、『礼記《らいき》』礼運《らいうん》篇に見え、そこでは最も理想的な世のあり方を指す。

〔参校〕朱熹『論語集注』は、「孔子の時、斉の風俗は功利を求めることに急で、粉飾虚偽を喜んでいた。覇道《はどう》政治の余風である。魯は礼教《れいきょう》を重んじ、信義《しんぎ》を尊んでいた。まだ先王《せんおう》の遺風が残っていたのである……道は先王の道である。二国の政治と風俗に善し悪しがある。それで変革して道におもむくことに、難易の差がある」と解釈する。

25子曰、觚不觚〔一〕。觚哉、觚哉〔二〕。

子曰く、「觚(1)觚ならず〔一〕。觚ならんや、觚ならんや」と〔二〕。

孔子が言った、「觚《こ》が觚でなくなった。觚であろうか、觚であろうか」と。

〔集解〕

〔一〕馬融は、「觚《こ》は、儀礼に用いる器である。一升のものを爵《しゃく》といい、二升のものを觚という」と解釈する。

〔二〕觚ならんや、觚ならんやは、觚ではないことを言う。政治を

觚

爵

行っても適切な方法をとらなければ、成し遂げられないことを喩《たと》えている。

（訳注）1觚は、酒を盛る礼器。

〔参校〕皇侃『論語義疏』は、「当時は、（人々が儀礼に用いる器であるはずの）觚を用いて酒を注ぎ、ひどく泥酔していた。そのため孔子は觚が觚でなくなったと言ったのである」と解釈する。邢昺『論語注疏』は、觚とは、「礼によって用いるべきであり、もし礼を失して用いれば、觚とみなすことができなくなる」と解釈する。朱熹『論語集注』は、觚は角であり、酒器とも木簡《もくかん》ともいうが、いずれも角のある道具であるとし、「觚ならず」は、当時きまりが守られなくなって、あるべき角を作らなくなったこと、「觚ならんや、觚ならんや」は、觚にふさわしい角があるとは見なせないことを言っていると解釈する。

26宰我問曰、仁者雖告之曰井有仁者焉、其従之也与〔一〕。子曰、何為其然也。君子可逝也、不可陥也〔二〕。可欺也、不可罔也〔三〕。

宰我(1)問ひて曰く、「仁者は之に告げて井《せい》に仁者有りと曰ふと雖も、其れ之に従はんか」と〔一〕。子曰く、「何為《なんす》れぞ其れ然らん。君子は逝《ゆ》かしむ可きも、陥《おちい》る可からざるなり〔二〕。欺《あざむ》く可きも、罔《し》ふ可からざるなり」と〔三〕。

宰我《さいが》が尋ねて言った、「仁者《じんしゃ》は井戸の中に仁の人がいると告げられた場合にも、それに従って（入って）いくのでしょうか」と。孔子が言った、「どうしてそんなことがあろう。君子は（井戸まで）行かせることはできても、落とすことはできないのである。欺《あざむ》くことはできるが、だましきることはできないのである」と。

［集解］

［一］孔安国は、「宰我《さいが》は、仁者は必ず人を患難から救うと考えた。そこで、仁の人が井戸に落ちることがあれば、すぐに自分から飛び下りてその人を出そうとするのでしょうかと質問した。仁人が（人を）心配し（生を）喜ぶ心の極限を限界まで考察しようとしたのである」と解釈する。

［二］包咸は、「逝《せき》は、往《ゆ》くである。君子は行ってそれを見せることしかできないことを言う。自分から身を投げてこれに従うことは決してない」と解釈する。

［三］馬融は、「欺く可きとは、行かせられることである。罔《し》ふ可からずとは、あざむきだまして自分から飛び下りさせることはできないということである」と解釈する。

（訳注）1宰我は、弟子。言葉巧みであったという。八佾《はちいつ》篇第二十一章を参照。

〔参校〕朱熹『論語集注』は、劉勉之《りゅうべんし》の説を引き、「井有仁者」の「仁」は、「人」であるとする。

27子曰、君子博学於文、約之以礼、亦可以弗畔矣夫〔一〕。

子曰く、「君子 博く文を学びて、之を約するに礼を以てせば、亦た以て畔《そむ》かざる可きかな」と〔一〕。

孔子が言った、「君子は広く文を学んで、それを礼によって要約すれば、それにより道に違《たが》わずにすむであろう」と。

〔集解〕

〔一〕鄭玄は、「畔《そむ》かざるとは、道に違わないことである」と解釈している。

〔参校〕本章の「文」について、皇侃『論語義疏』は、「六籍《りくせき》（六経）の文」とし、邢昺『論語注疏』は、「先王《せんおう》の遺文」と解釈する。なお、顔淵篇第十五章は、これと同文である。

28子見南子。子路不説。夫子矢之曰、予所否者、天厭之。天厭之〔一〕。

子 南子（1）に見《まみ》ゆ。子路説《よろこ》ばず。夫子 之《これ》に矢《ちか》ひて曰く、「予《わ》れに否《ひ》なる所あらば、天 之を厭《す》てん（2）。天 之を厭てん」と〔一〕。

孔子が南子に拝謁《はいえつ》した。子路は喜ばなかった。先生は誓いを立てて言った、「わたしに悪いところがあれば、天がわたしを見捨てるであろう。天がわたしを見捨てるであろう」と。

［集解］

［一］孔安国は、「（かれ）等[3]が考えるに、南子という者は、衛《えい》の霊公《れいこう》の夫人である。淫乱であり霊公は南子に惑っていた。孔子が南子に拝謁したのは、それによって（南子に）霊公を説得させ治道《ちどう》を行わせようとしたからである。矢《し》は、誓である。子路は喜ばなかった。それで先生は子路に誓ったのである、と。（孔安国《わたし》が考えるに）道を行うことは最早《もはや》婦人についての事柄ではないが、しかし弟子は不愉快であったため、かれに誓った。（かれ等の）意見は疑うべきである」と解釈する。

（訳注）1南子は、衛の霊公の夫人で、宋の女。霊公に寵愛を受けていたが、宋での恋人であった宋朝《そうちょう》との関係を続けていた。衛の太子であった蒯聵《かいかい》はそれを恥じ、南子を殺そうとして失敗し、宋へ逃れた。のち蒯聵の子である出公輒《しゅっこうちょう》が衛君として即位したが、衛に戻ろうとした父蒯聵との後継争いが起こり、衛は乱れた（『春秋左氏伝』定公 伝十四年）2厭《えん》は、棄である（邢昺『論語注疏』）。3ここの原文「孔安国曰、等以為」は、誤脱が疑われる。『論語注疏』は、「等」を「旧」と改め、劉宝楠《りゅうほうなん》『論語正義《ろんごせいぎ》』は、臧庸《ぞうよう》『拝経日記《はいけいにっき》』を引き、「孔安国曰」の「曰」は衍字《えんじ》（余分な文字）で、「孔安国等、以爲」であるとし、馬融《ばゆう》・鄭玄《じょうげん》・

包咸《ほうかん》・周氏《しゅう》の諸儒の義を記しており、「行道」以下が何晏《かあん》の語であるとする。両者とも見るべき指摘であるが、ここでは底本を重視し、従わなかった。

〔参校〕皇侃『論語義疏』に引く繆播《ぼくはん》は、「衛公が南子の言のみを用いていた以上、衛公を説得させるために孔子が南子に会ったことは正しい行為であるが、子路は淫乱の夫人と会った事実を怪しんだ。そこで孔子はもしも不善を為していたのなら、天がわたしの道を塞《ふさ》ぐはずだと誓った」と述べる。これに対して、皇侃『論語義疏』に引く王弼《おうひつ》は、「孔子はやむを得ず南子に会ったが、これは天命の窮まりに巡りあったということであり、子路は君子であれば憂いと辱《はずかし》めを防ぐべきだと考え、喜ばなかった。しかし、孔子は、否泰《ひたい》（悪い時と良い時）には命があり、自分が世に用いられないことは天命によるのであって、人事によって免れられることではないと誓った」と述べる。朱熹『論語集注』は、「古《いにしえ》はその国に仕えれば、そこの后に拝謁するという礼があった。しかし子路は、先生がこの淫乱の人に拝謁することを恥辱と思った。それで悦ばなかったのである。……「否」は礼に合わず、その道に拠らないことを言う。「厭」は、棄てて絶つである。……悪人に拝謁したが、そもそも、自分が拝謁するのが礼であれば、相手の不善は自分にどうして関わろうか、と考えていたのである」と述べている。

29子曰、中庸之為徳也、其至矣乎。民鮮久矣〔一〕。

子曰く、「中庸の徳たるや、其れ至れるかな。民鮮《すくな》きこと久し」と〔一〕。

孔子が言った、「中庸の徳は、まことに最上のものである。（しかし）民の間に（中庸の徳を持つ人が）少なくなってから久しい」と。

〔集解〕

〔一〕庸は、常である。中和は常に行うべき徳である。世が乱れ、先王の道が廃《すた》れると、民はほとんどこの道を行えなくなった。久しいというのは、今だけではないことである。

〔参校〕朱熹『論語集注』は、「中」は、行きすぎも及ばないことも無い状態を言う語であり、「庸」は、平常であるという。また、程子《ていし》を引用して、「偏らないのを「中」と言い、変わらないのを「庸」と言う。「中」とは天下の正道、「庸」とは天下の定理である」ともいう。

30子貢曰、如能博施於民、而能済衆、何如。可謂仁乎。子曰、何事於仁。必也聖乎。堯・舜其猶病諸〔一〕。夫仁者、己欲立而立人、己欲達而達人。能近取譬。可謂仁之方也已〔二〕。

子貢曰く、「如《も》し能く博く民に施《ほどこ》して、能く衆を済《すく》へば、何如《いかん》。仁と謂ふべきか」と。子曰く、「何《なん》ぞ仁を事とせん。必ずや聖か。尭・舜も其れ猶ほ諸《これ》を病めり〔一〕。夫れ仁者は、己 立たんと欲して人を立て、己 達せんと欲して人を達す。能く近く譬へを取る。仁の方と謂ふべきのみ」と〔二〕。

子貢が言った、「もし広く人々に（恩恵を）施すことができ、人々を（患難から）救うことができたとしたら、いかがでしょうか。仁と言うことができるでしょうか」と。孔子が言った、「仁どころの話ではない。聖と言えよう。尭《ぎょう》や舜《しゅん》であってもなおこれに頭を悩ませていた。そもそも仁者は、自分が立とうと思って他人を立て、自分が栄達しようと思って他人を栄達させる。（他人に対しては、自分の）身近な事柄に譬《たと》えて考えることができる。（それらこそが）仁の道ということができるのである」と。

［集解］

〔一〕孔安国は、「広く恩恵を施し、民を患難《かんなん》から救うということは、尭や舜といった至聖であっても、なおその難しさに頭を悩ませていた」と解釈する。

〔二〕孔安国は、「さらに子貢のために、仁者の行いを説いているのである。方は、道である。もし譬《たと》えを自分に身近に引き付けられれば、みな自分の望まないことを思いやって（それを）人に施すことがないのである」と解釈する。

〔参校〕朱熹『論語集注』は、聖人と仁者がこの章で別に見えることを嫌い、「仁は道理により言うもので、聖は地位により言うものであり、自然とこれは同じではない」（『朱子語類』三十三）と説明して、本章での「聖」を聖人一般ではなく、聖王のことと解釈する。これに対して、荻生徂徠『論語徴』は、聖人と仁者は異なっているとし、宋儒《そうじゅ》の学の弊害を指摘する。

述而《じゅつじ》第七　卅九章　何晏集解

01子曰、述而不作、信而好古。竊比於我於老彭〔一〕。

子曰く、「述べて作らず、信じて古を好む。竊《ひそ》かに我を老彭(1)に比《なぞら》ふ」と〔一〕。

孔子《こうし》が言った、「著述するが制作はせず、信じて古《いにしえ》を愛好する。ひそかに自分を老《ろう》彭《ほう》になぞらえている」と。

［集解］

〔一〕包咸《ほうかん》は、「老彭《ろうほう》は、殷《いん》の賢大夫である。好んで古い出来事を著述した。わたしは老彭のように、ただ（むかしのことを）著述するだけである」と解釈する。

（訳注）1老彭は、彭祖《ほうそ》のこと。齢《よわい》八百歳であったことから老彭という（皇侃《おうがん》『論語義疏』）。ちなみに、邢昺《けいへい》『論語注疏』に引く『世本《せほん》』には、老彭は、姓を籛《せん》、名を鏗《こう》といい、殷《いん》代に守蔵史《しゅぞうし》、周《しゅう》代に柱下史《ちゅうかし》となり、齢八百歳であったとし、一説に老子《ろうし》であるという。同じく『論語注疏』に引く王弼《おうひつ》は、老を老聃《ろうたん》、彭を彭祖《ほうそ》とし、老彭を二人と考える。参校に引く鄭玄『論語注』と同じである。

〔参校〕スタイン文書六一二一号写本（鄭玄『論語注』）は、「老彭」という本文の下に、「……此の二人に比《なぞら》ふ者《は》、謙なり。……」という注がある。鄭玄は、老を老聃、彭を彭祖としたのであろう。皇侃『論語義疏』は、「述」は旧章を伝えること、「作」は新たに礼楽《れいがく》を制することであるという。朱熹『論語集注』は、「制作は聖人にしかできないが、祖述は賢者でも可能である」とする。また、「当時、経書《けいしょ》の制作の事業は、ほぼ完了していた。孔子がそれぞれ聖人の成果を集めてこれを集大成した。仕事としては祖述であったが、功績は制作に倍するものであった」と述べている。

02子曰、默而識之、学而不厭、誨人不倦。何有於我哉〔一〕。

子曰く、「默して之を識《し》り、学びて厭《いと》はず、人を誨《をし》へて倦《う》まず。我に於《おい》て何《なに》か有らん」と〔一〕。

孔子が言った、「黙ったまま理解し、学んで飽きず、人を教えて怠《おこた》らない。（それくらいは）わたしにとっては何でもないことだ」と。

〔集解〕

〔一〕鄭玄《じょうげん》は、「他人はこれらの行いをしない。我に於てとは、わたしだけが備えているということである」と解釈する。

〔参校〕皇侃『論語義疏』は、「識」を「しるす」の意味に解釈する。伊藤仁斎《いとうじんさい》『論語古義』は、

「黙して之を識るとは、人の言葉を待たずに自然に分かることである」と解釈する。

03子曰、徳之不脩也、学之不講也、聞義不能徙也、不善不能改也、是吾憂也［一］。

子曰く、「徳の脩めざる、学の講ぜざる、義を聞くも徙《うつ》る能はざる、善ならざるも改むる能はざる、是れ吾が憂ひなり」と［一］。

孔子が言った、「徳行を修めず、学問を講習せず、義（にかなう行い）を聞いても従えず、善でなくても改められない、これら（四つ）がわたしの憂いである」と。

［集解］

［一］孔安国《こうあんこく》は、「先生は常にこの四つを憂いとした」と解釈する。

〔参校〕荻生徂徠《おぎゅうそらい》『論語徴』は、「孔子は弟子たちの不脩《ふしゅう》・不講《ふこう》・不徙《ふし》・不改《ふかい》を憂えたのである」と解釈する。

04子之燕居、申申如也、夭夭如也［一］。

子の燕居(1)すること、申申如《しんしんじょ》たり、夭夭如《えうえうじょ》たり［一］。

孔子のくつろぐさまは、和らぎ、穏やかであった。

［集解］

［一］馬融《ばゆう》は、「申申・夭夭《ようよう》は、和らぎゆったりするさまである」と解釈する。

（訳注）1燕居《えんきょ》は、朝廷から退出して家でくつろぐこと（皇侃『論語義疏』）。

05子曰、甚矣、吾衰也。久矣、吾不復夢見周公也［一］。

子曰く、「甚だしきかな、吾の衰へたるや。久しきかな、吾 復た夢に周公を見ざるなり」と［一］。

孔子が言った、「甚だしいな、わたしが衰えたことも。久しいな、わたしはもはや夢に周公《しゅうこう》を見なくなった」と。

［集解］

［一］孔安国は、「孔子が老衰して、もはや夢に周公を見なくなった。明らかで盛んであったころ、夢に周公を見たのは、その（聖人の）道を実践しようとしたからである」と解釈する。

06子曰、志於道［一］、拠於徳［二］、依於仁［三］、遊於藝［四］。

子曰く、「道(1)を志《した》ひ[一]、徳に拠り[二]、仁に依り[三]、藝に遊ぶ」と[四]。

孔子が言った、「道を慕い、徳をつかみ、仁者に依拠し、六藝《りくげい》(2)に遊ぶ」と。

[集解]

[一] 志は、慕《した》うことである。道は体得できないため、これを志《した》うのである。

[二] 拠は、杖《つか》むことである。徳には定まった形があるため、つかむことができる。

[三] 依は、倚《よ》ることである。仁者は功をもって人に施すため、たよりとすることができる。

[四] 藝は、六藝である。つかみたのむに不十分であるため、遊ぶという。

(訳注) 1道は、邢昺『論語注疏』では、「道というものは、虚しく通じて擁《ふさ》ぐことは無い、自然のことを言っている」とあり、自然のことと解する。これに対して、『論語集解』で何晏は、「道」の絶対性を説き、孔子ですら慕い、到達できないものと位置づける。詳しくは、渡邉義浩「何晏『論語集解』の特徴」(『東洋の思想と宗教』三三、二〇一六年、『論語』の形成と古注の展開』汲古書院、二〇二一年)を参照。2六藝《りくげい》は、礼《れい》・楽《がく》・射《しゃ》・馭《ぎょ》(御)・書《しょ》・数《すう》のこと(邢昺『論語注疏』)。

〔参校〕朱熹『論語集注』は、「志於道」を「道に志《こころざ》す」と読み、「人倫日用の場で実践すべき道をめざす」という意味に解釈する。

07子曰、自行束脩以上、吾未嘗無誨焉［一］。
子曰く、「束脩を行ふより以上は、吾未だ嘗て誨《をし》ふること無くんばあらず」と［一］。
孔子が言った、「十束の乾肉《ほしにく》を（礼物として）贈ってきた以上、（どのような人でも）、わたしは教えないことはなかった」と。

［集解］
［一］孔安国は、「人が礼を奉じて、乾肉の束を贈ってきた以上、みな教え諭したことをいう」と解釈する。
（訳注）1束脩《そくしゅう》は、十束の乾肉。礼物の中でも最も低いもの（皇侃『論語義疏』）。また、十本のまっすぐに伸ばした乾肉のこと（邢昺『論語注疏』）。ここでは皇侃に従う。

08子曰、不憤不啓、不悱不発、挙一隅而示之不以三隅反、則吾不復也［一］。
子曰く、「憤《ふん》せずんば啓《けい》せず、悱《ひ》せずんば発せず、一隅《ぐう》を挙げて之《これ》に示すに三隅を以て反《かへ》せざれば、則ち吾　復《ま》たせざるなり」と［一］。

孔子が言った、「（心が）憤って奮い立たなければ教えず、（言い表せなくて）口がいらいらするようでなければ説きあかさず、一つの隅《すみ》をあげて示すと（残りの）三つの隅をあげて返答するほどでなければ、わたしはもう教えない」と。

［集解］

［一］鄭玄は、「孔子は人と語るとき、必ずその人の心が憤って奮い立ち、口がいらいらするのを待ってから、（ようやくその後に）啓発《けいはつ》してその人のために説いた。このようであれば、見識や思慮が深いといえる。教え説く際には一つの隅をあげてその人に語る。その人が類例を想起しなければ、もはや、くどくどとは教えない」と解釈する。

〔参校〕伊藤仁斎『論語古義』は、「孔子は学ぶ者が教えを受ける素地を作っておくことを望んでこのように言ったのである。軽々しく人を教えないわけではない」と解釈する。

09子食於有喪者之側、未嘗飽也。子於是日也哭、則不歌［一］。

子 喪《そう》有る者の側《かたはら》に食するに、未だ嘗《かつ》て飽《あ》かざるなり。子 是の日に於《おい》て哭《こく》すれば、則ち歌はず［一］。

孔子は喪中《もちゅう》の人の傍《かたわ》らで食事をすると、満腹になるまで食べたことがなかった。孔子はこの（葬礼のあった）日に哭泣《こくきゅう》すると、（一日中）歌わなかった。

［集解］

［一］喪中の人が哀惜しているとき、その傍らで満腹になるまで食べるのは、哀れみいたむ心がない。

〔参校〕トルファンアスターナ一八四号墓一八／七（b）・一八／八（b）号写本之二（鄭玄『論語注』）は、「一日の中、あるいは哭し、あるいは歌うのは、礼容を褻《けが》すことである」と解釈する。

10子謂顔淵曰、用之則行、舍之則蔵。唯我与爾有是夫［一］。

子　顔淵に謂ひて曰く、「之を用ふれば則ち行ひ、之を舍《す》つれば則ち蔵《かく》る。唯だ我と爾《なんぢ》と是れ有るかな」と［一］。

孔子が顔淵《がんえん》に言った、「（君主が）登用するのであれば出向き、捨てるのであれば隠遁する。（これは）わたしとおまえだけにできることだ」と。

［集解］

［一］孔安国は、「行うべきときには行い、辞めるべきときには辞める。（それは）わた

しと顔淵だけが共にできることであると言っている」と解釈する。

11子路曰、子行三軍則誰与〔一〕。子曰、暴虎馮河、死而無悔者、吾不与也〔二〕。必也臨事而懼、好謀而成者也。

子路曰く、「子 三軍(1)を行《や》らば則ち誰と与《とも》にせん」と〔一〕。子曰く、「暴虎馮河《ぼうこひょうが》して、死すとも悔《く》ゆる無き者は、吾 与《とも》にせざるなり〔二〕。必ずや事に臨みて懼《おそ》れ、謀《はかりごと》を好みて成す者なり」と。

子路《しろ》が言った、「先生は三軍を指揮されるとしたら誰と一緒になさいますか」と。孔子が言った、「素手で虎を殴《なぐ》り歩いて黄河を渡り、死んだとて後悔しないような者とは、わたしは一緒に行動しない。（するとしたら）必ず事に臨んで慎み、計画を立てることを好んで行動する者とである」と。

〔集解〕

〔一〕孔安国は、「大国には三軍がある。子路は孔子が顔淵《がんえん》ばかり褒めるのを見て、自分には勇気があり、孔子が三軍の将となった際には、自分とだけ一緒に行動するに違いないと思った。そのためこの質問を発したのである」と解釈する。

［二］孔安国は、「暴虎《ぼうこ》とは、素手で（虎を）殴ることである。馮河《ひょうが》とは、歩いて（黄河を）渡ることである」と解釈する。

（訳注）1三軍は、大国が保有する軍。天子は六軍、小国は一軍であり、一軍は一万二千五百人で構成される（皇侃『論語義疏』）。

12子曰、富而可求也、雖執鞭之士、吾亦為之［一］。如不可求者、従吾所好［二］。

子曰く、「富にして求む可《べ》くんば、執鞭(1)の士と雖も、吾 亦た之《これ》を為さん［一］。如《も》し求む可からざる者なれば、吾が好む所に従はん」と［二］。

孔子が言った、「富が求めるべきものであれば、鞭《むち》を執《と》（って先払いをするようないやしい）るような（賤しい）職であっても、わたしはこれを行おう。もし求めるべきではないものであれば、わたしの好きなものに従おう」と。

［集解］

［一］鄭玄は、「富貴とは求めて得られるものではない。徳を修めて手に入れるべきものである。もし道において求めるべきものであれば、鞭を執るような賤しい職であっても、わたしはこれを行おう」と解釈する。

［二］孔安国は、「好むものは、古人の道である」と解釈する。

〔訳注〕1執鞭は、先払いのこと。笞を持って、行列の先の人々を追い払う卑しい職。

〔参校〕荻生徂徠『論語徴』は、「貴ではなく富と解釈するのは、春秋時代は爵位《しゃくい》が世襲であったために、貴を求める者が少なかったのである。秦漢《しんかん》以後はこれに反している」と述べる。内野台嶺《うちのたいれい》『四書新釋 論語』上（賢文館、一九三九年）に引く焦循《しょうじゅん》は、「而」は「如」と同じであり、「もし」の意味であるという。

13子之所慎、斎・戦・疾［一］。

子の慎む所は、斎《(1)》・戦・疾なり［一］。

孔子が慎んだのは、斎戒《さいかい》・戦争・病気である。

［集解］

［一］孔安国は、「この三つは、人が慎むことのできないものであるが、孔子は慎むことができた」と解釈する。

〔訳注〕1斎《さい》は、斎戒。祭祀に先立ち、沐浴《もくよく》し着替えて心身を清くする儀式。ものいみ。

〔参校〕ペリオ文書二五一〇号写本（鄭玄『論語注』）は、「斎戒を慎むのは、祖先を尊重するためである。戦争を慎むのは、民の命を尊重するためである。病気を慎むのは、性命を愛《を》しむからである」と解釈する。

14子在斉聞韶楽、三月不知肉味［一］。曰、不図、為楽之至於斯也［二］。

子　斉《せい》に在りしとき韶楽《せうがく》を聞き、三月《げつ》肉の味を知らず［一］。曰く、「図《はか》らざりき、楽を為すことの斯《ここ》に至らんとは」と［二］。

孔子は斉にいたとき（舜の音楽である）韶《しょう》の楽を聞き、三ヵ月間も肉の味に気がいかなかった。（孔子が）言った、「思いもよらなかった、（韶の）楽がこの（斉の）地にまで伝わっていたとは」と。

［集解］

［一］周生烈《しゅうせいれつ》は、「孔子が斉《せい》にいたとき、（斉では）素晴らしい韶の楽を習わせていることを知った。そのため肉の味を忘れたのである」と解釈する。

［二］王粛《おうしゅく》は、「為は、作《な》すことである。韶楽の演奏がここにまで伝わっているとは思わなかった。此（1）は、斉のことである」と解釈する。

（訳注）1「此」の字は、本来「斯」の字であろうが、ここでは底本に従った。

〔参校〕ペリオ文書二五一〇号写本（鄭玄『論語注』）は、「韶《しょう》は、舜の楽の名である。魯の荘公《しょうこう》廿二年、陳《ちん》の公子完《かん》がこれを持って斉に奔った。このため斉に韶がある。三ヵ月間も肉の味に気がいかなかったとは、これを思うことの深さを示す。むかし、舜が韶の楽によりつくりあげた美が、なんとここに至ることを思わなかったのである」と解釈する。朱熹『論語集注』は、『史記』孔子世家に見える本章と類似の話柄において、「三月」の上に「学之」という二字があることを指摘する。これを踏まえて『論語』の本章の「三月」を上句に繫《か》け、「韶を聞いて三ヵ月間学んだ」と解釈する。

15冉有曰、夫子為衛君乎〔一〕。子貢曰、諾。吾将問之。入曰、伯夷・叔斉何人也。曰、古之賢人也。曰、怨乎。曰、求仁而得仁、又何怨乎〔二〕。出曰、夫子不為也〔三〕。

冉有曰く、「夫子 衛君を為《たす》けんか」と〔一〕。子貢曰く、「諾《だく》。吾 将《まさ》に之を問はんとす」と。入りて曰く、「伯夷・叔斉は何人《なんびと》ぞや」と。曰く、「古の賢人なり」と。曰く、「怨むか」と。曰く、「仁を求めて仁を得たり。又 何ぞ怨まんや」と〔二〕。出でて曰く、「夫子は為けざるなり」と〔三〕。

冉有《ぜんゆう》が言った、「先生は（出奔した）衛の君主（出公《しゅっこう》）をお助けになるのだろうか」

と。子貢《しこう》が言った、「よろしい。わたしが尋ねてみよう」と。（室に）入って言った、「（孤竹国から出奔した）伯夷《はくい》・叔斉《しゅくせい》はどのような人物ですか」と。（孔子が）言った、「古《いにしえ》の賢人である」と。（子貢が）言った、「（出奔したことに）怨みを抱いたのでしょうか」と。（孔子が）言った、「仁を求めて仁を得たのである。どうして怨むことがあろうか」と。（子貢が室より）退出して言った、「先生は（衛君を）お助けしないだろう」と。

［集解］

［一］鄭玄は、「為は、助のような意味である。衛君とは、蒯輒《かいちょう》(1)である。衛の霊公(2)は太子の蒯聵《かいかい》(3)を追放し、霊公が薨去《こうきょ》すると（国人は）孫の蒯輒を即位させた。後に晋《しん》の趙《ちょう》鞅《おう》(4)が蒯聵を（衛の邑である）戚《せき》に入れると、衛の石曼姑《せきまんこ》(5)が軍を率いてこれを包囲した。そのため孔子の意思が蒯輒を助けるか否かのどちらであるのかを尋ねたのである」と解釈する。

［二］孔安国は、「伯夷《はくい》・叔斉《しゅくせい》は国を譲って遠くに去り、餓死して生涯を終えた。そのため怨恨《えんこん》について質問したのである。（国を）譲ることで仁を為したのに、どうして怨むことがあろうか」と解釈する。

〔三〕鄭玄は、「父子が国を争うのは、悪行である。孔子は伯夷・叔斉を賢でありかつ仁の人と見なした。それゆえ（子貢は）衛君を助けないことが明白と理解したのである」と解釈する。

（訳注）1輒は、衛の出公《しゅつこう》。蒯聵《かいかい》の子。祖父の霊公《れいこう》が卒したのち、即位した。しかし、出公十三（前四八〇）年に、父の蒯聵が衛に入ったため、出奔した（『史記』衛康叔世家）。2霊公は、春秋時代の衛の君主。名は元《げん》。孔子を招いて軍事をたずね、お門違いと退けられた故事で有名である。暗君ではあったが、それを支える臣が優秀であったため国は保たれたという（『史記』衛康叔世家）。3蒯聵は、衛の荘公《そうこう》。霊公の子。太子の時、霊公の夫人である南子《なんし》を殺そうとして霊公の怒りを受け、晋《しん》に出奔した。出公が即位するに及んで、晋の援助を受けて衛に入ろうとしたが失敗、のち一時、君となったが、結局は晋に背いて殺された（『史記』衛康叔世家）。4趙鞅は、趙景叔《ちょうけいしゅく》の子。晋の正卿《せいけい》として周《しゅう》の敬王《けいおう》をまもり、魯の陽《よう》虎《こ》を受け入れて手厚く歓迎した。范《はん》・中行《ちゅうこう》の二氏を討ち、晋の国政を掌握し、趙の勢力を確立した。謚《おくりな》は簡《かん》（『史記』趙世家）。5石曼姑《せきまんこ》は、春秋衛の人。魯の哀公《あいこう》三（前四九二）年春、軍を率いて、斉《せい》の国夏《こくか》とともに蒯聵のいた戚を包囲した（『春秋経』哀公三年）。

16子曰、飯蔬食飲水、曲肱而枕之。楽亦在其中矣〔一〕。不義而富且貴、於我如浮雲〔二〕。
子曰く、「蔬食《そし》を飯《くら》ひ水を飲み、肱《ひぢ》を曲げて之《これ》を枕とす。楽しみは亦た其の中に在り〔一〕。不義にして富み且つ貴きは、我に於て浮雲の如し」と〔二〕。

孔子が言った、「粗食を食べて水を飲み、ひじを曲げてこれを枕にする。楽しみはその中にある。不義により富みあるいは高貴になっても、わたしには浮雲のような（持ち続けられない）ものである」と。

〔集解〕

〔一〕孔安国は、「蔬食《そし》とは、菜食のことである。肱とは、臂《ひじ》のことである。孔子はこれを楽しみとした」と解釈する。

〔二〕鄭玄は、「富貴でありながら義に則らないのは、わたしにとって浮雲のようであり、自分の所有物ではない」と解釈する。

〔参校〕ペリオ文書二五一〇号写本（鄭玄『論語注』）は、「浮雲は万物を潤沢《じゅんたく》にすることがない。人が富貴を欲する際には、（ともに）道が行われて名誉とする。道によって富貴を得なければ、我が身には損がある。そのために（道によらずには富貴に）居ないのである。『礼記《らいき》』（大学篇《だいがくへん》）に、「徳は身を潤《うるお》し、富は屋を潤す」とある」と解釈する。皇侃『論語義疏』は、

「浮雲は、たちまち集まってはたちまち散り、常のものとすることはできない」と解釈する。

17子曰、加我数年、五十以学易、可以無大過矣［一］。
子曰く、「我に数年を加へ、五十にして以て易を学べば、以て大過《たいか》無かる可し」と［一］。
孔子が言った、「わたし（の年齢）に数年を加え、五十歳にして易を学べば、大きな過ちをせずにすむであろう」と。

［集解］
［一］『周易《しゅうえき》』は、（陰陽の）理を窮《きわ》め（万物の）性を尽くして天命に到達する書物である。五十歳にして天命を知り、天命を知る年になって天命に到達する書を読むため、大きな過ちをせずにすむのである。

（訳注）1易とは、『周易』（『易経《えききょう》』）のこと。『周易』は、儒家の経典である五経の一つ。経二篇、十翼《じゅうよく》十篇の全十二篇からなる。経の部分は本来は占い書であったが、のちに学説・教義の拡充を目的とする儒家に注目され、その理解を助けるために十翼の各篇を附した。この十翼には儒家的な倫理・道徳と、宇宙・万物の変化との関係が盛り込まれている。

〔参校〕ペリオ文書二五一〇号写本（鄭玄『論語注』）は、「孔子はこのとき卌《しじふ》五・六歳であった。

易を好んで繰り返して読み、あえて怠ることがなかった。勉めて止まず、自ら易の意を究め尽くせないことを恐れた。それゆえこのように言うのである」と解釈する。朱熹『論語集注』は、「加」を「仮」の誤読とし、「五十」を「卒」の字体と似ていたために誤って二つに分けたものと見なす。その上で、「我に数年を仮して、以て易を学ぶを卒《を》へしめば、以て大過無かるべし」と読み、「わたしにあと数年を与えて、易を学び終えさせたなら、大きな過ちを犯さない」と解釈する。

一方、定州から出土した『論語』は、「易」の字を「亦」につくるので、「……以て学べば、亦た以て大過毋《な》かる可し」と読み、「五十歳に近くなった孔子が、あと数年学ぶことができれば、大きな過ちをしなくなると述べた」と解釈することになる。この場合、孔子は『周易』を学んでいないことになる。『論語』の中で書名として「易」の字が現れるのは、述而篇のこの箇所だけであり、それが「易」ではなく「亦」の字であれば、孔子が『周易』を学んだ可能性は消える。定州『論語』の特徴については、渡邉義浩「定州『論語』と『斉論』」（『東方学』一二八、二〇一四年、『『論語』の形成と古注の展開』汲古書院、二〇二一年に所収）を参照。

18子所雅言［一］、詩・書。執礼、皆雅言也［二］。

子の雅言《がげん》する所は［一］、詩・書なり。礼を執《と》るも、皆 雅言するなり［二］。

孔子が標準語で話すものは、詩と書である。礼を行うときも、みな標準語を用いた。

［集解］

［一］孔安国は、「雅言は、正しい発音の言葉である」と解釈する。

［二］鄭玄は、「先王の経典《けいてん》を読むときには、必ずその音を正しく言い、それにより意味も完全なものとなる。そのためには諱《いみな》を避けることもあってはならない。礼は読むものではないため、執るという」と解釈する。

〔参校〕朱熹『論語集注』は、「雅」を「常」、「執」を「守」の意味とし、「孔子が常に言うことは、詩・書と礼を守ることであった」と解釈する。

19葉公問孔子於子路。子路不対［一］。子曰、女奚不曰。其為人也、発憤忘食、楽以忘憂、不知老之将至云爾。

葉公（1）孔子を子路に問ふ。子路 対《こた》へず［一］。子曰く、「女《なんぢ》 奚《なん》ぞ曰はざる。其の人と為《な》りや、発憤して食を忘れ、楽しみて以て憂ひを忘れ、老いの将《まさ》に至らんとするを知らずと爾云《しかい》ふ」と。
葉公《しょうこう》が孔子のことを子路に尋ねた。子路は答えなかった。孔子が言った、「おまえはどうして言わなかったのか。その人となりは、発憤《はっぷん》して食事を忘れ、楽しみによって憂いを忘れ、老いがやってくるのも気付かないということを」と。

［集解］

［一］孔安国は、「葉公は名を諸梁《しょりょう》といい、楚《そ》の大夫である。葉《しょう》の地を食邑とし、公を僭《せん》称《しょう》した。答えなかったとは、答える方法《すべ》を知らなかったのである」と解釈する。

（訳注）1葉公は、名を諸梁、字を子高《しこう》という。葉《しょう》県の尹《いん》（長官）となった。楚の君主が王号を僭称したため、その県尹もみな公を僭称したという（邢昺『論語注疏』）。

〔参校〕ペリオ文書二五一〇号写本（鄭玄『論語注』）は、「葉公は、楚の県公である。名は諸梁といい、字は子羔《しこう》である。孔子について尋ねたのは、人の手本となる行いを得ようと驥《こひねが》ったのである」、「おまえはどうして言わなかったのか。我《わたし》は尭《ぎょう》・舜《しゅん》の道を楽しみ、六藝《りくげい》の文章を思い、忽然《こつぜん》として老いがやってくるのも気付かないということを」と解釈する。このように鄭玄は、尭・舜の道や六藝の文を楽しむ存在としての孔子を記している。

20子曰、我非生而知之者。好古、敏以求之者也〔一〕。

子曰く、「我は生まれながらにして之を知る者に非ず。古《いにしへ》を好み、敏《つと》めて以て之を求むる者なり」と〔一〕。

孔子が言った、「わたしは生まれつき物事を知っている者ではない。古《いにしえ》の道を愛好し、つとめて学問を探求する者である」と。

〔集解〕

〔一〕鄭玄は、「このように言うのは、人を学問に努めさせたいからである」と解釈する。

〔参校〕邢昺『論語注疏』は、「迅速に学問を求めてこれを知ったのである」と解釈する。朱熹『論語集注』は、「敏は、速なり。汲汲《きゅうきゅう》（努めて止まぬ様子）をいう」と解釈する。

21子不語怪・力・乱・神〔一〕。

子は怪《くわい》・力・乱・神を語らず〔一〕。

孔子は怪異・勇力・乱逆・鬼神を語らなかった。

〔集解〕

〔一〕王粛は、「怪《かい》は、怪異のことである。力《りき》とは、奡《ごう》(1)が舟を動かし、烏獲《うかく》(2)が千鈞（の鼎）

を持ちあげた類いのことをいう。乱とは、臣下が君主を弑殺《しいさつ》し、子が父を弑殺することをいう。神とは、鬼神のことをいう。あるものは教化において無益であり、あるものは言うに忍びないことである」と解釈する。

（訳注）1奡《ごう》は、夏の人。羿を殺した寒浞《かんさく》の子。陸地で舟を押し動かすほどの力持ちであったが、夏の君主少康《しょうこう》に殺されたという。2烏獲《うかく》は、戦国秦《しん》の人。力持ちであったため、力士好みの武王《ぶおう》により大官に取り立てられた。その膂力《りょりょく》は千鈞《きん》（三万斤、7.5トン）の重さを持ち上げられるほどであったという（『史記』秦本紀）。

〔参校〕ペリオ文書二五一〇号写本（鄭玄『論語注』）は、「浅薄な知識人が精気があるとして、徳を脩めず、いたずらに幸福を祈り、それにより世を惑わし功を阻《はば》もうとしているため（に孔子は述べたの）である。怪力とは、石が（ひとりでに）立ち社が移るようなことをいう。乱神とは、神《しん》が莘《しん》（虢の地名）に降ったようなことを言う」と解釈する。なお、「神が莘《しん》に降ったことは」は、『春秋左氏伝』荘公伝三十二年の秋七月に載せる、莘に神が降ったという物語に基づく。朱熹『論語集注』は、「怪異・勇力・悖乱《はいらん》のことは、通常の理ではないため、もとより聖人は語らない。鬼神は造化《ぞうか》の痕跡《こんせき》であり、正常ならぬものではないが、理を窮めていないのであれば、明らかにするのは難しい。ゆえに軽々しく人に語らないのである」と解釈する。

22子曰、我三人行、必得我師焉。択其善者而従之、其不善者而改之[一]。
子曰く、「我 三人行けば、必ず我が師を得たり。其の善なる者を択《こと》びて之に従ひ、其の不善なる者にして之を改《こと》む」と[一]。
孔子が言った、「わたしは三人で行けば、必ず我が師とすべきことが得られる。その善いことを選んでこれに従い、その善くないことであればこれを改める」と。

［集解］
［一］わたしが三人で行くとき、もともと賢愚（の差）はない。善いことを選んでこれに従い、善くないことはこれを改める。そのため決まった師がいないことをいう。
〔参校〕朱熹『論語集注』は、「三人が同行すれば、一人は自分である。二人のうち、一人が善で一人は悪ならば、自分は善に従って、悪は改める。この二人はともに自分の師である」と解釈する。荻生徂徠『論語徴』は、「朱熹の解釈は『論語集解』や『論語注疏』に基づいている。これは非常に巧みであるが、古義ではなく、従うべきではない。老子（第二十七章）ですら、「善人は不善人の師であり、不善人は善人の資である」と解釈する。不善人を師と

しなかったことなど今まで一度もない」と述べる。

23子曰、天生徳於予。桓魋其如予何〔一〕。

子曰く、「天 徳を予《われ》に生ぜり。桓魋(1) 其れ予を如何《いかん》せん」と〔一〕。

孔子が言った、「天は徳をわたしに授けた。桓魋《かんたい》ごときがわたしをいかにできるというのか」と。

〔集解〕

〔一〕包咸は、「桓魋は、宋の司馬黎《しばれい》である。天 徳を予《われ》に生ぜりとは、わたしに聖性を授けたことをいう。徳を天地に合わせれば、吉であり利《よ》からぬことなどない。そのため、わたしをいかにできるのかというのである」と解釈する。

（訳注）1桓魋《かんたい》は、向魋《しょうたい》のこと。宋《そう》の人で、宰相を務めた向戌《しょうぼ》の孫。孔子門下の司馬牛《しばぎゅう》は弟にあたる。孔子が宋に行くと、これを憎んで殺そうとした。宋の景公《けいこう》に寵愛されたが、次第に景公を脅かすようになったため、攻められて国外に逃げた。『史記』によれば、桓魋が孔子を包囲したのは、宋の景公二十五（前四九二）年のことである（『史記』宋微子世家）。

〔参校〕ペリオ文書二五一〇号写本（鄭玄『論語注』）は、「天 徳を予に生ぜりとは、（天が）我《わたし》に聖性を授け、我に法度《ほうど》を制作させようと欲していることをいう。桓魋は宋の大夫であり、司馬牛の兄である。孔子を疾《ねた》み、殺そうとした。孔子が宋にいる時である」と解釈する。

24子曰、二三子、以我為隠子乎。吾無隠乎爾〔一〕。吾無所行而不与二三子者。是丘也〔二〕。

子曰く、「二三子《にさんし》、我を以て子《し》に隠せりと為すか。吾爾《なんぢ》に隠すこと無し〔一〕。吾 行ふ所にして二三子と与《とも》にせざる者無し。是れ丘なり」と〔二〕。

孔子が言った、「諸君、わたしが子《きみ》たちに何か隠していると思うのか。わたしは諸君に何も隠していない。わたしの行為について諸君と一緒にしないことはない。それがこの丘《わたし》なのだ」と。

〔集解〕

〔一〕包咸は、「二三子とは、弟子たちのことをいう。聖人は智恵が広くて道が深く、弟子たちはこれを学んでも一向に及ばないので、何か隠匿《いんとく》している、と思った。それゆえこれを説明したのである」と解釈する。

〔二〕包咸は、「わたしの行いで、おまえたちと一緒にしないことはない。これが丘《わたし》の本心である」と解釈する。

〔参校〕ペリオ文書二五一〇号写本（鄭玄『論語注』）は、「二三子というものは、もろもろの弟子をいう。聖人は道を知ることが広大で、弟子は学んでも及ぶことができず、隠している要術があると思い、それが顔色に現れた。そのため（孔子は）これを説明したのである」。「我《わたし》は行うことがあるたびに、みな汝《おまえ》たちと共にこれを行う。これがわたしの本心である。（孔子が）この言葉を言ったのは、弟子たちを勉励《べんれい》するためである」と解釈する。朱熹『論語集注』は、「弟子たちは聖人の挙止動作のすべてが教えであることを知らなかったため、孔子はこの言葉で諭したのである」と解釈する。

25子以四教。文・行・忠・信［一］。

子　四《よも》を以て教ふ。文⑴・行⑵・忠⑶・信⑷なり［一］。

孔子は四つのことを教えた。（それは）文・行・忠・信である。

［集解］

［一］この四つには形があり、取りあげて教えることができる。

（訳注）1文は、先王の遺文《いぶん》のこと（邢昺『論語注疏』）。2行は、徳行のこと。心中にあるときを徳とし、それを施《ほどこ》すことを行という（邢昺『論語注疏』）。3忠は、心の中に隠し事をしな

いこと（邢昺『論語注疏』）。4信は、言葉で欺《あざむ》かないこと（邢昺『論語注疏』）。

〔参校〕ペリオ文書二五一〇号写本（鄭玄『論語注』）は、「行」について、「行とは、六行をいう。孝・友・睦《ぼく》・因・任・恤《じゅつ》である」と解釈する。朱熹『論語集注』・伊藤仁斎『論語古義』は、ともにこの四者の中で「忠信」を根本とする。

26子曰、聖人、吾不得而見之矣。得見君子者、斯可矣〔一〕。

子曰く、「聖人⑴は、吾 得て之に見《まみ》えず。君子⑵なる者に見《まみ》ゆるを得なば、斯《そ》れ可なり」と〔一〕。

孔子が言った、「聖人《せいじん》には、わたしはお目にかかれない。君子とされる人にお目にかかれれば、それでよい」と。

［集解］

［一］世に明君《めいくん》がいないことを憎んだのである。

（訳注）1聖人は、ここでは尭《ぎょう》・舜《しゅん》・禹《う》・湯《とう》のような上代の聖人のこと（邢昺『論語注疏』）。2君子は、ここでは賢人《けんじん》以下を指す（皇侃『論語義疏』）。また、怠《おこた》ることなく善を行う君主のこと（邢昺『論語注疏』）。

27子曰、善人、吾不得而見之矣。得見有恒者、斯可矣。亡而為有、虚而為盈、約而為泰。難乎、有恒矣［一］。

子曰く、「善人（1）は、吾 得て之を見《み》ず。恒《つね》有る者（2）を見るを得なば、斯《そ》れ可なり。亡《な》くして有りと為し、虚《むな》しくして盈《み》てりと為し、約《つづま》やかにして泰《ゆた》かと為す。難きかな、恒有ること」と［一］。

孔子が言った、「善人《ぜんにん》には、わたしは会えない。常のある人に会えれば、それでよい。（常のない人々は）無いのに有るように見せ、空っぽなのにいっぱいだと見せ、吝嗇《りんしょく》なのに余裕があるように見せている。難しいな、常があるというのは」と。

［集解］

［一］孔安国は、「これらを常あるものと名づけるのは難しい」と解釈する。

（訳注）1善人《ぜんにん》は、ここでは賢人《けんじん》以下の人物を指す（皇侃『論語義疏』）。また、君子のこと（邢昺『論語注疏』）。2恒《つね》有る者は、善を為すことはできないが、常法を守って悪を為さない者をいう（皇侃『論語義疏』）。また、常徳を持つ君主のこと（邢昺『論語注疏』）。ここでは義疏の解釈に従う。

〔参校〕皇侃『論語義疏』は、前章の大意を、「孔子 世に賢聖無きを歎くなり」とする。そして、

「君子を上は聖人に通じ、下は少しの善行をなす者に至るほど広い範疇の人」を指すとする。また、「善人を上は聖人に、下は一分のごとき小さな者に通じるまでの広い範疇の人」を指すとし、君子とほぼ同じものと捉える。また、「恒有る者を善人ではないが、悪を為さぬ者」とする。すなわち、四者は人そのものについて述べたものと解釈する。邢昺『論語注疏』は、前章と本章とを合わせて一つの章とする。その上で、「聖人を尭・舜・禹・湯のような上代の聖人とし、君子を怠《おこた》ることなく善を行う君主」とする。また、「善人・恒有る者をそれぞれ、善人の君・常徳有るの君」と解釈する。すなわち、四者をいずれも人君と捉えている。朱熹『論語集注』は、「恒有る者と聖人における高下の圧倒的な差を指摘しつつ、恒常心を持たずして聖人に至った者などいない」ことを述べている。

28子釣而不綱、弋不射宿［一］。
子は釣《ちょう》して綱《あみ》(1)せず、弋《よく》して宿を射ず［一］。
孔子は（竿《さお》を用いて）釣《つ》りをするが大綱を用い（て魚を獲）ることはせず、（矢に糸を繋《つな》いだ）いぐるみで狩りをするがねぐらにいる鳥を射ることはしない。

［集解］

［一］孔安国は、「釣《ちょう》は、一本の釣竿である。綱《こう》は、大きな綱《あみ》である。（川の）流れを横断して、糸に釣り針を繋《か》け、細綱《ほそあみ》を大綱に並べて結びつける。弋《よく》は、繳《いぐるみ》を用いて射ることである。宿《しゅく》は、ねぐらにいる鳥のことである」と解釈する。

（訳注）1綱は、あみ。網と同義。

〔参校〕ペリオ文書二五一〇号写本（鄭玄『論語注』）は、「大綱を用いず、ねぐらにいる鳥を射ないのは、万物を長養するためである」と解釈する。

29子曰、蓋有不知而作之者、我無是也［一］。多聞択其善者而従之。多見而識之、知之次也［二］。

子曰く、「蓋《けだ》し知らずして之を作る者有るも、我は是れ無きなり［一］。多く聞き其の善き者を択びて之に従ふ。多く見て之を識《し》るは、知るの次なり」と［二］。

孔子が言った、「およそ知りもしないで（妄りに書物を）創作する者がいるが、わたしはそのようなことはしない。たくさん聞いてその（中から）善いものを選んでこれに従う。たくさん見てこれを覚えておくのは、知ることに次ぐ」と。

［集解］

〔一〕包咸は、「当時は穿鑿《せんさく》ばかりして妄《みだ》りに書物を作る者がいたため、このように言ったのである」と解釈する。

〔二〕孔安国は、「このような（覚えるという）ことは、知ることに次ぐ」と解釈する。

〔参校〕朱熹『論語集注』は、「識は、記憶することである。何に従うかは選ばないわけにいかない。記憶すれば善悪いずれも心に蓄積され、参考に供せられる。このようであれば、まだ完全に理を身につけてなくとも、これを知る者に次ぐ存在となり得る」と解釈する。

30互郷難与言。童子見、門人惑〔一〕。子曰、与其進也、不与其退也。唯何甚〔二〕。人潔己以進、与其潔也。不保其往也〔三〕。

互郷 与《とも》に言ひ難し。童子見《まみ》え、門人惑ふ〔一〕。子曰く、「其の進むに与《くみ》するなり、其の退くに与せざるなり。唯だ何ぞ甚だしきや〔二〕。人 己を潔くして以て進まば、其の潔きに与するなり。其の往《さ》るを保《はう》せざるなり」と〔三〕。

互郷《ごきょう》（の人々と）は一緒に話しにくい。（そこの）童子が（孔子に）会いに来たので、弟子たちは困惑した。孔子が言った、「やって来たことを認めるのであり、去って行くのを認めるのではない。どうして（おまえたちはこの童子を）ひどく嫌うのか。

人が自身を高潔にして進み来たならば、その高潔さを認めるのだ。過去については保証しない」と。

［集解］

［一］鄭玄は、「互郷は、郷の名である。その郷人の語り方は自分勝手で、時宜《じぎ》に適《かな》うものではなかった。（互郷の）童子が孔子に会いに来ると、門人たちは孔子が（その童子に）会ったことを不思議に思った」と解釈する。

［二］孔安国は、「教誨《きょうかい》の道は、進むことを認め、退くことを認めない。（弟子たちは、）わたしがこの童子に会ったことを不思議に思っているが、どうしてこれほどひどく悪を憎むのかということである」と解釈する。

［三］鄭玄は、「往は、去というような意味である。人が心を空っぽにし高潔にしてやって来たならば、その進み来たことを認めるべきである。どうして過去の行いまで保証できようか」と解釈する。

〔参校〕朱熹『論語集注』は、「人潔己以進、与其潔也。不保其往也」の十四字が、「与其進也」の前にあるべきではないかとして、錯簡《さっかん》の可能性を指摘する。また、「唯」の上下に欠文の可能性を指摘し、「あまり厳しすぎることはしない」というような意味であろうと推測する。

31子曰、仁遠乎哉。我欲仁、斯仁至矣〔一〕。

子曰く、「仁 遠からんや。我 仁を欲すれば、斯《ここ》に仁 至る」と〔一〕。

孔子が言った、「仁は遠いものであろうか。わたしが仁を欲すれば、ここに仁がやってくる」と。

〔集解〕

〔一〕 包咸は、「仁の道は遠くない。これを実行すればすぐここに到達する」と解釈する。

32陳司敗問、昭公知礼乎〔一〕。孔子対曰、知礼。孔子退、揖巫馬期而進之曰、吾聞、君子不党。君娶於呉、為同姓、謂之呉孟子。君而知礼、孰不知礼〔二〕。巫馬期以告。子曰、丘也幸。苟有過、人必知之〔三〕。

陳の司敗(1) 問ふらく、「昭公(2)は礼を知れるか」と〔一〕。孔子曰く、「礼を知る」と。孔子 退くや、巫馬期(3)に揖《いふ》して之を進めて曰く、「吾 聞くならく、君子は党せずと。君 呉より娶り、同姓なるが為《ため》に、之を呉孟子(4)と謂ふ。君にして礼を知らば、孰《たれ》か礼を知らざらん」と〔二〕。巫馬期 以て告ぐ。子曰く、「丘や幸ひなり。苟《いやし》くも過ち有らば、人 必ず之を知る」と〔三〕。

陳の司敗《しはい》は、「(魯の)昭公《しょうこう》は礼を知っておられたか」と尋ねた。孔子が言った、「礼をご存知です」と。孔子が退出すると、(司敗は)巫馬期《ふばき》に会釈してかれを前に進めて言った、「わたしが聞くところでは、君子は過ちをかばい立てしないという。魯君は呉より夫人を娶ったが、同姓であったため、(はばかって)呉孟子《ごもうし》と称した。(そのような)魯君が礼を知るというのであれば、誰も礼を知らぬ者などいまい」と。巫馬期はこれを(孔子に)告げた。孔子が言った、「丘《わたし》は幸せである。もし過ちがあれば、人が必ず気付いてくれる」と。

［集解］

［一］孔安国は、「司敗は、官名であり、陳の大夫である。昭公は、魯の昭公のことである」と解釈する。

［二］孔安国は、「巫馬期《ふばき》は、弟子であり、名を施という。助け合って非を隠匿《いんとく》することを党という。魯・呉はともに姫《き》姓である。礼では同姓間で婚姻を結ばないが、魯君はこれを娶った。呉姫《ごき》と称すべきだが、はばかって(呉)孟子と称した」と解釈する。

［三］孔安国は、「司敗の言を告げたのである。国の悪事を憚《はばか》るのは、礼である。(5)聖人は智恵が深くて道が広大であるため、(司敗の言を)受け入れて過ちと認めたのである」

と解釈する。

（訳注）1司敗《しはい》は、刑をつかさどる官。陳・楚《そ》以外の国における司寇《しこう》に相当する（邢昺『論語注疏』）。2昭公は、春秋魯《ろ》の君主。十九歳で即位したが、成人の精神状態ではなかった。季平《きへい》子《し》を討ったが、孟孫《もうそん》・叔孫《しゅくそん》・季孫《きそん》の三家に敗れて出奔し、国外で没した（『史記』魯周公世家）。『春秋公羊《くよう》伝』昭公十年の何休注《かきゅうちゅう》は、おそらく昭公十（前五三二）年に夫人を娶《めと》ったと推測している。3巫馬期《ふばき》は、名を施《し》、字を子旗《しき》という。孔子より三十歳年少であった（『史記』仲尼弟子列伝）。4呉孟子《ごもうし》は、呉の人。魯の昭公の夫人となり、哀公十二（前四八三）年に卒した。諸侯の婚姻で天子に告げぬまま夫人となった最初の事例とされる（『礼記』雑記《ざっき》篇下）。5「国の悪を諱《い》むは、礼なり」は、『春秋』の筆法の一つ。恥ずべき国の悪事を諱み憚《はばか》って書かないこと（『春秋左氏伝』僖公 伝元年）。

〔参校〕ペリオ文書二五一〇号写本（鄭玄『論語注』）には、「陳の司敗は、斉の大夫である。おそらく名は御寇《ぎょこう》であろう。昭公は、魯君の諡《おくりな》である。孔子がこれを礼を知るというのは、その（非礼を）隠そうとしたためであろう」、「巫馬期《ふばき》は、孔子の弟子で、名は施という。司敗は会釈してこれを進めた。この言葉は、呉孟子は同姓であり、そのため呉姫とは言わないということである」、「人が己の過ちを知れば、それにより自ら改めることができる。礼に、臣下が君主に事えるには（諫言のため顔を）犯すことはあるが隠すことはない」と解釈する。朱熹『論語集注』は、「孔子はみずから君の悪を諱《い》むことはできなかった。また、（昭公が）同姓を娶ったのに礼を知っているとすることもできなかった。それゆえ自分が引き受けて過ちとすることも辞さなかった」と解釈し、聖人の無謬《むびゅう》性にこだわる。これに対して、伊藤仁斎『論語古義』は、「聖人も人間に過ぎない。聖人に過ちがあることにどうして疑問があろう」と反論している。

33子与人歌而善、必使反之、而後和之[一]。

子 人と与に歌ひて善《よ》ければ、必ず之を反《かへ》さしめて、而《しか》る後に之に和す[一]。

孔子は人と一緒に歌って（相手が）上手であれば、必ずその人に繰り返させ、その後で唱和した。

［集解］

［一］その善さを楽しんだ。そのため繰り返し歌わせてから自分もそれに唱和したのである。

〔参校〕ペリオ文書二五一〇号写本（鄭玄『論語注』は）、「繰り返し歌わせてから自分もそれに唱和した。楽の声を重んじたのである」と解釈する。伊藤仁斎『論語古義』は、「歌は小藝《しょうげい》である。（しかし）その善いものに対すると、孔子はねんごろに善い所を取るのを楽しんだ。聖人が善を楽しむこと限りないさまがここに表れている」と解釈する。荻生徂徠『論語徴』は、「人と歌って善しとすれば、その善を称して、その後にこれを学ぶということであり、これは人と歌うときの礼である」と解釈する。

34子曰、文莫吾猶人也［一］。躬行君子、則吾未之有得也［二］。

子曰く、「文は吾 猶ほ人のごときこと莫《な》からんや［一］。君子を躬行するは、則ち吾 未だ之を得ること有らざるなり」と［二］。

孔子が言った、「学問についてわたしは人並みである。君子としての行いを実践するのは、わたしはまだできていない」と。

［集解］

［一］莫は、無である。文無とは、俗に文不というようなものである。文は吾 猶ほ人のごときことなからんとは、およそ学問ではいずれも人よりすぐれていないことをいう。

［二］孔安国は、「身をもって君子であろうとするも、自分はまだ実践できないことであ

る」と解釈する。

〔参校〕ペリオ文書二五一〇号写本（鄭玄『論語注』）は、「莫は、無である。猶は、若《ごとし》である。文章の事は、我 人の若きこと無からんやとは、わたしは人と才が等しいことを言う」、「徳は、等しい程度である。君子の道を躬行するは、則ち我 未だ之と等しきこと有らずとは、謙遜である」と解釈する。荻生徂徠『論語徴』は、「文莫」を「黽勉《ぼうべん》」であるとし、「文莫《ぶんばく》せば、吾 猶ほ人のごとし」と読んで、「努め励《はげ》めば、わたしは人並みになれる」と解釈する。また、劉宝楠《りゅうほうなん》『論語正義』は、『説文解字《せつもんかいじ》』心部を、「忞《びん》、強也。慔《ばく》、勉也」と引いた上で、「文莫」は「忞慔」の仮借字《かしゃ》とし、努め励むの意味に解する。

35子曰、若聖与仁、則吾豈敢〔一〕。抑為之不厭、誨人不倦、則可謂云爾已矣。公西華曰、正唯弟子不能学也〔二〕。

子曰く、「聖と仁との若《ごと》きは、則ち吾 豈《あ》に敢《あへ》てせんや〔一〕。抑々《そもそも》之を為して厭《いと》はず、人を誨《おし》へて倦《う》まざれば、則ち爾云《しかい》ふと謂ふ可きのみ」と。公西華曰く、「正に唯《た》だ弟子は学ぶこと能はざるなり」と〔二〕。

孔子が言った、「聖や仁といったものは、わたしはあえて行おうとは思わない。そもそもこれらを行って飽きず、人を教えて怠《おこた》ることがなければ、そのように言うことができよう」と。公西華《こうせいか》が言った、「まさしく（我ら）弟子一同が学ぶことのできないことです」と。

［集解］

［一］孔安国は、「孔子は謙遜して、あえて自ら（の行い）を仁・聖と名づけなかった」と解釈する。

［二］包咸は、「まさに（孔子が）言ったようなことすら、弟子たちは学ぶことができなかった。ましてや仁・聖はなおさらである」と解釈する。

〔参校〕ペリオ文書二五一〇号写本（鄭玄『論語注』は）、「吾 豈に敢てせんやとは、あえて自ら古《いにしえ》の仁賢に比較しなかったのである」、「我の行いは、このようであるというべきである」、「孔子の行いはまさにこのようであった。弟子は学んで及ばない。まして聖人に及ぶはずもない」と解釈する。伊藤仁斎『論語古義』は、「弟子たちは孔子の徳が尭《ぎょう》・舜《しゅん》よりまさるのに、その言葉が謙虚なのに驚き、不思議に思った。そこで孔子の謙譲の言葉を逐一記録したのである」という。

36子疾病、子路請禱[一]。子曰、有諸[二]。子路対曰、有之。誄曰、禱爾于上下神祇[三]。子曰、丘之禱久矣[四]。

子疾みて病《へい》なり。子路禱《いの》らんことを請ふ[一]。子曰く、「諸《これ》有りや」と[二]。子路対へて曰く、「之れ有り。誄(1)に曰く、『爾《なんぢ》を上下の神祇《しんぎ》に禱る』と」と[三]。子曰く、「丘の禱ること久し」と[四]。

孔子は病気になり（症状が）重くなった。子路は（病気が癒えるよう鬼神への）祈禱《きとう》を求めた。孔子が言った、「そのようなことがあるのか」と。子路が答えた、「ございます。（祈禱するときの）誄《るい》（の文）には、『なんじのことを天と地の神々に祈りたてまつる』とあります」と。孔子が言った、「（それなら）丘《わたし》はもう長いこと祈っている」と。

［集解］

［一］包咸は、「禱《とう》は、鬼神に祈ることである」と解釈する。

［二］周生烈は、「鬼神に祈ることがあるかをいう」と解釈する。

［三］孔安国は、「子路は（孔子の）意向を見誤った。誄《るい》は、禱の篇名である」と解釈する。

［四］孔安国は、「孔子の普段の行いは神明に合致している。そのため丘《わたし》は長いこと祈っている、と述べたのである」と解釈する。

〔訳注〕1誄は、今の行状のこと。もともとは累の意味であり、生前に徳行があると、死後にその行跡を累《かさ》ねて並べること（皇侃『論語義疏』）。また、功徳を累ねて福を求めること（邢昺『論語注疏』）。

〔参校〕ペリオ文書二五一〇号写本（鄭玄『論語注』）は、「禱《とう》とは、過ちを鬼神に謝《わ》びることをいう」、「子路が禱の礼を理解できているか否かをみたのである」、「誄《るい》は、六祈《りくき》の辞《ことば》である。子路は誄の辞を見てこのように言った。孔子はいま病んでいるので、過ちを鬼神に謝《わ》びるべきだと言ったのである」、「孔子は自ら過ちを謝びるべきものが無いことを知り、禱《いの》ること久しといった。普段から恭粛で鬼神を敬っていることを明らかにし、かつ子路の言葉に順ったのである」と解釈する。朱熹『論語集注』は、「誄」を「死を哀しみ、その行跡を述べた辞《ことば》」とする。

37子曰、奢則不遜、儉則固。与其不遜也、寧固［一］。

子曰く、「奢《おご》れば則ち不遜なり、儉なれば則ち固なり。其の不遜ならん与《よ》りは、寧《むし》ろ固なれ」と〔一〕。
孔子が言った、「奢侈《しゃし》であれば不遜《ふそん》となり、倹約すれば固陋《ころう》となる。不遜であるよりは、むしろ固陋である方がよい」と。

［集解］
［一］孔安国は、「どちらも誤りである。奢侈は倹約に及ばず、奢侈であれば身分を越えておごり、倹約は礼に及ばない。固は、陋という意味である」と解釈する。
〔参校〕朱熹『論語集注』は、「奢侈と倹約はともに中からはずれている。そのうち、奢侈の害は大きい」と述べる。

38子曰、君子坦蕩蕩。小人長戚戚〔一〕。
子曰く、「君子は坦《たん》として蕩蕩《たうたう》たり。小人は長く戚戚《せきせき》たり」と〔一〕。
孔子が言った、「君子はゆったりとのびのびしている。小人はいつまでも憂えている」と。

［集解］
［一］鄭玄は、「坦として蕩蕩とは、ゆったり広々としたさまである。長く戚戚とは、憂

えおそれることの多いさまである」と解釈する。

39子温而厲、威而不猛、恭而安。

子は温にして厲《はげ》しく、威ありて猛からず、恭にして安し。

孔子は温和でありながらいかめしく、威厳がありながら猛々しくなく、恭倹にして落ち着いている。

［集解］なし。

泰伯《たいはく》第八　凡廿一章　何晏集解

01子曰、泰伯、其可謂至徳也已矣。三以天下譲、民無得而称焉［一］。

子曰く、「泰伯は、其れ至徳と謂ふ可きのみ。三たび天下を以て譲るも、民は得て称すること無し」と［一］。

孔子が言った、「泰伯《たいはく》⑴は、至上の徳（の持ち主）と言うべきである。三度も天下を（弟の季歴《きれき》に）譲ったのに、民草《たみくさ》は称えることすらなかった」と。

［集解］

［一］王粛《おうしゅく》は、「泰伯は、周の太王《たいおう》⑵（である古公亶父《ここうたんぽ》）の長子である。次子は仲雍《ちゅうよう》⑶といい、末弟は季歴⑷という。季歴は賢者であり、さらに聖なる御子である文王《ぶんおう》の昌《しょう》⑸を生んだ。昌がきっと天下を保有するであろうと考えたため、泰伯は天下を三度も季歴に譲ったのである。譲って隠棲《いんせい》した。それによりこれを称賛できる者がいなかったことは、至上の徳とする理由である」と解釈する。

（訳注）１泰伯は、周の太王（古公亶父）の子。末子の季歴に国を譲ろうとする太王の意を察し、次弟の仲雍とともに呉越《ごえつ》の地に移住、春秋呉国の祖となった（『史記』呉太伯世家）。２周の太王は、古公亶父のこと。文王の祖父。はじめ邠《ふん》に勢力を有していたが、殷《いん》におされた狄《てき》

人の圧迫を受け、岐山南麓《きざんなんろく》の周原《しゅうげん》に移住した。羌《きょう》族と連合して次第に勢力を拡大し、のちの周王朝の基礎を築いた。曾孫の武王が殷を滅ぼして西周を建国して以降、太王と尊ばれた（『史記』周本紀）。3仲雍《ちゅうよう》は、周の太王の次子。虞仲《ぐちゅう》ともいう。兄の泰伯《たいはく》とともに荊蛮《けいばん》に行き、文身断髪《ぶんしんだんぱつ》した。泰伯に子がなかったため、泰伯の死後は位を継いで呉君となった（『史記』呉太伯世家）。4季歴《きれき》は、周の太王の末子。兄に譲られて周を継いだ。子は文王の昌《しょう》（『史記』周世家）。5文王の昌は、姫昌《きしょう》。西周の創始者である武王の父。太公望呂尚《たいこうぼうりょしょう》を挙用して周を隆盛に導き、西伯《せいはく》と呼ばれた（『史記』周本紀）。

〔参校〕ペリオ文書二五一〇号写本（鄭玄『論語注』）は、「太伯は、周の大王の太子である。次弟は仲雍、次弟の叔は見えない。次弟は季歴である。三たび天下を以て譲るとは、季歴が賢であり、また文王を生み、（文王に）聖人の様子があるのを見て、譲ろうと考えた。（しかし）大王の命令が無ければ、許されないと思った。大王が病気になり、呉・越のあたりで薬を求めた。大王は没して帰らなかった。季歴が喪主となったのは、第一の譲りである。季歴が喪を告げても、やって来て喪に赴かなかったのは、第二の譲りである。喪を行った後、断髪文身して、はだかで飾りをつけたのは、第三の譲りである。三譲の美徳は、隠れて明らかではない。このため人は称することができなかった。三穣の徳は、これより大きなものはない」と解釈する。

02子曰、恭而無礼則労。慎而無礼則葸[一]。勇而無礼則乱。直而無礼則絞[二]。君子篤於親、則民興於仁、故旧不遺、則民不偸[三]。

子曰く、「恭しくして礼 無ければ則ち労す①。慎みて礼 無ければ則ち葸《し》す[一]。勇ありて礼 無ければ則ち乱る②。直にして礼 無ければ則ち絞《かう》す[二]。君子③ 親に篤ければ、則ち民 仁を興し、故旧④ 遺《わす》れざれば、則ち民 偸《うす》からず」と[三]。

孔子が言った、「恭しくしても礼がなければ苦労する。慎み深くても礼がなければ畏縮する。勇気があっても礼がなければ悪逆となる。まっすぐであっても礼がなければ（他人を）非難する。人君が近親者に篤実であれば、民草は仁厚の行いをし、古なじみの朋友を忘れなければ、民草《たみくさ》は薄情にならない」と。

[集解]

[一] 葸《し》は、畏れ縮こまるさまである。慎み深くして礼節をわきまえないと、常に畏《おそ》れ縮こまるばかりであることをいう。

[二] 馬融《ばゆう》は、「絞《こう》は、厳しく非難することである」と解釈する。

〔三〕包咸《ほうかん》は、「興は、起である。人君が親族に手厚くし、古なじみの朋友を忘れず、立派な行いに努める者であれば、民草はみなこれに感化され、気持ちを起こして仁厚の行いをし、薄情にならない」と解釈する。

（訳注）1労は、苦労すること（邢昺『論語注疏』）。2乱は、悪逆のこと（邢昺『論語注疏』）。3君子は、ここでは人君のこと（皇侃『論語義疏』）。4故旧は、朋友、古なじみの友のこと（皇侃『論語義疏』）。

〔参校〕ペリオ文書二五一〇号写本（鄭玄『論語注』）は、「この四者は善であるが、礼によりこれを節しなければ、行ってはならないことをいう。葸《し》は、愨《かく》（つつしむ）である。絞《こう》は、急である」、「篤は、厚である。偸《ゆ》は、苟且《かりそめ》である。君子が骨肉の親に厚ければ、民草は習ってこれを行い、仁恩が多くなる。古い朋友と悪い行いが無く、互いに見捨てなければ、民は互いにかりそめ（な関係）にはならない」と解釈する。

03曾子有疾。召門弟子曰、啓予足、啓予手〔一〕。詩云、戦戦兢兢、如臨深淵、如履薄冰〔二〕。而今而後、吾知免夫、小子〔三〕。

曾子 疾有り。門弟子(1)を召して曰く、「予《わ》が足を啓《ひら》け、予が手を啓け〔一〕。詩に云ふ(2)、

「戦戦兢兢として、深淵に臨むが如く、薄氷を履《ふ》むが如し」と〔二〕。而今而後《じこんじご》、吾免《まぬか》るるを知るかな、小子」と〔三〕。

曾子《そうし》が病気で重篤となった。一門の弟子たちを呼び寄せて言った、「（ふとんをのけて）わたしの足を開き、わたしの手を開け。『詩経』（小雅《しょうが》 小旻《しょうびん》）に、「恐れてびくびくしながら（慎重に）、深き淵をのぞくようにし、薄い氷の上を踏み歩くようにする」とある。今日より後、わたしは（そのような心配を）もうしなくて済むことを知ったのだよ、諸君」と。

［集解］

〔一〕鄭玄《じょうげん》は、「啓は、開である。曾子は、父母より体をもらい受け、あえてこれを傷つけまいと考えていた。⑶そのため（死を目前にその心配をしなくてすむことを知らせるため）弟子にふとんをのけて身体を見せたのである」と解釈する。

〔二〕孔安国《こうあんこく》は、「この詩を言ったのは、自分が常に戒《いまし》め慎み、（身体を）傷つけてしまうのではないかと恐れるさまに喩《たと》えたからである」と解釈する。

〔三〕周生烈《しゅうせいれつ》は、「ようやく今日より後、わたしはおのずと（身体を傷つけないようにする）患難《かんなん》より解放されることを知った。小子は、弟子のことである。これを呼んだのは、（自らの）言葉を聞き知らしめようとしたからである」と解釈する。

（訳注）1門弟子《もんていし》は、ここでは曾子の弟子たちのこと（皇侃『論語義疏』）。2引用部分は、『詩経』小雅《しょうが》小旻《しょうびん》に、「戦戦兢兢、如臨深淵、如履薄冰」とあり、同文である。3当該箇所は、『孝経《こうきょう》』開宗明義《かいそうめいぎ》章に、「身体髪膚《はっぷ》、之を父母に受く。敢《あへ》て毀傷《きしやう》せざるは、孝の始《はじめ》なり」とあることを踏まえる。

04 曾子有疾。孟敬子問之〔一〕。曾子言曰、鳥之将死、其鳴也哀。人之将死、其言也善〔二〕。君子所貴乎道者三。動容貌、斯遠暴慢矣。正顔色、斯近信矣。出辞気、斯遠鄙倍矣〔三〕。籩豆之事、則有司存〔四〕。

曾子疾《やまひ》有り。孟敬子(1)之を問ふ〔一〕。曾子言ひて曰く、「鳥の将《まさ》に死せんとするや、其の鳴くや哀《かな》し。人の将に死せんとするや、其の言ふや善し〔二〕。君子の道に貴ぶ所の者は三あり。容貌を動かして、斯《ここ》に暴慢に遠ざかる。顔色を正して、斯に信に近づく。辞気を出だして、斯に鄙倍《ひばい》に遠ざかる〔三〕。籩豆(2)の事は、則ち有司存す」と〔四〕。

曾子《そうし》が病気で重篤となった。孟敬子《もうけいし》がこれを見舞った。曾子は言った、「鳥が死のうとするとき、その鳴き声はまことに哀しいものです。人が死のうとするとき、その言葉はまことに立派です。君子が（礼の）道において尊重するものは三つあります。立ち居振る舞いを整えると、乱暴や傲慢《ごうまん》なことをしなくなります。顔つきを正すと、誠実さに近づきます。言葉遣いをしっかりすると、粗野《そや》で下品な言葉から遠ざかります。祭礼の器物を用いるようなことは、担当の役人がおります」と。

［集解］

［一］馬融は、「孟敬子は、魯の大夫の仲孫踕《ちゅうそんしょう》である」と解釈する。

［二］包咸は、「孟敬子を戒めようとして、自分が死に瀕した際、自分の発言をよく用いるべきことを説いたのである」と解釈する。

［三］鄭玄は、「此の道とは、礼をいう。立ち居振る舞いを整えて、慎み深く恭《うやうや》しければ、人はあえてその者に乱暴したり傲慢な態度をとらない。顔つきを正して、慎み深くおごそかであれば、人はあえてその者を欺《あざむ》きだまそうとはしない。言葉遣いをしっかりして、素直に説得すれば、不快で酷い言葉は、耳に入らない」と解釈する。

［四］包咸は、「孟敬子は大事を忘れて小事に務めた。それゆえこの三つを戒めたのである。籩豆《へんとう》は、祭礼の器物である」と解釈する。

（訳注）1孟敬子は、魯の大夫。諱は捷。孔子に孝を問うた孟武伯《もうぶはく》の子（『礼記』檀弓篇の鄭玄注）。

2籩豆は、籩は竹の器、豆は木の器のこと。豆には俎醢《そかい》（肉の塩漬け）を盛り、籩には果実を盛る（皇侃『論語義疏』）。

05曾子曰、以能問於不能、以多問於寡、有若無、実若虚、犯而不校［一］。昔者、吾友嘗従事於斯矣［二］。

曾子曰く、「能を以て不能に問ひ、多を以て寡に問ひ、有れども無きが若く、実《み》つれども虚しきが若《ごと》く、犯さるるも校《むく》いず［一］。昔者《むかし》、吾が友 嘗《かつ》て斯《ここ》に従事せり」と［二］。

曾子が言った、「能力がありながら能力のない者に質問し、（知識が）多くありながら少ない者に質問し、あってもないように見せ、一杯であっても空っぽのように見せ、危害を加えられても報復しない。その昔、わたしの友がかつてこれらを実行していた」と。

［集解］

［一］包咸《ほうかん》は、「校は、報である。危害を加えられても報復しないことをいう」と解釈する。

［二］馬融は、「友とは、顔淵《がんえん》をいう」と解釈する。

〔参校〕ペリオ文書二五一〇号写本（鄭玄『論語注』）は、「他人に侵犯されても報いなかったことをいう。顔淵・仲弓・子貢たちである」と解釈する。伊藤仁斉《いとうじんさい》『論語古義』は、「吾が友」を当時の孔子門下の諸賢と解釈する。

06曾子曰、可以託六尺之孤〔一〕、可以寄百里之命〔二〕、臨大節而不可奪也〔三〕。君子人與。君子人也。

曾子曰く、「以て六尺《りくせき》の孤(1)を託す可く〔一〕、以て百里の命を寄す可く〔二〕、大節に臨みて奪ふ可からざるなり〔三〕。君子人か。君子人なり」と。

曾子が言った、「幼少の君主を託すことができ、百里四方の国の政治をあずけることができ、（国家や社稷《しゃしょく》の安定に関わる）大事に臨んで（その節義《せつぎ》を）奪うことができない。（これは）君子であろうか。君子である」と。

［集解］

［一］孔安国は、「六尺《りくせき》の孤《こ》とは、幼少の君主をいう」と解釈する。

［二］孔安国は、「君主の政令を代行する」と解釈する。

［三］大節は、国家を安んじ、社稷を定めることである。奪とは、貶《おとし》め奪うことである。

〔訳注〕1六尺《りくせき》の孤は、十五歳以下のこと。こうした幼少の君主を託し得るのは、周公《しゅうこう》・霍光《かっこう》のような人物を指す（邢昺『論語注疏』）。

〔参校〕ペリオ文書二五一〇号写本（鄭玄『論語注』）は、「六尺《りくせき》の孤は、十五歳以下をいう。百里の命とは、一国の政令をいう。周《しゅう》の礼に、小国とは百里である。大節とは、廃立の事をいう」と解釈する。朱熹『論語集注』は、「その才能は幼君を輔佐して国政を担当することができ、その節義は死の間際になっても奪うことはできない。そうであれば君子と言える」と解釈する。

07曾子曰、士不可以不弘毅。任重而道遠〔一〕。仁以為己任。不亦重乎。死而後已。不亦遠乎〔二〕。

曾子曰く、「士は以て弘毅《こうき》ならざる可からず。任 重くして道 遠し〔一〕。仁 以て己《おの》が任と爲す。亦た重からずや。死して後 已《や》む。亦た遠からずや」と〔二〕。

曾子が言った、「士は広い度量と強固な決断力を持たねばならない。任務は重くて道は遠い。仁（の実践）を己《おのれ》の任務とする。なんと重いことではないか。（それを）死ぬまでやめない。なんと遠いことではないか」と。

［集解］

［一］包咸は、「弘は、大である。毅は、強固にしてよく決断することである。士は度量広く決断力を備え、それから重い任務を背負い、遠い道に向かうものである」と解釈する。

［二］孔安国は、「仁を己の任務とするのは、これ以上重いものはない。死ぬまでやめないのは、これ以上遠いものはない」と解釈する。

08子曰、興於詩［一］、立於礼［二］、成於楽［三］。

子曰く、「詩に興り［一］、礼に立ち［二］、楽に成る」と［三］。

孔子が言った、「詩によって起き、礼によって身を立て、楽によって（性を）完成する」と。

［集解］

［一］包咸は、「興は、起である。身を修めるためには、まず詩を学ぶべきことをいう」と解釈する。

［二］包咸は、「礼とは、身を立てるためのものである」と解釈する。

［三］包咸は、「楽は、性を完成するためのものである」と解釈する。

〔参校〕ペリオ文書二五一〇号写本（鄭玄『論語注』）は、「成於楽」という本文の下に、「詩に起きるとは、（詩により）始めて志を発することをいう。志がすでに発せられれば、すべてのことに法則と制度ができる。そののちに心は平らかになり性が正しくなる」と解釈する。

09子曰、民可使由之、不可使知之［一］。

子曰く、「民は之(1)を由《もち》ひしむ可し、之を知らしむ可からず」と［一］。

孔子が言った、「民草には道を用いさせることはできるが、それを理解させることはできない」と。

［集解］

［一］由は、用である。用ひしむ可くして知らしむ可からずとは、民草は日々（道を）用いているのに（それを）理解できていないことをいう。

（訳注）1当該箇所は、『周易《しゅうえき》』繋辞上伝《けいじじょうでん》に、「人々は日々（天地陰陽の道を）用いているのに理解できておらず、君子の道に通達した人は少ない」とあることを踏まえると、「之」を道と解釈できる。

〔参校〕皇侃『論語義疏』は、「天道は深遠であり、人道の知る所ではないことを明らかにするものである」と解釈する。また、邢昺『論語注疏』は、「この章は聖人の道が深遠であり、人は容易に知り得ないことをいう」と解釈する。これに対して、朱熹『論語集注』は、「民にはかくあるべき理に依拠させることはできる。しかし、民になぜそうであるかを知らせることはできない」と解釈する。

10子曰、好勇疾貧、乱也〔一〕。人而不仁、疾之已甚、乱也〔二〕。

子曰く、「勇を好みて貧を疾《にく》むは、乱さんとするなり〔一〕。人にして不仁、之を疾むこと已甚《はなは》だしければ、乱さしむるなり」と〔二〕。

孔子が言った、「勇を好んで（自分の）貧賤を憎む者は、乱を起こそうとする。（ある）人が仁にもとるとして、これをひどく憎むと、（その人に）乱を起こさせる」と。

〔集解〕

〔一〕包咸は、「勇を好んで自己の貧賤《ひんせん》を憂い憎む者は、必ずや乱を起こそうとする」と解釈する。

〔二〕包咸は、「ひどく悪を憎むと、その人に乱を起こさせる」と解釈する。

〔参校〕ペリオ文書二五一〇号写本（鄭玄『論語注』）には、「乱行は、勇を好んで貧賤を憎むことによる」、「不仁の人は、風刺によってこれを教化すべきである。憎むことが甚だしければ、またこれに乱行を起こさせる」と解釈する。朱熹『論語集注』は、「勇を好んで分に安んじなければ、必ず乱を起こす。不仁の人を憎んで、これを受け入れないようにすれば、必ず乱を招く。二者の心は善と悪で異なっているが、乱を生じるという点では一つである」と解釈する。

11子曰、如有周公之才之美、使驕且吝、其余不足観也已矣〔一〕。

子曰く、「如《も》し周公（1）の才の美有るも、驕り且つ吝《やぶさ》かならしめば、其の余は観るに足らざるのみ」と〔一〕。

孔子が言った、「もし周公《しゅうこう》ほどの立派な才があったとしても、驕慢《きょうまん》かつ吝嗇《りんしょく》であるならば、その他は観るに値しない」と。

［集解］

〔一〕孔安国は、「周公とは、周公旦《しゅうこうたん》のことである」と解釈する。

（訳注）1周公《しゅうこう》は、西周《にししゅう》の建国者である武王《ぶおう》の弟。述而《じゅつじ》篇第五章を参照。

〔参校〕ペリオ文書二五一〇号写本（鄭玄『論語注』）は、「驕慢で吝嗇であれば、行いを卑しくさせる」と解釈する。

12子曰、三年学不至於穀、不易得也已〔一〕。

子曰く、「三年 学びて穀《こく》に至らざるも、得るを易《か》へざるのみ」と〔一〕。

孔子が言った、「三年学んで善に到達しなくても、得たということは変わらない」と。

［集解］

［一］孔安国は、「穀は、善である。三年学んで善に到達しない者であっても、全く（善に）及んでいないということはできない。人に学問を勧める理由である」と解釈する。

〔参校〕ペリオ文書二五一〇号写本（鄭玄『論語注』）は、「穀は、禄《ろく》である。学ぶ者は必ず禄を得ることを志す。三年は久しい。そして心に禄を思わないことは、たやすくない。こうした人が学を好んでいることを得難《えがた》いと言うのである」と解釈する。朱熹『論語集注』は、「穀」を俸禄《ほうろく》、「至」を志すとし、「久しく学んでも、俸禄を求めない。このような人は、得がたい人材である」と解釈する。

13子曰、篤信好学、守死善道。危邦不入、乱邦不居。天下有道則見、無道則隠〔一〕。邦有道、貧且賤焉、恥也。邦無道、富且貴焉、恥也。

子曰く、「篤《あつ》く信じて学を好み、死を守りて道を善くす。危邦には入らず、乱邦には居らず。天下に道有らば則ち見《あら》はれ、道無くんば則ち隠る〔一〕。邦に道有るに、貧しく且つ賤《いや》しきは、恥なり。邦に道無きに、富み且つ貴きは、恥なり」と。

孔子が言った、「信義に厚く学問を好み、死ぬまで節を守り善道を貫く。（乱が起こりそうな）危うい邦《くに》には入らず、（弑逆《しいぎゃく》が行われるような）乱れた邦には留まらない。天下に道が行われていれば出仕し、道が行われていなければ隠遁《いんとん》する。邦に道が行われているのに、貧しくて低い身分にいるのは、恥である。邦に道が行われていないのに、豊かで高い身分にいるのは、恥である」と。

〔集解〕

〔一〕包咸は、「言行は常にそうすべきであることをいう。危邦《きほう》には入らずとは、始めて（その邦に）行こうとするときのことをいう。乱邦《らんぽう》には居《お》らずとは、今から立ち去ろうとすることである。臣下が君主を弑殺《しいさつ》し、子が父を弑殺するのは、乱である。危とは、これから乱れていく予兆《よちょう》である」と。

（訳注）1見は、ここでは出仕すること（皇侃『論語義疏』）。

14子曰、不在其位、不謀其政也[一]。

子曰く、「其の位に在らざれば、其の政を謀らざるなり」と[一]。

孔子が言った、「その地位にいるのでなければ、その職務に口を出さない」と。

[集解]

[一] 孔安国は、「各々その職に専一に務めようとするためである」と解釈する。

15子曰、師摯之始関雎之乱、洋洋乎盈耳哉[一]。

子曰く、「師摯(1)の関雎《くわんしょ》の乱(2)を始むるや、洋洋乎《やうやうこ》として耳に盈《み》つるかな」と[一]。

孔子が言った、「師摯《しし》が関雎《かんしょ》の終楽章を（正しく演奏し）始めると、美しく広々として耳いっぱいに満ちた」と。

[集解]

[一] 鄭玄は、「師摯《しし》は、魯《ろ》の大師《たいし》の名である。始は、首《はじ》めというような意味である。周《しゅう》の道が衰え、鄭《てい》・衛《えい》の（淫乱な）音楽が興り、正楽《せいがく》が廃れて節度を失った。魯の大師《たいし》

の摯《し》は関雎《かんしょ》の音律を知っており、はじめて終楽章を正しく演奏すると、美しく広々として耳いっぱいに満ちたので、（これを）聴いて褒めたたえたのである」と解釈する。

（訳注）1師摯《しし》は、魯の楽師《がくし》長。哀公《あいこう》のとき、礼楽《れいがく》が崩壊したため、魯を去り斉《せい》に向かったという（『論語注疏』微子篇）。2乱《らん》は、終楽章（『楚辞章句』離騒）。

〔参校〕朱熹『論語集注』は、「孔子が衛《えい》から魯に戻り楽曲を復元した。ちょうど師摯《しし》が楽官に就いたばかりであった。それゆえ楽がこのように美しく盛んであった」と解釈する。伊藤《いとう》仁斎《じんさい》『論語古義』は、「現在、師摯は去って、楽は消え、洋々たる音は二度と聞けない。夫子の歎息には深い思いがこもっている」と述べる。

16子曰、狂而不直〔一〕、侗而不愿〔二〕、悾悾而不信〔三〕、吾不知之矣〔四〕。

子曰く、「狂にして直ならず〔一〕、侗《とう》にして愿《げん》ならず〔二〕、悾悾《こうこう》として信ならざるは〔三〕、吾　之を知らず」と〔四〕。

孔子が言った、「進んで物事を行いながらまっすぐでなく、未成熟ながら質朴でなく、きまじめながら誠実でないのは、わたしはこれを知らない」と。

〔集解〕

［一］孔安国は、「狂とは、進んで物事を進んで行い真っ直ぐであるべきことである」と解釈する。

［二］孔安国は、「侗《とう》は、人として完成していないことである。慎み深く誠実であるべきである」と解釈する。

［三］包咸は、「悾悾《こうこう》は、まじめなことである。誠実であるべきである」と解釈する。

［四］孔安国は、「(三つの例は) いずれも通常の基準から外れている。そのため孔子はこれらのものを知らないとするのである」と解釈する。

〔参校〕ペリオ文書二五一〇号写本（鄭玄『論語注』）は、「侗は、愨《きまじめ》である。愿《げん》は、善である。空空は、信頼でき誠実な様子である。人はこの三者があれば、必ずその行いがある」と解釈する。朱熹『論語集注』は、「侗」を無知なさま、「愿」を謹厳篤実なこと、「悾《こう》」を無能なさまと捉える。そして、「「わたしはこれを知らない」とは、厳しくこれを拒絶する言葉であり、教え諭すに値しないとすることである」と解釈する。

17子曰、学如不及、猶恐失之［一］。

子曰く、「学は如《も》し(1)及ばざれば、猶ほ之を失はんことを恐る」と［一］。

孔子が言った、「学問は（習熟するに）及ばなければ、なお失うことを恐れる」と。

［集解］

［一］学問は外から入るもので、習熟するに至ってようやく永久に身につく。もし（習熟するに）及ばなければ、（学び得たとしても）なお失うことを恐れるのである。

（訳注）1如は、若《も》しである。人は学んで習熟すべきであるが、もし学んでも習熟するに及ばなければ、得たとしてもなお失うことを恐れるのである（皇侃『論語義疏』）。

〔参校〕ペリオ文書二五一〇号写本（鄭玄『論語注』）は、「これを言ったのは、人に学を勉めさせるためである」と解釈する。朱熹『論語集注』は、「人が学ぶ場合には、追いつかないかという気持ちを持ったうえで、さらに敬虔《けいけん》な心で相手を見失わないかと心配するものである。つまり学ぶ者がかくあらねばならないことを戒めている」と解釈する。

18子曰、巍巍乎、舜・禹之有天下也。而不与焉［一］。

子曰く、「巍巍《ぎぎこ》乎たり、舜・禹の天下を有《たも》つや。而して與《あづか》らず」と［一］。(1)

孔子が言った、「高大なことだな、舜《しゅん》と禹《う》が天下を治めたのは。それでいて（自分から天下を）求めなかった」と。

［集解］

［一］舜・禹が、自分から天下を求めずにこれを得たことを褒めたたえたのである。(2)巍巍とは、高大さの呼称である。

（訳注）1禹《う》は、伝説上の帝王。舜《しゅん》に命じられて治水を行い、農業などの産業を整備した。天下が安定すると、舜から禅譲《ぜんじょう》され、平陽《へいよう》に都を定めて夏《か》王朝を開いた（『史記』夏本紀）。2舜《しゅん》と禹の禅譲を孔子が褒めたたえたとする何晏《かあん》『論語集解』の解釈の背景には、曹魏《そうぎ》が舜の後裔として禅譲を行ったという事情がある。劉宝楠《りゅうほうなん》『論語正義』、渡邉義浩「何晏『論語集解』の特徴」（『東洋の思想と宗教』三三、二〇一六年、『『論語』の形成と古注の展開』汲古書院、二〇二一年）を参照。

〔参校〕ペリオ文書二五一〇号写本（鄭玄『論語注』）は、「その成功には、よく賢臣を選んで、それに任せたことを褒めている」と解釈する。朱熹『論語集注』は、「不与」を「相い関せず」という意味にとり、「天子の位に即くのを楽しみとは思わなかったことをいう」と解釈する。伊藤仁斎『論語古義』は、「而」を「ごとし」と読み、「舜と禹は、帝から位を譲られて天下を支配した。しかし、二人の徳は盛んで、舜は堯から、禹は舜から位を譲られたのだが、帝位をもらっても、もらわないようなものであった」と解釈する。

19子曰、大哉、堯之為君也。巍巍乎、唯天為大、唯堯則之[一]。蕩蕩乎、民無能名焉[二]。巍巍乎、其有成功也[三]。煥乎、其有文章[四]。

子曰く、「大なるかな、堯の君爲《た》るや。巍巍乎《ぎぎこ》として、唯だ天を大と為し、唯だ堯之《これ》に則る[一]。蕩蕩乎《たうたうこ》として、民 能く焉《これ》を名づくること無し[二]。巍巍乎として、其れ成功有るなり[三]。煥乎《かんこ》として、其れ文と章有り」と[四]。

孔子が言った、「偉大だな、堯《ぎょう》の君主としてのさまは。（その徳は）高大であり、ただ天だけを偉大とし、堯はこの天道に則った。（堯の布いた徳は）広遠であり、民草はそれを名づけようもなかった。（その統治は）高大であり、功績があった。輝かしく、文化と制度を立てた」と。

［集解］

[一] 孔安国は、「則は、法《のっと》るである。堯が天に則り教化を行ったことを褒めたたえたのである」と解釈する。

[二] 包咸は、「蕩蕩《とうとう》は、広遠さの呼称である。徳を広く遠くまで布き、民はそれを知ることも名づけることもできなかったことをいう」と解釈する。

[三] 功績は成就し教化は盛んとなり、（それが）そびえたつように高大であった。

［四］煥《かん》は、明である。文化をつくり制度を示し伝えたことがとても明白である。

20舜有臣五人而天下治［一］。武王曰、予有乱臣十人［二］。孔子曰、才難、不其然乎。唐・虞之際、於斯為盛。有婦人焉、九人而已［三］。三分天下有其二、以服事殷。周之徳、其可謂至徳也已矣［四］。

舜に臣五人有りて天下 治まる［一］。武王曰く、「予に乱臣《らんしん》十人有り」と［二］。孔子曰く、「才 難《かた》しとは、其れ然らずや。唐・虞の際、斯《ここ》に於て盛んなりと為す。婦人有り、九人なるのみ［三］。天下を三分して其の二を有《たも》ち、以て殷に服事す。周の徳は、其れ至徳と謂ふ可きのみ」と［四］。

舜に五人の臣下がいて天下が治まった。武王が言った、「わたしには統治に長《た》けた十人の臣下がいる」と。孔子が言った、「俊才は得がたいというが、そのとおりではないか。尭《ぎょう》と舜《しゅん》の（交代した）ころは、周より盛んであった。（周代には）婦人がいて、九人の臣下がいただけである。（周は）天下の三分の二を保有しながら、殷に服従した。周の徳は、至上の徳と言うことができる」と。

［集解］

［一］孔安国は、「（臣五人とは）禹《う》・稷[1]・契[2]・皐陶[3]・伯益[4]のことである」と解釈する。

［二］孔安国は、「乱は、理である。官をつかさどる者は十人おり、周公旦・召公奭[5]・太《たい》公望《こうぼう》・畢公[6]・栄公[7]・太顚[8]・閎夭[9]・散宜生[10]・南宮适[11]のことをいう。そのほかの一人（の婦人を）を文母[12]という」と解釈する。

［三］孔安国は、「唐《とう》とは、尭《ぎょう》の号である。虞《ぐ》とは、舜《しゅん》の号である。際とは、尭と舜の交代期のことである。斯は、此《ここ》である。これは周代におけることである。尭と舜の交代期を、周と比較すれば、周は最も盛んであり、賢者が多い。それでも一婦人がいて、その他は九人だけである。立派な才能を得がたいというのは、まったくそのとおりではないか」と解釈する。

［四］包咸は、「殷の紂王[13]は淫乱であり、文王《ぶんおう》は西伯《せいはく》となって聖徳を備えた。天下で周に帰属する者は三分して、その二を保つほどであったが、それでも殷に服従した。そのためこれを至徳というのである」と解釈する。

（訳注）1稷《しょく》は、后稷《こうしょく》。周王朝の始祖とされる姫棄《きき》。母の姜嫄《きょうげん》が巨人の足跡を踏んで妊娠・出産したという感生帝説《かんせいていせつ》が伝えられている。これを不祥であると考えてかれを棄てたために「棄」と名付けられたという。尭の世に農師《のうし》となり、舜の世には后稷（農事を掌る官）になっ

たことから、后稷と呼ばれるようになった（『史記』周本紀）。2契《せつ》は、高辛氏帝嚳《こうしんしていこく》の子。舜の世に司徒《しと》となる。禹を助けて功績があり、商《しょう》に封ぜられて殷《いん》の始祖となった。母の簡狄《かんてき》が玄鳥《げんちょう》の卵を飲んで契を身籠《みごも》ったという、感生帝説が伝えられている（『史記』殷本紀）。3皐陶《こうよう》は、字を庭堅《ていけん》といい、舜の臣下。刑罰をつかさどり、獄をつくったとされる（『史記』五帝本紀）。4伯益《はくえき》は、皐陶の子。舜に仕えて虞官《ぐかん》に任ぜられ、山沢の官をつかさどった（邢昺『論語注疏』）。また一説に、秦《しん》の祖先であり、鳥獣を馴れさせた功績により、舜より嬴《えい》姓を賜ったという（『史記』秦本紀）。5召公奭《しょうこうせき》は、周の文王《ぶんおう》の子、武王《ぶおう》・周公旦《しゅうこうたん》の弟。周公旦とともに武王を助けて殷を滅ぼしたあと、燕《えん》に封ぜられた。『詩経《しきょう》』の甘棠《かんとう》の詩は、民がその治世を追慕して作成したものであるという（『史記』燕召公世家）。6畢公《ひつこう》は、西周《せいしゅう》建国の臣。周の武王を助けて殷を滅ぼし、その功績により畢に封ぜられた（『史記』周本紀）。文王の庶子とされる。7栄公《えいこう》は、殷末周初の人。栄は国名であり、入朝して天子の公卿《こうけい》になった（邢昺『論語注疏』）。8太顚《たいてん》は、殷末周初の人。閎夭《こうよう》・散宜生《さんぎせい》・鬻子《いくし》・辛甲《しんこう》らとともに周の文王・武王に仕えた（『史記』周本紀）。9閎夭は、周の文王・武王の臣。殷の紂王《ちゅうおう》が文王を捕らえると、美女・奇物・善馬を紂王に贈り、文王を釈放させた。殷が滅ぶと、武王の命により、紂王の叔父であった比干《ひかん》の墓を封じた（『史記』周本紀）。10散宜生《さんぎせい》は、周の文王・

武王の臣。閎夭・南宮括とともに呂尚《りょしょう》に学び、その賢を評価され、朋友の交わりを結んだ。殷の紂王が周の文王を捕らえると、黄金千鎰《せんいつ》を呂尚から受け取り、諸物を購入して紂王に贈り、文王を釈放させた（『後漢書』史弼伝注引『帝王世紀《ていおうせいき》』）。11南宮适《なんきゅうかつ》は、周の文王・武王の臣。南宮括ともいう。殷の滅亡後、武王の命により、鹿台《ろくだい》の府庫から銭を散じ、鉅橋《きょきょう》の穀倉から粟を発して、貧民・弱者を救済した（『史記』周本紀）。ちなみに、孔子門下には南宮适（括）という同姓同名の人物がいる。12文母《ぶんぼ》は、文王の妃である太姒《たいじ》のこと。夫の諡《おくりな》に従い、また武王の母であることにより、「文母」と称された（邢昺『論語注疏』）。13紂は、殷の最後の王である帝辛《ていしん》のこと。その力は猛獣を取りひしぎ、その知は臣下の諫言を言い負かせるほどであり、人並みはずれた資質を持っていた（『史記』殷本紀）。

〔参校〕荻生徂徠『論語徴』は、「乱」を「治」ではなく、乱に勝つ才のことであると述べる。

21子曰、禹、吾無間然矣〔一〕。菲飲食而致孝乎鬼神〔二〕、悪衣服而致美乎黻冕〔三〕、卑宮室而尽力乎溝洫〔四〕。禹、吾無間然矣。

子曰く、「禹は、吾 間然すること無し〔一〕。飲食を菲《うす》くして孝を鬼神に致し〔二〕、衣服を悪《あ》しくして美を黻冕（1）に致し〔三〕、宮室を卑しくして力を溝洫（2）に尽くす〔四〕。禹は、

吾 間然すること無し」と。

孔子が言った、「禹について、わたしは批判することがない。（自らの）飲食を切りつめて鬼神への祭祀に孝を尽くし、（自らの）衣服を質素にして（祭服の）黻《ひざかけ》や冕《かんむり》を立派なものにし、住まいをみすぼらしくして水利灌漑（の整備）に力を尽くした。禹について、わたしは批判することがない」と。

［集解］

［一］孔安国は、「孔子は禹の功徳が立派であることを尊重した。孔子自身がその間に決して交《ま》じれないことをいう」と解釈する。

［二］馬融は、「菲は、薄である。孝を鬼神に致すとは、祭祀（の供え物）が豊富で清潔なことをいう」と解釈する。

［三］孔安国は、「普段の服（の水準）を下げて、祭祀用の服を立派にしたのである」と解釈する。

［四］包咸は、「一里四方を井とし、井の間に溝《こう》があり、溝は広さと深さがそれぞれ四尺である。十里を城《せい》とし、城の間に洫《きょく》があり、洫は広さと深さがそれぞれ八尺である」と解釈する。

〔訳注〕1黻冕《ふつべん》は、祭服のこと。黻は蔽膝《へいしつ》、冕は冠を指す（邢昺『論語注疏』）。2溝洫《こうじゅつ》は、田の間に水を通す道（邢昺『論語注疏』）。

〔参校〕荻生徂徠『論語徴』は、「本章の主意は、禹の恭倹《きょうけん》を称えることにあり、それは恭倹こそが帝王の盛徳だからである。「孝を鬼神に致す」は、祖先を敬することである。「美を黻冕に致す」は、聖人を敬することである。「力を溝洫に尽くす」は、民を敬することである。この三者を敬すれば、先王の道は尽きる」と解釈する。

子罕《しかん》第九　何晏集解

凡卅一章

01子罕言利与命与仁[一]。

子　罕《まれ》に利と命と仁とを言ふ[一]。

孔子《こうし》はまれに利と天命と仁を言った。

〔集解〕

[一] 罕は、希《まれ》である。利は、義の和合したものである。命は、天命のことである。仁は、行いの中でも立派なものである。これらに到達できるものが少なかったため、まれにしか言わなかったのである。

〔参校〕ペリオ文書二五一〇号写本（鄭玄『論語注』）は、「罕は、希である。利は貨の増減がある。命は（受けた寿命の）長短がある。仁に行《おこない》の窮達《きゅうたつ》がある。孔子が希《まれ》に利を言うのは、（利が）人の行を傷《そこな》うためである。希に命と仁とを言うのは、民には知らせるべきではないからである」と解釈する。朱熹『論語集注』は、「利を追求すれば義を害《そこ》ない、命の理は微《かすか》であり、仁の道は大きいため、まれにしか言わなかった」と解釈する。荻生徂徠《おぎゅうそらい》『論語徴』は、「子　罕に利を言ひ、命を与《とも》にし仁を与にす」と読み、「命と仁を捨てて利だけをみるのは禍いのもとになるため、命と仁をともにすることで、これを防ぐ」と解釈する。

02達巷党人曰、大哉孔子。博学而無所成名[一]。子聞之、謂門弟子曰、吾何執。執御乎。執射乎。吾執御矣[二]。

達巷党の人曰く、「大なるかな孔子。博《ひろ》く学びて名を成す所無し」と[一]。子 之を聞き、門弟子に謂ひて曰く、「吾 何をか執《と》らん。御を執らんか。射を執らんか。吾 御を執らん」と[二]。

達巷党《たっこうとう》の人が言った、「偉大であるな孔子は。広く学んで（特定のことで）名を成すことがない」と。孔子はこれを聞き、弟子たちに言った、「わたしは何をえらぼうか。御《ぎょ》にしようか。射《しゃ》にしようか。わたしは御にしよう」と。

［集解］

[一] 鄭玄《じょうげん》は、「達巷とは、党の名である。五百家を党とする。この党の人は、孔子が広く道藝を学び、ある特定の一つの名だけを成さなかったことを褒めたのである」と解釈する。

[二] 鄭玄は、「他人がこれを褒めたことを聞き、謙遜して受け取った。吾 御を執らんとは、六藝《りくげい》(1)の中の卑しいもので名を成そうと（謙遜）したのである」と解釈する。

（訳注）1六藝は、礼・楽・射・駁《ぎょ》（御）・書・数のこと。述而篇第六章の注を参照。皇侃《おうがん》『論

語義疏』によれば、五礼・六楽《りくがく》・五射・五馭（御）・六書《りくしょ》・九数のことであり、御は礼・楽・射に比べて卑しいものという。

〔参校〕朱熹『論語集注』は、「射」「御」はともに専門職であり、「御」は人のしもべになることゆえ、とりわけ卑しいものと解釈する。

03子曰、麻冕、礼也。今也純、倹。吾従衆[一]。拝下、礼也。今拝乎上、泰也。雖違衆、吾従下[二]。

子曰く、「麻冕《まべん》なるは、礼なり。今や純《いと》なるは、倹なり。吾は衆に従はん[一]。下に拝するは、礼なり。今 上に拝するは、泰《ゆた》かなり。衆に違《たが》ふと雖《いへど》も、吾は下に従はん」と[二]。

孔子が言った、「麻の冕《かんむり》が、（正式な）礼である。いま絹糸（で作るの）は、倹約である。わたしは大勢《たいせい》に従おう。堂下で拝礼するのが、（正式な）礼である。このごろ堂上で拝礼している（者がいる）のは、驕慢《きょうまん》である。大勢に背くとしても、わたしは堂下（での拝礼）に従おう」と。

［集解］

[一] 孔安国《こうあんこく》は、「冕《べん》は、緇布冠《しふかん》(1)のことである。昔は、麻糸三十升《しょう》の布を紡《つむ》いでこれを作った。純は、絲《きぬいと》のことである。絲は作りやすい。それゆえ倹約にしたがったのである」と解釈する。

[二] 王粛《おうしゅく》は、「臣下が君主とともに礼を行うとき、堂下で拝礼して、その後で（堂に）昇って礼をする。この当時の臣下は驕慢であったため、堂上で拝礼した。今は堂下（で拝礼すること）に従ったのは、礼が恭《うやうや》しいことによる」と解釈する。

（訳注）1緇布冠《しふかん》は、冠礼の最初にかぶるもの（『礼記《らいき》』玉藻篇）。緇は黒繒《こくそう》（黒い絹）である。邢《けい》昺《へい》『論語注疏』によれば、「冠」は頭にかぶるものの総称であり、「冕」は冠の別号である。『儀礼《ぎらい》』喪服《そうふく》伝の鄭玄注に、「布は八十縷《る》を升とする」とあり、一枚の布は八十本の糸を編み込む。したがって、緇布冠は二千四百の糸が必要であった。

04子絶四。毋意[一]、毋必[二]、毋固[三]、毋我[四]。

子 四《よも》を絶つ。意毋《な》く[一]、必《ひつ》毋く[二]、固毋く[三]、我毋し[四]。

孔子は四つのことを絶った。思いのままにしない、決めてかからない、頑《かたく》なにならない、我を張らない。

［集解］

［一］道を規範とする。そのため意のままに行動しない。

［二］（君主が）登用するのであれば出向き、捨てるのであれば隠棲《いんせい》する。[1] そのため手前勝手に決めてかかることがない。

［三］可もなく不可もない。そのため固執しない。

［四］古い出来事を著述するが制作せず、[2] 群集の中にいて自ら（他者と）異なることがなく、ただ道だけに従う。[3] このため自らその身を保つことがない。

（訳注）1述而篇第十章に、「之を用ふれば則ち行ひ、之を舎《す》つれば則ち蔵《かく》る」とあることを踏まえる。行うべきは行い、やめるべきはやめること。2述而篇第一章に、「述べて作らず、信じて古を好む」とあることを踏まえる。旧章を伝えて新たに礼楽を制作しないこと。3『老子』第二十一章に、「孔徳の容は、唯だ道のみ是れ従ふ」とあることを踏まえる。

〔参校〕ペリオ文書二五一〇号写本（鄭玄『論語注』）は、「億（鄭玄本は意を億につくる）は、意には疑うべきことがあることから考える。必は、まだ定まっていないことを言葉にすることを言う。固は、おわった事によってそれをその通りとすることを言う。我は、自分の言葉を必ず用うべきとすることを言う。この四者を絶つのは、専愚《せんぐ》に陥《おちい》るためである」と解釈する。

05子畏於匡[一]、曰、文王既没、文不在茲乎[二]。天之将喪斯文也、後死者不得与於斯文也[三]。天之未喪斯文也、匡人其如予何[四]。

子 匡《きょう》に畏れ(1)[一]、曰く、「文王 既に没するも、文茲《ここ》(2)に在らずや[二]。天の将に斯《こ》の文を喪《ほろ》ぼさんとするや、後死《こうし》の者は斯の文に与《あず》かるを得ざるなり[三]。天の未だ斯の文を喪ぼさざるや、匡人《きょうひと》 其れ予《われ》を如何《いかん》せん」と[四]。

孔子は匡《きょう》の地で危難に遭遇し、（次のように）言った、「文王《ぶんおう》はすでに亡くなったが、（周の）文はわたしの身にあるではないか。天がこの文を滅ぼそうとしているのであれば、後世のわたしはこの文に関与できなかったはずだ。（つまり）天がこの文を滅ぼそうとしていないのだから、匡人がわたしをどうできようというのか」と。

[集解]

[一] 包咸《ほうかん》は、「匡人《きょうひと》が誤って夫子《ふうし》を包囲したのは、（夫子を）陽虎(3)と誤認したためである。陽虎はかつて匡で暴れ、夫子の弟子の顔剋(4)がそのときも陽虎に随行していた。のちに顔剋は夫子の御者《ぎょしゃ》となり、匡にやって来た。匡人は顔剋を知っており、また夫子の容

貌も陽虎と似ていた。そのため匡人は、兵を率いてこれを包囲したのである」と解釈する。

［二］孔安国は、「茲は、此《ここ》である。（周の）文王《ぶんおう》はすでに没したといっても、その文はここに現存していることをいう。此とは、（孔子）自身の身体のことをいう」と解釈する。

［三］孔安国は、「文王はすでに亡くなっており、そのため孔子は自らを後死《こうし》と言ったのである。天がこの文を滅ぼそうとしているのであれば、本来わたし（孔子）自身にこの文を知らせるはずがない。今わたしにこれを知らせるのは、まだ滅ぼすことを望んでいないということである」と解釈する。

［四］馬融《ばゆう》は、「其れ予《われ》を如何せんとは、我をどのようにしようか、というような意味である。天がまだこの文を滅ぼさないのなら、わたしはこれを（後世に）伝えるべきである。匡人が、天（の意思）に背いて自分を害することはできないことをいう」と解釈する。

（訳注）1『史記』孔子世家によれば、孔子は衛《えい》を去って陳《ちん》に向かう途中で匡を通った際に包囲された。孔子が衛に亡命したのは魯の定公《ていこう》十三（前四九七）年、五十六歳のときであり、衛

に十ヵ月滞在した後、陳に向かった。したがって、匡での災難は五十七歳ごろと推測される。匡について、鄭玄『論語注』は衛の下邑《かゆう》とし、邢昺『論語義疏』は宋《そう》の地名とする。なお、匡の地で包囲されたという話柄は、先進《せんしん》篇第二十一章にも見える。2文は、ここでは、周の文化や制度のこと。聖徳を持つ周《しゅう》の文王《ぶんおう》は、文により天下を教化した（皇侃『論語義疏』）。3陽虎《ようこ》は、春秋魯の人。季平子《きへいし》に仕え、その死後、政をもっぱらにした。その容貌は孔子に似ていたという（『史記』孔子世家）。4顔尅《がんこく》は、魯の人。孔子の弟子で、御者《ぎょしゃ》を務めた（『史記』孔子世家）。『孔子家語《こうしけご》』七十二弟子解によれば、字は子驕《しきょう》、孔子より五十歳年少。

〔参校〕ペリオ文書二五一〇号写本（鄭玄『論語注』）は、「孔子は兵が来るのを見て、弟子たちが驚き怖れることを恐れ、この言を述べて弟子たちを照らした。文王がすでに死んでも、その文がある理由は、その道が我が身に在ることによる。天がもし文王の道を喪《ほろぼ》そうとすれば、我はもとよりこれを知ることができなかった」、「このように言ったのち、微服して去った。兵は追わなかった」と解釈する。朱熹『論語集注』は、「道の顕《あき》らかなものは、これを文という。礼楽制度のことである」と述べ、「文」を道の具体的現れ、つまり礼楽制度の意味と捉えている。

06太宰問於子貢曰、夫子聖者与。何其多能也〔一〕。子貢曰、固天縦之将聖、又多能也〔二〕。子聞之曰、太宰知我者乎。吾少也賤、故多能鄙事。君子多乎哉。不多也〔三〕。

太宰(1) 子貢に問ひて曰く、「夫子は聖者か。何ぞ其れ多能なるか」と〔一〕。子貢曰く、「固《まこと》に天 之に将聖(2)を縦《ゆる》し、又 多能なり」と〔二〕。子 之を聞きて曰く、「太宰は我を知る者か。吾 少《わか》くして賤し、故に鄙事に多能なり。君子は多ならんや。多ならざるなり」と〔三〕。

太宰《たいさい》が子貢《しこう》に尋ねて言った、「夫子は（本当に）聖人であろうか。どうしてあれほど多能なのか」と。子貢が言った、「まことに天がゆるした大徳を備える聖人であり、それでいて多能なのです」と。孔子はこれを聞いて言った、「太宰はわたしのことを理解している。わたしは若いころ卑賤であったため、細々とした仕事に多能となった。君子は多能であろうか。いや多能ではない」と。

〔集解〕

〔一〕孔安国は、「太宰は、大夫《たいふ》の官名である。あるいは呉《ご》あるいは宋《そう》（の大夫）であろうが、（人物を）特定することはできない。孔子が細々とした仕事に多能であったことを疑問に思ったのである」と解釈する。

［二］孔安国は、「天はまことに孔子に大聖《たいせい》の徳をゆるし、さらに多能とさせたことをいう」と解釈する。

［三］包咸は、「わたし（孔子）は若いころに貧賤であった。常にみずから仕事を執り行った。そのため多能となってつまらぬ仕事をしたのである。君子は本来多能であるべきではない」と解釈する。

（訳注）1太宰《たいさい》は、官名。周《しゅう》の六太《りくたい》を起源とする官職で、周では六卿《りくけい》の一つであり、のちの国家でも、宰相の一つとすることが多かった（『通典』職官二 太宰）。2将聖《しょうせい》は、大聖のこと。皇侃『論語義疏』・邢昺『論語注疏』はともに、「将」を「大」の意味と解釈する。

〔参校〕ペリオ文書二五一〇号写本（鄭玄『論語注』）は、「太宰は、呉の太夫であり、名は嚭《ひ》という。夫子は聖人で大道を得ているのに、普段の仕事にもどうして多能であるのかを尋ねた。多能である者は必ず聖ではないからである。これを尋ねたのは、魯の哀公《あいこう》十二年冬、呉と素《そ》睪《たく》に会盟をした時のことである」と解釈する。『春秋左氏伝』哀公 伝十二年には、子貢《しこう》と太宰の嚭が会見している記事が見える。

07牢曰、子云、吾不試、故藝［一］。

牢(1)曰く、「子云ふ、「吾 試《もち》ひられず、故に藝あり」と」と〔一〕。

子牢《しろう》は、「先生が、「わたしは登用されなかった、そのため伎藝《ぎげい》を身につけた」とおっしゃった」と言った。

［集解］

〔一〕鄭玄は、「牢は、弟子の子牢《しろう》である。試は、用である。孔子はみずから、「わたしは登用されなかったため、伎藝に多能となったのだ」と言ったことをいう」と解釈する。

（訳注）1牢は、子牢。『孔子家語《こうしけご》』七十二弟子解によれば、姓を琴《きん》、字を子開《しかい》、またの字を子《し》張《ちょう》といい、衛《えい》の人で、宗魯《そうろ》と仲が良かったという。

08子曰、吾有知乎哉。無知也〔一〕。有鄙夫問於我、空空如也。我叩其両端而竭焉〔二〕。

子曰く、「吾 知有らんや。知無きなり〔一〕。鄙夫《ひふ》有りて我に問ふに、空空如たり(1)。我 其の両端(2)を叩きて竭《つ》くせり」と〔二〕。

孔子が言った、「わたしには（私意を用いる）知があるだろうか。いや知は持たない。卑しい男が来てわたしに質問したところ、虚心な態度であった。わたしはそのはじめから終わりまでを発し（知っていることを教え）尽くした」と。

［集解］

［一］知とは、私意を用いて知ることである。知を言う者は、必ずしもすべてを言い尽くすことができない。今わたしは本当に言い尽くしたということである。

［二］孔安国は、「卑しい男が来てわたしに質問したが、虚心な様子で偏《かたよ》ることがなかった。わたしは物事の終始や端から端までを説き明かしてその者に語り、知っていることを出し尽くして、その者のために惜しまなかった」と解釈する。

（訳注）1空空《くうくう》は、虚心なさま（邢昺『論語注疏』）。2両端《りょうたん》は、物事の終始のこと（義疏・注疏）。

〔参校〕ペリオ文書二五一〇号写本（鄭玄『論語注』）は、「我 知ること無しと言うのは、人を誘っているのである。空空は、敬い慎んでいる容貌である。叩《こう》は、動き発するのような意味である。両端は、本末のような意味である。卑しい生まれの人がおり、事を我に尋ねて、敬い慎んでいた。わたしはこれに語って、はじめから終わりまで尽くこれを教えた。賢者《けんじゃ》が事を尋ねてくれれば、なおさらすべてを教えよう。人を誘う者は、必ず遜《へりくだ》って、次第にこれを進めていくものである」と解釈する。鄭玄の解釈により訳すと、「孔子が言った、「わたしには知ることはあるだろうか。知ることはない。卑しい生まれの人が来て事をわたしに尋ねて、敬い慎んでいた。わたしはこれに語って、はじめから終わりまで尽くこれを教えた。（賢者が事を尋ねてくれば、なおさらすべてを教えよう）」となる。

09子曰、鳳鳥不至、河不出図。吾已矣夫［一］。
子曰く、「鳳鳥（1）至らず、河図（2）を出ださず。吾已《や》んぬるかな」と［一］。
孔子が言った、「鳳鳥《ほうちょう》は到来せず、黄河《こうが》は（八卦が記された）河図《かと》を出さない。わたしはもうおしまいだ」と。

［集解］
［一］孔安国は、「聖人が天命を受ければ、鳳鳥が到来し、黄河は河図を出すものだが、今は天にこの瑞祥《ずいしょう》が現れない。吾已んぬるかなとは、（瑞祥を）見られないことである。河図は、八卦《はっか》（3）のことである」と解釈する。

（訳注）1鳳鳥は、嘉瑞《かずい》の一つ。古《いにしえ》の聖人がまさに王者になろうとする時には、必ず河図とともに出現したという（皇侃『論語義疏』）。2図《と》は、予言書。いわゆる河図のこと。伏犠《ふくぎ》の時、黄河から出た龍馬《りょうま》の背に書いてあったという文様である（『尚書』顧命《こめい》篇）。3八卦《はっか》は、『周《しゅう》易《えき》』にいう乾《けん》・兌《だ》・離《り》・震《しん》・巽《そん》・坎《かん》・艮《ごん》・坤《こん》の八方の卦《か》である（皇侃『論語義疏』）。

〔参校〕ペリオ文書二五一〇号写本（鄭玄『論語注』）は、「聖人が天命を受けることかあれば、鳳鳥《ほうちょう》が至り、黄河は図《と》を出すが、いま天にこの瑞祥は無い。吾 已《や》んぬるかなとは、用いられないことを傷《いた》む言葉である」と解釈する。朱熹『論語集注』によれば、「鳳」は霊鳥であり、舜《しゅん》のときに飛来して舞い、周《しゅう》の文王《ぶんおう》のときに岐山《きざん》で鳴いたという。

10子見斎衰者、冕衣裳者与瞽者［一］。見之、雖少必作。過之必趨［二］。

子 斎衰(1)の者と、冕衣裳《べんいしょう》の者と瞽《こ》者とを見る［一］。之を見れば、少《わか》しと雖も必ず作《た》つ。之を過《よ》ぐれば必ず趨《はし》る［二］。

孔子は斎衰《しさい》を着た者（より以上）と、冕《べん》をかぶり衣裳を着た大夫《たいふ》と盲人とを見かけた。これらを見かければ、若い者であっても必ず立ちあがった。その人（のそば）を通り過ぎるときは必ず小走りされた。

［集解］

［一］包咸は、「冕《べん》とは、冕冠《べんかん》のことであり、大夫の服装である。瞽者《こしゃ》は、盲人のことである」と解釈する。

［二］包咸は、「作は、起である。趨《すう》は、すみやかに進むことである。これは夫子が葬儀

のあった者を哀《かな》しみ、位にある者を尊び、障碍《しょうがい》のある者を憐れんだのである」と解釈する。

（訳注）1斎衰《しさい》は、喪服の一つ。五服（斬衰《ざんさい》・斎衰・大功《たいこう》・小功《しょうこう》・緦麻《しま》）の第二（皇侃『論語義疏』）。また、邢昺『論語注疏』によれば、本文に「斎衰」とあることから、それ以上の「斬衰」の者も含まれているという。

〔参校〕ペリオ文書二五一〇号写本（鄭玄『論語注』）は、「斎衰《しさい》は、一年の喪に服す。弁は、爵《しゃく》弁《べん》、士が君を祭る服である。瞽《こ》は、楽人である。作は、起である。孔子は喪《も》にある者を哀しみ、君主の礼楽の（を担当する）人を敬い、座ってこれを見ると、必ずかれらのために起ちあがり、行ってこれを見れば、必ずかれらのために趨《はしっ》た。趨は、漢代の吏の歩きかた（である小走り）である。『魯論語《ろろんご》』では「弁」を「絻《ぶん》」としている。今は『古論語《ころんご》』に従う」と解釈する。鄭玄が見た『魯論語』・『古論語』については、渡邉義浩『『論語』―孔子の言葉はいかにつくられたか』（講談社、二〇二一年）を参照。

11顔淵喟然歎曰〔一〕、仰之弥高、鑽之弥堅〔二〕。瞻之在前、忽焉在後〔三〕。夫子循循然善誘人〔四〕、博我以文、約我以礼、欲罷不能。既竭吾才。如有所立卓爾。雖欲従之、末由也已［五］。
顔淵 喟然《きぜん》として歎《たん》じて曰く［一］、「之を仰げば弥々《いよいよ》高く、之を鑽《き》れば弥々堅し［二］。之を瞻《み》るに前に在れば、忽焉《こつえん》として後に在り［三］。夫子 循循然《じゅんじゅんぜん》として善く人を誘《すす》め［四］、我を博《ひろ》むるに文を以てし、我を約《つづ》めるに礼を以てし、罷《や》めんと欲するも能はず。既に吾が才を竭《つ》くせり。立つ所有りて卓爾《たくじ》たるが如《ごと》し。之に従はんと欲すと雖《いへど》も、由末《よしな》きのみ」と［五］。

顔淵がため息をつきながら感嘆して言った、「先生を仰げばますます高く、穿《うが》とうとすればますます堅い。前にいるのを見かけたかと思えば、捉え所のないまま後ろにおられる。先生は順序立てて巧みに人を教導し、文章によってわたしを広め、礼節によってわたしを引き締めるので、（善に進むことを）やめようとしてもやめられない。すでにわたしは才能を出し尽くしている。（それなのに先生は）まるで遥《はる》か高い所に立っているようだ。これに従おうとしても、及ぶことができない」と。

［集解］
［一］喟《き》は、ため息の声のことである。
［二］窮め尽くせないことをいう。

［三］ぼんやりとして形を捉えられないことをいう。

［四］循循《じゅんじゅん》は、順序立てるさまである。誘は、進むである。夫子はこの道により正して人を教え進める際に、順序立てていることをいう。

［五］孔安国は、「夫子はすでに文章によってわたし（の知識）を広め、また礼節によってわたしを引き締め、わたしに（善に進むことを）やめようとしてもやめさせないようにしている。すでにわたしの才を尽くしているが、夫子の立つ所は、遥かに高遠であり及ばないことをいう。わたしは夫子のよき教導を受けたといえど、夫子の立つ所にとても及ばないようなものであることをいう」と解釈する。

［参校］ペリオ文書二五一〇号写本（鄭玄『論語注』）は、「顔淵《がんえん》が初めて孔子に学んだ時には、その道は低く及ぶことができそうであり、柔らかく入ることができそうであった。その後、日々に（道は）高く堅くなり、これを見れば堂々として我が目前にあり、忽然《こつぜん》としてまた我が後にある。（これは孔子の教えの）道が広大であり近いことを言ふ。夫子の様子は、順序よく人を教え進めることに優れている。一つは文章により我《わたし》を広め、一つは礼法により我を節する。我はときには止めようとも思うが、心によって止めることができない」、「これは聖人の及ぶことのできないさまをいう。卓爾《たくじ》は、絶望の辞である。我《わ》が学の才力は已に尽

くした。復《ま》た進もうと思っても、天に登る階段が無いようなものである」と解釈する。伊《い》藤仁斎《とうじんさい》『論語古義』は、「顔淵が孔子の善誘によって学問を成就させたことを喜んだのであって、孔子の高堅さを歎《なげ》いたものではない」と解釈する。

12 子疾病［一］。子路使門人為臣［二］。病間曰、久矣哉、由之行詐也。無臣而為有臣。吾誰欺。欺天乎［三］。且予与其死於臣之手也、無寧死於二三子之手乎［四］。且予縦不得大葬［五］、予死於道路乎［六］。

子の疾《やまひ》 病《へい》なり［一］。子路 門人をして臣為《た》らしむ［二］。病 間《い》えて曰く、「久しきかな、由の詐《いつは》りを行ふや。臣無くして臣有りと爲す。吾 誰をか欺かん。天を欺かんや［三］。且つ予《われ》 其の臣の手に死せんよりは、無寧《むし》ろ二三子の手に死せんか［四］。且つ予 縦《たと》ひ大葬（1）を得ずとも［五］、予は道路に死せんや」と［六］。

　孔子の病気が重くなった。子路《しろ》は門人を臣下のように振る舞わせた。病気が小康状態になると（孔子が）言った、「久しいことだな、由《ゆう》（子路）がでたらめを行うのは。臣下がいないのにいるように振る舞わせている。わたしは誰を欺くであろう。天を欺くというのか。わたしは臣下に看取られて死ぬよりも、むしろ門人たちに看取られて死にたいものだ。それにたとえ大葬《たいそう》をしてもらえずとも、わたしが道路で死ぬようなことはあるまい」と。

［集解］

［一］包咸は、「病気が重篤であることを病という」と解釈する。

［二］鄭玄は、「孔子はかつて大夫《たいふ》となった。だから子路は弟子たちに臣下としての礼を行わせようとしたのである」と解釈する。

［三］孔安国は、「病気が小康状態になることを間《かん》という。子路は久しくこのような意思を持っており、今日（の思いつき）ではないことをいう」と解釈する。

［四］馬融は、「無寧は、寧《むし》ろという意味である。二三子は、門人のことである。たとえわたしに臣下がいて、それらに看取られて死ぬとしても、わたしはむしろ弟子に看取られて死にたい」と解釈する。

［五］孔安国は、「君臣の礼葬である」と解釈する。

［六］馬融は、「たとえわたしが君臣の礼によって葬られずとも、弟子たちがいれば、わたしはむしろ道路に棄てられることを憂える必要もない」と解釈する。

（訳注）1大葬《たいそう》は、大夫の礼により葬ること（鄭玄『論語注』）。

〔参校〕ペリオ文書二五一〇号写本（鄭玄『論語注』）は、「孔子はむかし魯の司寇《しこう》となり臣下がいた。今は追われて去った。臣下とする者はいない」、「孔子は、臣の恩は弟子の恩が至っているのに及ばないと考えた」、「大葬は、大夫の礼葬である。わたしが道路で死ぬようなことはあるまいというのは、親しい者がおり、士の礼によりわたしを葬ってくれよう、どうして必ずしも大夫の礼により葬ってもらおうかと言うことである。およそ大夫は（朝廷から）退けば、士の礼により葬り、（朝廷から）致仕《ちし》すれば大夫の礼により葬るのである」と解釈する。

13 子貢曰、有美玉於斯。韞匵而蔵諸。求善賈而沽諸[一]。子曰、沽之哉。沽之哉。我待賈者[二]。

子貢曰く、「斯《ここ》に美玉(1)有り。匵《はこ》に韞《をさ》めて諸《これ》を蔵《かく》さんか。善き賈《こ》を求めて諸を沽《う》らんか」と[一]。子曰く、「之を沽《う》らんかな。之を沽らんかな。我は賈を待つ者なり」と[二]。

子貢が言った、「ここに美しい玉がございます。箱に納めてこれをしまいましょうか。いい買い手を求めてこれを売りましょうか」と。孔子が言った、「これを売ろう。これを売ろう。わたしは買い手を待つ者である」と。

［集解］

［一］馬融は、「韞《うん》は、蔵である。匵《とく》は、匱《はこ》である。これを匱の中にしまうことをいう。沽《こ》は、売である。いい買い手を見つけて、むしろこれを売ろう」と解釈する。

［二］包咸は、「これを売ろうとは、売り込みには行かないという言辞である。わたしは居ながらにして買い手を待つ者である」と解釈する。

（訳注）1美玉《びぎょく》は、孔子の聖道をたとえたもの（皇侃『論語義疏』）。または、孔子の聖徳の比喩（邢昺『論語注疏』）。

〔参校〕ペリオ文書二五一〇号写本（鄭玄『論語注』）は、「子貢は孔子が聖徳を持つのに用いられないことを見て、そのためこの言葉を発した。それによりその意思を示した。ここに美玉がある、箱に包んでこれを蔵《かく》そうか。善い値を求めてこれを売りに出るべきである」、「どうして自らこの道を売りに出る者があろうか。我は坐して値を待つ者である。『魯論語』は「之を沽らんかな」を重ねない。今は『古論語』に従う」と解釈する。朱熹『論語集注』は、「賈」に「音は嫁《か》」という注を附して、「値段」の意味に解釈する。

14子欲居九夷［一］。或曰、陋。如之何。子曰、君子居之、何陋之有［二］。

子 九夷(1)に居《を》らんと欲す〔一〕。或ひと曰く、「陋《いや》し。之《これ》を如何《いかん》せん」と。子曰く、「君子 之《ここ》に居らば、何の陋しきことか之《こ》れ有らん」と〔二〕。

孔子は九夷《きゅうい》（がいる地）に住もうとした。ある人が言った、「野鄙《やひ》なところです。それをどうなされますか」と。孔子が言った、「君子がそこに住めば、どうして野鄙なことがあろうか」と。

〔集解〕

〔一〕馬融は、「九夷《きゅうい》は、東方の異民族で、九種類ある」と解釈する。

〔二〕馬融は、「君子が住む所は、いずれも教化される」と解釈する。

（訳注）1九夷は、九種の東夷。玄菟《げんと》・楽浪《らくろう》・高麗《こうらい》・満飾《まんしょく》・鳧臾《ふゆ》・索家《さくか》・東屠《とうと》・倭人《わじん》・天鄙《てんぴ》を指す（邢昺『論語注疏』）。また、『後漢書』東夷伝には、「夷には九種あり、畎夷《けんい》・于夷《うい》・方《ほう》夷《い》・黄夷《こうい》・白夷《はくい》・赤夷《せきい》・玄夷《げんい》・風夷《ふうい》・陽夷《ようい》である」とある。

〔参校〕ペリオ文書二五一〇号写本（鄭玄『論語注』）は、「九夷は、東方の夷で、九種類ある。（孔子は）世を憂いていた、そのためこの言葉を発して、行って九夷に住もうと思ったのである」と解釈する。伊藤仁斎『論語古義』は、「わが国の太祖《たいそ》（神武天皇）が国を開いた年は、周《しゅう》の恵王《けいおう》十七（前六六〇）年にあたる。現在に至るまで、君臣が相続し、綿々と続いている。

天のごとく君を尊び、神のごとく君を敬っており、まことに中華の及ぶところではない。孔子が中華を去って夷狄の地に住もうとしたことには理由があった」と述べている。

15子曰、吾自衛反於魯、然後楽正、雅・頌各得其所［一］。

子曰く、「吾 衛より魯に反《かへ》り、然る後に楽 正しく、雅・頌 各々其の所を得たり」と［一］。

孔子が言った、「わたしが衛から魯に戻ると、その後で楽《がく》は正しく整い、雅《が》・頌《しょう》はそれぞれ本来のあり方に落ち着いた」と。

［集解］

［一］鄭玄は、「魯に戻ったのは、魯の哀公《あいこう》十一（前四八四）年の冬である。このとき、道は衰えて楽《がく》は廃《すた》れており、孔子は帰還すると、ようやくこれを正した。そのため雅・頌はそれぞれ本来のあり方に落ち着いたというのである」と解釈する。

〔参校〕ペリオ文書二五一〇号写本（鄭玄『論語注』）は、「魯に戻ったのは、魯の哀公十二（前四八三）年の冬である。このとき、道は衰え楽は廃《すた》れていたが、孔子が来り帰って、ようやくこれを正した。このため雅・頌の声は、それぞれその節に応じ、秩序がはっきりとした」

と解釈する。『論語集解』に引用する鄭玄の注と異同があり、孔子が帰還した年も異なる。

16子曰、出則事公卿、入則事父兄、喪事不敢不勉、不為酒困。何有於我哉［一］。

子曰く、「出でては則ち公卿⑴に事《つか》へ、入りては則ち父兄に事へ、喪事は敢て勉《つと》めずんばあらず、酒の困《みだ》れを爲さず。何か我に有らんや」と［一］。

孔子が言った、「（外に）出たら公卿につかえ、（家に）入れば父兄につかえ、葬儀では勉めないことはなく、酒を飲んでも乱れない。（これらは）わたしにとって何でもないことである」と。

［集解］

［一］馬融は、「困は、乱れである」と解釈する。

（訳注）1公卿《こうけい》は、君主や長官のこと（皇侃『論語義疏』）。

17子在川上曰、逝者如斯夫。不舍昼夜［一］。

子 川の上《ほとり》に在りて曰く、「逝《ゆ》く者は斯《かく》の如《ごと》きか。昼夜を舎《お》かず」と［一］。

孔子は川のほとりにて言った、「過ぎゆくものはまるでこの流れのようだ。昼も夜も止まらない」と。

［集解］

［一］包咸は、「逝《せい》は、往《ゆ》くである。およそ過ぎゆくものは川の流れのようであることをいう」と解釈する。

〔参校〕ペリオ文書二五一〇号写本（鄭玄『論語注』）は、「人の年齢が往《ゆ》くことは、水の流れ行くようであることを言う。有道なのに用いられないことを傷《いた》むのである」と解釈する。皇侃『論語義疏』は、「川の流れが速くて止まらないさまを人の年が過ぎ去ることになぞらえて歎じたもの」と解し、邢昺『論語注疏』は、「過ぎ去った時々のことを追いかけて取り返せないことを感歎したもの」と捉える。また、朱熹『論語集注』は、「孔子が絶えず流れる川を見て、学ぶ者に不断の努力を続けることを説いた」と解釈する。伊藤仁斎『論語古義』は、「仁義礼智の徳を己が身に備え、生涯これを用いても涸《か》れないのは、川の流れが止まらず日々新しくなるようなものである」と解釈する。荻生徂徠『論語徴』は、「孔子が年歳を取り返せないことを歎じ、学問、親に仕えること、国家のために働くことなどに勉めることを説いたもの」と解釈する。

18子曰、吾未見好徳、如好色者也〔一〕。

子曰く、「吾 未だ徳を好むこと、色を好むが如き者を見ざるなり(1)」と〔一〕。

孔子が言った、「わたしは徳を好むさまが、あたかも色事を好むかのような者をまだ見たことがない」と。

［集解］

〔一〕当時の人々が薄徳で、色事にかまけたことを憎んだ。だからこの発言をしたのである。

（訳注）1本章の発言について、『史記』孔子世家は、孔子が衛で霊公《れいこう》とその夫人（南子）の後車に乗ることになったときに発した言葉とする。

19子曰、譬如為山。未成一簣、止、吾止也〔一〕。譬如平地。雖覆一簣、進、吾往也〔二〕。

子曰く、「譬《たと》へば山を爲《つく》るが如し。未だ一簣《き》を成さずして、止《や》むは、吾 止むなり〔一〕。譬《たと》へば地を平らかにするが如し。一簣を覆《くつがへ》すと雖《いへど》も、進むは、吾 往くなり」と〔二〕。

孔子が言った、「たとえば山を築くようなものである。あと一もっこ（の土）を残してやり遂げず、やめたのなら、わたしは（評価することを）やめる。たとえば地を平らにするようなものだ。最初の一もっこ（の土）を空けただけとはいえ、進めたなら、わたしは（ともに）進もう」と。

［集解］

［一］包咸は、「簣《き》は、土を盛る籠《かご》である。これは人を道徳に進ませること（を喩えたもの）である。山を築く者が、功績は非常に多くとも、最後の一もっこまでやり遂《と》げず途中でやめれば、わたしはその積みあげた功績が多いからといってこれを評価しない。その志が完遂《かんすい》しないことを見るため、認めないのである」と解釈する。

［二］馬融は、「地を平らかにすとは、これから進んで功績を加えようとすることにあたり、最初の一もっこを空けただけであろうとも、わたしはその功績が少ないからといって（その者を）軽蔑することはない。進もうとしていることに基づいてこれを助けるのである」と解釈する。

〔参校〕ペリオ文書二五一〇号写本（鄭玄『論語注』）は、「匱《き》（鄭玄本は簣を匱につくる）は、土を盛る器である。人君で善政をなす者があり、少しまだ匱を成さずに止まれば、来て我《わたし》を求めたといっても、我は止まりて往かないことを言う。なぜかと言えば、人の解倦《けたい》は日々に甚だしくなるからである」、「覆は、写《つ》くすというような意味である。人君で善政をなす者があり、むかし地を平らにし、いま日々に益《ま》し、少しでも行き進めば、もし来て我《わたし》を求めれば、我は往くことを言う。なぜかと言えば、君子は小を積むことで高大を成すからである」と解釈する。朱熹『論語集注』は、本章を『尚書』旅獒《りょごう》篇の、「山を為《つく》ること九仞なるも、功を一簣に虧《か》く」を踏まえるとした上で、「学ぶ者が努力してやめなければ、小さなものを積み重ねて大きなものを作ることができ、途中でやめれば、それまでの成果がすべて無駄になる」と解釈し、やめるものを孔子とはしない。

20子曰、語之而不惰者、其回也与［一］。

子曰く、「語《つ》げて惰《おこた》らざる者は、其れ回なるか」と［一］。

孔子が言った、「（わたしが）話しても（その内容を）怠《おこた》らない者は、顔回《がんかい》であろうか」と。

［集解］

［一］顔淵は（孔子の話をすべて）理解したため、かれに話せば怠らなかった。他の人々は理解しきれず、そのため話しても怠るときがあった。

21子謂顔淵曰、惜乎。吾見其進也、未見其止也[一]。

子　顔淵を謂ひて曰く、「惜しいかな。吾　其の進むを見るも、未だ其の止《とど》まるを見ざるなり」と[一]。

孔子が顔淵《がんえん》について言った、「惜しいことだ。わたしはその進むさまを見たが、まだ止まるのを見たことがなかった」と。

［集解］

［一］包咸は、「孔子は顔淵が進歩して止まらなかったことを言った。顔淵をたいへん痛惜したのである」と解釈する。

〔参校〕ペリオ文書二五一〇号写本（鄭玄『論語注』）は、「顔淵が病気になった。孔子は行ってこれを見舞った。そのためこの言葉を発した。これを痛惜すること甚だしい」と解釈する。

22子曰、苗而不秀者有矣夫。秀而不実者有矣夫[一]。

子曰く、「苗にして秀《ひい》でざる者有るかな。秀でて実らざる者有るかな」と[一]。

孔子が言った、「苗のまま伸びないものがあるのだな。伸びても実をつけないものがあるのだな」と。

〔集解〕

［一］孔安国は、「万物には生じても成長しないものがあることをいう。人もまたそうであると喩えている」と解釈する。

〔参校〕ペリオ文書二五一〇号写本（鄭玄『論語注』）は、「秀でずは、項託《こうたく》を諭《たと》えている。実らずは、顔淵を諭えている」と解釈する。項託は、七歳で孔子の師となったという言い伝えを持つ人物である。皇侃『論語義疏』・邢昺『論語注疏』は、顔淵の早世を歎じたものとする。一方、朱熹『論語集注』は、「秀」を「花が咲く」と解して、「学んでもこのように完成までたどり着かない者がいるため、君子はみずから勉めることを尊重する」と解釈する。

23子曰、後生可畏也。焉知来者之不如今也［一］。四十五十而無聞焉、斯亦不足畏也已。

子曰く、「後生《こうせい》畏《おそ》る可きなり。焉《いづく》んぞ来者の今に如《し》かざるを知らんや⑴［一］。四十五十にして聞こゆること無くんば、斯《こ》れ亦た畏るるに足らざるのみ」と。

孔子が言った、「年少者に対しては畏《おそ》れるべきである。どうして後の者が今の者に及ばないと分かろうか。四十歳や五十歳になっても（評判が）聞こえないようであれば、これは畏れるに足りない」と。

［集解］

［一］後生とは、年少者のことをいう。

（訳注）１来者は、邢昺『論語注疏』によれば、将来の者。

〔参校〕ペリオ文書二五一〇号写本（鄭玄『論語注』）は、「後生は、幼稚をいう。顔淵を指すのである。畏る可しとは、その才が美であり人を服させることを言う。『孟子《もうじ》』（公孫丑章句上）は、「吾《わたし》の父の畏れた方である」と言っている。この時、顔淵が死んだ。このため言葉を発した。どうして来世にはこのような人が無いと知れるであろうか」と解釈する。

24子曰、法語之言、能無従乎。改之為貴［一］。巽与之言、能無説乎。繹之為貴［二］。悦而不繹、従而不改、吾末如之何也已矣。

子曰く、「法語の言(1)は、能く従ふこと無からんや。之を改むるを貴しと爲す［一］。巽《そん》与《よ》の言は、能く説《よろこ》ぶこと無からんや。之を繹《たづ》ぬるを貴しと爲す［二］。説びて繹ねず、従ひて改めざるは、吾 之を如何《いかん》ともする末《な》きのみ」と。

孔子が言った、「正道《せいどう》の言（による忠告）は、従わずにおれようか。これを（実際に）改めることにこそ価値がある。恭敬《きょうけい》の言は、喜ばずにおれようか。これを尋ねることにこそ価値がある。喜ぶばかりで尋ねず、（表面上は）従っても（内面を）改めなければ、わたしはこれをどうすることもできない」と。

［集解］

［一］孔安国は、「人に過《あやま》ちがあったとき、正道をもってこれに告げれば、口ではこれに従わぬことはない。確かに改めることができれば、それこそ価値がある」と言っている。

［二］馬融は、「巽は、恭である。恭しく慎み深い言葉をいう。このような言葉を聞いて喜ばない者はいない。尋ね極めてこれを実行するのであれば、それこそ価値がある」と言っている。

（訳注）1法語の言は、礼法正道の言のこと（邢昺『論語注疏』）。

25子曰、主忠信、無友不如己者。過則勿憚改［一］。

子曰く、「忠信に主《した》しみ、己に如《し》かざる者を友とすること無かれ。過《あやま》てば則ち改むるに憚《はばか》ること勿かれ」(1)と［一］。

孔子が言った、「忠と信に親しみ、自分より劣るものを友としてはならない。過ちがあれば改めるのをはばかってはならない」と。

［集解］

［一］親しい者や友人を大切にし、過ちがあれば務めて改めるようにする。いずれも利益になるものである。

（訳注）1本章は、学而篇第八章に既出である。

26子曰、三軍可奪帥也。匹夫不可奪志也［一］。

子曰く、「三軍も帥《すゐ》を奪ふ可きなり。匹夫《ひっぷ》も志《こころざし》を奪ふ可からざるなり」と［一］。

孔子が言った、「（多くの兵がいる）三軍であってもその将帥《しょうすい》を捕らえることができる。（だが）一人の男であってもその志を奪うことはできない」と。

［集解］

［一］孔安国は、「三軍は（兵が）多いとはいえ、人心が一つにまとまっていなければ、その将帥を奪って捕らえることができる。一人の男は微少な存在とはいえ、かりにもその志を守れば、奪うことができない」と解釈する。

〔参校〕ペリオ文書二五一〇号写本（鄭玄『論語注』）は、「疋夫《ひっぷ》の志を守ることは、三軍の死より重いことを言う」と解釈する。

27子曰、衣弊縕袍、与衣狐貉者立而不恥者、其由也与[一]。不忮不求、何用不臧[二]。子路終身誦之。子曰、是道也、何足以臧[三]。

子曰く、「弊《やぶ》れたる縕袍(1)を衣《き》、狐貉(2)を衣る者と立ちて恥ぢざる者は、其れ由なるか[一]。「忮《そこな》はず求めずんば、何《なに》を用《もっ》てか臧《よ》からざらん(3)」と」と[二]。子路 終身 之を誦《しょう》す。子曰く、「是の道や、何《なん》ぞ以て臧《よ》しとするに足らん」と[三]。

孔子が言った、「ぼろぼろの綿入れを着て、狐貉《こかく》(の毛皮で作った皮ごろも)を着る者と並んで立っても恥じない者は、由(子路)であろうか。(『詩経《しきょう》』邶風《はいふう》雄雉《ゆうち》に)「(人を)傷つけず貪《むさぼ》り求めないならば、どうして善《よ》くないことがあろうか」とあるとおりだ」と。子路は生涯これを誦《しょう》した。孔子が言った、「この道だけでは、どうして善《よ》しとするに足りようか」と。

[集解]

[一] 孔安国は、「縕《おん》は、(麻の一種である)枲《からむし》で作った着物である」と解釈する。

[二] 馬融は、「忮《し》は、害である。臧《ぞう》は、善である。傷つけず、貪り求めないならば、ど

うして善くないことがあろうかということである。貪り傷つけることを憎んだ詩である」と解釈する。

〔三〕馬融は、「臧《ぞう》は、善である。さらにこれよりも立派なことがあり、どうしてそれで善しとするに足りようか」と解釈する。

（訳注）1縕袍《おんぽう》は、麻で作った綿入れ。邢昺『論語注疏』によれば、衣服の中で等級の低いもの。
2狐貉《こかく》は、狐や貉《むじな》の皮で作った衣。邢昺『論語注疏』によれば、裘《かわごろも》の中で等級の高いもの。
3『詩経』邶風《はいふう》雄雉《ゆうち》に、「不忮不求、何用不臧」とあり、同文。

28子曰、歳寒、然後知松栢之後彫也〔一〕。

子曰く、「歳 寒くして、然る後に松栢《しょうはく》の彫《しぼ》むに後《おく》るるを知るなり」と〔一〕。

孔子が言った、「寒（さの厳し）い年になり、それからようやく松や栢《かしわ》が後れて萎《な》えることを知るのである」と。

〔集解〕

〔一〕寒さの厳しい年は、木々がみな枯れると、それにより松や栢がわずかに萎《な》えて傷《いた》んでいたことを知る。普段の年は木々にも枯れないものがある。そのため寒い年を待った後でこれを区別する。およそ（普通の）人は治世にあっては、よく自らを修め整え、君子と同じようである。濁世《だくせい》になると、それにより君子は身を正して迎合しないのが分かることを喩えたのである。

〔参校〕ペリオ文書二五一〇号写本（鄭玄『論語注』）は、「賢者が困厄に遭っても、その操行を改めないことに譬《たと》えている」と解釈する。

29子曰、知者不惑〔一〕、仁者不憂〔二〕、勇者不懼。

子曰く、「知者は惑はず〔一〕、仁者は憂へず〔二〕、勇者は懼《おそ》れず」と。

孔子が言った、「知者は惑い乱れず、仁者は憂えず、勇者は懼れない」と。

〔集解〕

〔一〕包咸は、「惑い乱れないことである」と解釈する。

〔二〕孔安国は、「憂うことはない」と解釈する。

〔参校〕ペリオ文書二五一〇号写本（鄭玄『論語注』）は、「仁者が憂えないとは、窮達に通じているからである」と解釈する。

30子曰、可与共学、未可与適道[一]。可与適道、未可与立[二]。可与立、未可与権[三]。

子曰く、「与《とも》に共に学ぶ可し、未《いま》だ与に道に適《ゆ》く可からず[一]。与に道に適く可し、未だ与に立つ可からず[二]。与に立つ可し、未だ与に権《はか》る可からず」と[三]。

孔子が言った、「ともに学ぶことはできるが、ともに道に行くことはできない。ともに道に行くことはできるが、ともに立つことはできない。ともに立つことはできるが、ともに（物事の軽重の限界を）権《はか》ることはできない」と。

［集解］

［一］適は、之《ゆ》くである。学んだとしても、あるいは異端（の知識）を身につけたのなら、必ずしも道に行くことができるとは限らない。

［二］道に行くことができたとしても、必ずしも立てる所があるとは限らない。

［三］立てる所があったとしても、必ずしも軽重の限界をはかれるとは限らない。

〔参校〕ペリオ文書二五一〇号写本には、「人は共に学問したとしても、あるいは時にまだ必ずしも仁義の道を行うことができない。よく仁義の道を行う者も、あるいは時にまだ必ずしも徳を立て功を立てることができない。よく徳を立て功を立てた者も、あるいは時にまだ必ずしも権《けん》（臨機応変の対応）を知ることができない。よく権を知る者も、経《けい》（人としての本来の道）にかえり、義にかなうことは、最も知り難い」と解釈する。伊藤仁斎『論語古義』は、「漢儒《かんじゅ》は経を以て権に対応させる。経《つね》に反して道に合するのを権と考えるが、正しくない。権の字は礼という字に対応させるべきで、経と対応させてはいけない」と述べる。

31 唐棣之華、偏其反而。豈不爾思、室是遠而［一］。子曰、未之思也。夫何遠之有哉［二］。

「唐棣の華(1)、偏として其れ反《かへ》せり。豈《あ》に爾《なんぢ》を思はざらんや、室 是れ遠ければなり」と［一］。子曰く、「未だ之を思はざるなり。夫れ何の遠きことか之れ有らん」と［二］。

（詩に）「唐棣《とうてい》の花が、ひとえに反りかえる。あなたを思わぬことなどないが、家が遠すぎて」とある。孔子が言った、「まだ（本当に）思っていないね。（思っているのなら）どうして遠いことなどあろうか」と。

［集解］

［一］散逸した詩である。唐棣は、栘《にわうめ》である(2)。花が反《そ》りかえって後に合わさる。この詩を賦《ふ》したのは、権道《けんどう》が（経常から）はずれているが、後に大順《たいじゅん》に至ることを言っているからである。其の人を思ひて見《あ》ふを得ずとは、その家が遠いからである。権を思いながらも見つけられないとは、（権に到達する）道が遠いことを言っているのである。

〔二〕そもそも思うとは、（経常に）反することを思うべきである。戻らねばと思うことが、遠いとする理由である。よく戻ることを思えば、遠いことなどあろうか。言いたいことは権（の存在）は知っているが、（戻ってくることを）思わないだけである。権道には（戻らねばならない）順序があり、それを知るべきである。

（訳注）1唐棣《とうてい》は逸詩であるが、現行本『詩經』小雅《しょうが》には常棣《じょうてい》があり、その詩に、「常棣の華、鄂不《がくふ》韡韡《ゐゐ》たり。凡そ今の人、兄弟《けいてい》に如《し》くは莫《な》し。……」とあり、兄弟和楽の歌とされる。唐棣および常棣は、仲が良いことの象徴であろう。2栘《にわうめ》（唐棣）について、普通の花は、みな先に合わさり後に開くが、この花は先に開き、その後で合わさるという（皇侃『論語義疏』）。

本章は、これを権道になぞらえている。

〔参校〕ペリオ文書二五一〇号写本（鄭玄『論語注』）は、「唐棣《とうてい》は、栘《にわうめ》である。その華は翩翩《へんぺん》として風に順ってひるがえる。これはその光の色の盛んな時である。それにより美女の顔色がこのようであることに譬《たと》えている。我《わたし》はどうして彼女と夫婦になることを思わないであろうか。（ただ）その家への道が遠いのである。孔子が言うには、この詩は、まだ（本当に）これを思っていない。まことによくこれを思えば、礼を備えて媒酌人を行かせこれを求めさせるべきである。どうして遠いことがあろうと。この詩を引く理由は、それにより権道もまた思ってこれを得るべきことを言うためである」と解釈する。朱熹『論語集注』は、孔子がこの詩句を借りて自分の心に立ち戻らせたと解釈し、述而《じゅつじ》篇第三十一章の「仁 遠からんや」と同じ意味とする。伊藤仁斎『論語古義』は、詩の前半の二句は特に意味がなく、下の句を引き出すための枕詞とする。

郷党第十　凡一章(1)　何晏集解

01孔子於郷党、恂恂如也、似不能言者[一]。其在宗廟・朝廷、便便言、唯謹爾[二]。朝与下大夫言、侃侃如也[三]。与上大夫言、誾誾如也[四]。君在、踧踖如也、与与如也[五]。

孔子　郷党に於《おい》(2)ては、恂恂《じゅんじゅん》如《じょ》たり、言ふこと能はざる者の似《ごと》し[一]。其の宗廟・朝廷に在りては、便便《べんべん》として言ひ、唯だ謹《つつし》むのみ[二]。朝に下大夫と言ふときは、侃侃如《かんかんじょ》たり[三]。上大夫と言(3)ふときは、誾誾如《ぎんぎんじょ》たり[四]。君　在《いま》すときは、踧踖如《しゅくせきじょ》たり、与与《よよ》如《じょ》たり[五]。

孔子《こうし》は郷党《きょうとう》にいるときは、温和で恭《うやうや》しく、話すことができないかのようであった。宗廟《そうびょう》・朝廷《ちょうてい》にいるときは、雄弁に語り、慎み深くされた。朝廷で下大夫《かたいふ》と語るときは、和やかに楽しまれた。上大夫《じょうたいふ》と語るときは、厳正であった。君主がおられ（て朝政を執）るときは、うやうやしく、礼に適《かな》う態度をとられた。

[集解]

[一]　王粛《おうしゅく》は、「恂恂《じゅんじゅん》は、温和で恭《うやうや》しいさまである」と解釈する。

[二]　鄭玄《じょうげん》は、「便便《べんべん》は、雄弁に語ることである。雄弁ながらも謹《つつ》しみ深くする」と解釈

する。

［三］孔安国《こうあんこく》は、「侃侃《かんかん》は、和《なご》やかで楽しいさまである」と解釈する。

［四］孔安国は、「誾誾《ぎんぎん》は、厳正なさまである」と解釈する。

［五］馬融《ばゆう》は、「君主がおられるとは、朝政を執ることである。踧踖《しゅくせき》は、うやうやしいさまである。与与《よよ》は、挙措《きょそ》が礼に適《かな》うさまである」と解釈する。

〔訳注〕1『論語集解』は、郷党《きょうとう》篇全体を一つの章と見なす。本書は便宜的に、『論語注疏』に従って区切り、区切り目に○をつけた。2郷党とは、天子や諸侯の郊《こう》内を郷《きょう》といい、郊外を遂《すい》という。孔子の家が魯の郊内にあったため、「郷党に於ては」と解釈する（皇侃『論語義疏』）。3上大夫は、卿《けい》のこと（邢昺『論語注疏』）。

〔参校〕ペリオ文書二五一〇号写本（鄭玄『論語注』）には、「恂恂《じゅんじゅん》は、恭順な様子である。話すことができないかのようであったのは、凡人に接しているためである」、「朝は、卿・大夫と礼により君主の朝廷に会することである。侃侃《かんかん》は、楽しみ和らぐ様子である。上大夫と語って誾誾《ぎんぎん》とは、中正の様子である。踧踖《しゅくせき》は、謙譲の様子である。与与《よよ》は、温和の様子である。君がおられるのは、朝政を執るためである。礼では群臣は（衣服の）色を分けて朝廷に入り、君主は日が出ると朝政を執るとされている」と解釈する。朱熹『論語集注』は、

「恂恂は、誠実なさまである。言ふこと能はざる者の似《ごと》しとは、謙虚温順で、賢知によって人を押しのけなかったということである。郷党は、父兄や宗族が居住する所であるため、孔子がここにいるとき、その容貌や言葉遣いはこのようであった」と述べる。

○君召使擯［一］、色勃如也［二］、足躩如也［三］。揖所与立、左右手。衣前後、襜如也［四］。趨進、翼如也［五］。賓退、必復命曰、賓不顧矣［六］。

君召して擯《ひん》せしむるときは［一］、色勃如《ぼつじょ》たり［二］、足躩如《くわくじょ》たり［三］。与《とも》に立つ所を揖《いふ》するときは、手を左右にす。衣の前後、襜如《せんじょ》たり［四］。趨《はし》り進むや、翼如《よくじょ》たり［五］。賓退くときは、必ず復命して曰く、「賓顧みず(1)」と［六］。

君主が召し出して（賓客の）接待をさせるときは、顔つきをひきしめ、足早に動いた。一緒に立つ（同役の）者に会釈《えしゃく》するときは、手を左右に動かした。（そのため）衣服の前後は、揺れ動いた。小走りに進むときは、端正《たんせい》な様子であった。賓客が退去するときは、必ず復命して、「賓客は振り返りませんでした」と言った。

［集解］

［一］鄭玄は、「君召して擯せしむるとは、賓客がいてそれを迎えさせたのである」と

解釈する。

[二] 孔安国は、「必ず顔つきを改めた」と解釈する。

[三] 包咸《ほうかん》は、「足躩《かく》は、きびきびと歩くさまである」と解釈する。

[四] 鄭玄は、「左の人に会釈をするときは、その手を左に向け、右の人に会釈するときは、その手を右に向け、うつむいたり顔を上げたりするため、衣服の前後が揺れ動く」と解釈する。

[五] 孔安国は、「（端好は）端正なことをいう」と解釈する。

[六] 孔安国は、「君主に復命して、「賓客は（満足して）すでに去られました」と申し上げるのである」と解釈する。

（訳注）1「賓 顧みず」は、主人が賓客を見送るとき、もし礼が足りなければ賓客は振り返り、十分であれば振り返らないという（皇侃『論語義疏』）。

○入公門、鞠躬如也、如不容[一]。立不中門、行不履閾[二]。過位、色勃如也、足躩如也[三]、其言似不足者。摂斉升堂、鞠躬如也。屏気似不息者[四]。出降一等、逞顔色、怡怡如也[五]。没階、趨進、翼如也[六]。復其位、踧踖如也[七]。

公門に入るときは、鞠躬如《きくきうじょ》たり、容《い》れられざるが如《ごと》し[一]。立つときは門に中せず、行くときは閾《しきゐ》を履《ふ》まず[二]。位を過ぐれば、色 勃如《ぼつじょ》たり、足 躩如《くわくじょ》たり[三]、其の言は足らざる者の似《ごと》し。斎《もすそ》を摂《と》りて堂に升るときは、鞠躬如たり、気を屏《をさ》めて息《いき》せざる者の似し[四]。出でて一等を降れば、顔色を逞《と》きて、怡怡如《いいじょ》たり[五]。階を没《つ》くせば、趨《はし》り進むこと、翼如《よくじょ》たり[六]。其の位を復《ふ》むときは、踧踖如《しゅくせきじょ》たり[七]。

公門に入るときは、身を縮《ちぢ》め、（門に）収まらないかのようであった。立つときは門の中央におらず、通るときは敷居を踏まなかった。（君主の）席を通り過ぎるときは、（君主がいなくとも）顔つきをひきしめ、足早に動き、言葉づかいは満足に話せない者のようであった。斎《もすそ》をかかげて堂に升るときは、身を縮め、呼吸をひそめ息をしない者のようであった。退出して（階段を）一段降りると、（緊張した）顔つきをゆるめ、喜ばしげであった。階段を降りつくすと、小走りに進み、（その姿は）端正であった。君主がおられるべき場所を通り過ぎるときは、慎み深くされた。

[集解]

[一] 孔安国は、「（鞠躬如は）身を縮めることである」と解釈する。

[二] 孔安国は、「閾《しきゐ》は、門の敷居のことである」と解釈する。

[三] 包咸は、「君主がいない場所を通り過ぎることである」と解釈する。
[四] 孔安国は、「（身を縮め、呼吸をひそめ息をしないのは）いずれも重く慎むことである。衣服の穿き物を斎《もすそ》という。斎を摂《と》るとは、衣服をかかげることである」と解釈する。
[五] 孔安国は、「まず呼吸をひそめ、階段を降りてから大きく呼吸する。だから喜ばしげなのである」と解釈する。
[六] 孔安国は、「没は、尽である。階段を降り尽くすことである」と解釈する。
[七] 孔安国は、「来たときに通り過ぎた（君主のいるべき）場所である」と解釈する。
〔参校〕朱熹『論語集注』は、「其の位に復《かへ》れば、踧踖如たり」と、自分の位置に戻ることと解釈する。一方、荻生徂徠『論語徴』はこれを否定し、孔安国の説に従って、「君主の空位を通り過ぎるため、慎み深くする」と解釈する。

○執圭、鞠躬如也、如不勝[一]。上如揖、下如授。勃如戦色、足蹜蹜如有循[二]。享礼、有容色[三]。私覿、愉愉如也[四]。
圭(1)を執るときは、鞠躬如《きくきうじょ》たり、勝《た》へざるが如し[一]。上ぐるときは揖《いふ》するが如くし、下ぐるときは授くるが如くす。勃如《ぼつじょ》として戦色あり、足は蹜蹜《しゅくしゅく》如《じょ》として循《したが》ふこと有り［二］。享礼《きゃうれい》には、容色有り(2)［三］。私覿《してき》には、愉愉如《ゆゆじょ》たり［四］。

圭《けい》を持つときは、慎み深くして、(その重さに)耐えられないかのようにした。持ち上げるときは会釈のようにし、下げるときは(人に物を)授けるようにした。顔つきを引きしめて畏敬を表し、足はつま先をあげ踵《かかと》を引きずるようにして歩いた。(進物を献上する)享礼《きょうれい》のときは、(明らかな)表情を浮かべた。私的な会見のときは、和《なご》やかな顔つきであった。

［集解］

［一］包咸は、「君主のために使者となって、隣国を聘問するときは、君主の圭を持っていく。鞠躬《きくきゅう》とは、慎み深さの極みである」と解釈する。

［二］鄭玄は、「(圭を)持ち上げるときにお辞儀のようにするのは、玉《ぎょく》を授けるときに恭しくすべきだからである。下げるときに授けるようにするのは、あえて礼を忘れぬためである。戦色は、敬うさまである。足は蹜蹜如《しゅくしゅくじょ》として循《したが》ふこと有りとは、つま先を挙げ踵《かかと》を引きずって進むことである」と解釈する。

［三］鄭玄は、「享は、献である。聘礼《へいれい》において、すでに聘問して(進物を)献上する場

合、圭璧《けいへき》を用いて庭に満ちる」と解釈する。

[四] 鄭玄は、「覿《てき》は、見（あうこと）である。享礼をしてから、私的な礼により会見する。愉愉《ゆゆ》は、和やかな顔つきである」と解釈する。

（訳注）1圭は、瑞玉《たんぎょく》（皇侃『論語義疏』）。王および五等の諸侯が持つもの（『周礼』大宗伯）。2容色は、容貌・采章のこと（皇侃『論語義疏』）。小国が大国を聘問するときに、容貌や車馬の装飾に用いる物および財貨を贈る（『春秋左氏伝』宣公 伝十四年注）。

○君子不以紺・緅飾[一]。紅・紫不以為褻服[二]。当暑、縝絺綌、必表而出[三]。緇衣羔裘、素衣麑裘、黄衣狐裘。褻裘長、短右袂[四]。必有寝衣、長一身有半[五]。狐貉之厚以居[六]。去喪、無所不佩[七]。非帷裳、必殺之[八]。羔裘・玄冠不以弔[九]。吉月必朝服而朝[一〇]。斎必有明衣、布也[一一]。

君子は紺《かん》(1)・緅《しう》(2)を以て飾らず[一]。紅・紫は(3)以て褻服《せつふく》と為さず[二]。暑に当たりては、縝《ひとへ》の絺綌《ちげき》(4)もてし、必ず表して出づ[三]。緇衣《しい》には羔裘《かうきう》(5)、素衣には麑裘《げいきう》(6)、黄衣には狐裘なり。褻裘《せつきう》は長くし、右の袂《たもと》を短くす[四]。必ず寝衣有り、長さ一身有半《ゆうはん》あり[五]。狐貉《こかく》の厚きもて以て居《を》らしむ[六]。喪を去《のぞ》けば、佩《お》びざる所無し[七]。帷裳《ゐしやう》(7)に非ざれば、必ず之を殺《さい》す［八］。羔裘・玄冠《げんかん》して以て弔《てう》せず［九］。吉月には必ず朝服して朝す［一〇］。斎《ものいみ》すれば必ず明衣有り、布なり［一一］。

君子は紺《くろ》や緅《うすあか》を用いて（襟や袖口を）飾らない。紅や紫では普段着も作らない。暑いときは、ひとえの葛衣《かつい》を着、必ず上着を着て外出する。緇衣《しい》には黒羊の皮ごろも、素衣には子鹿の皮ごろも、黄衣には狐の皮ごろも（を下に着て色を合わせるの）である。普段着の皮ごろもは長くし、右の袂《たもと》を短くする。必ず夜着を用い、長さは身長の一倍半である。（家で賓客をもてなすときは）狐《きつね》や貉《むじな》の厚い毛皮を敷いて座らせる。喪が明けたら、（喪中にはずしていた玉を）すべて身につける。（朝服の）帷裳《いしょう》でなければ、必ず縫い込みを作る。（喪事には素《しろ》を主とするので）黒羊の皮ごろもと黒い冠をつけて弔問しない。月の朔日《ついたち》には必ず朝服《ちょうふく》を着て参内する。斎戒《さいかい》のときは必ず沐浴《もくよく》の衣を着、（それは）麻糸で作る。

［集解］

［一］孔安国は、「一度染めの色を緅《しゅ》という。飾（らない）とは、襟や袖のふちどりを作らないことである。紺《くろ》は、斎戒《さいかい》の盛装（に用いる色）であり、（これで）飾りを作ると、斎戒の衣服を着るかのようになる。緅とは、三年の喪の（ときに着る）練服《れんふく》(8)（の色）

であり、緅で衣服を飾ると、喪服を着るかのようになる。そのためどちら（の色）でも衣服を飾ることはしない」と。

［二］王粛《おうしゅく》は、「褻服《せつふく》は、家（で着る服）であり、公《おおやけ》の場の服ではなく、（紅と紫は）どちらも正色ではない。普段着ですら（これらの色の）衣服を着ない。（ましてや）正装に用いることはない」と解釈する。

［三］孔安国は、「暑いときはひとえの服を着る。絺綌《ちげき》は、葛衣《かつい》である。必ず表して出づとは、（必ず）上着を着ることである」と解釈する。

［四］孔安国は、「服はいずれも中と外の色が揃うようにする。家用の皮ごろもは長くし、温かさを主とする。右の袂《たもと》を短くして、作業をする際に便利になるようにする」と解釈する。

［五］孔安国は、「今の寝間着《ねまき》である」と解釈する。

［六］鄭玄は、「家にいて賓客をもてなすことである」と解釈する。

［七］孔安国は、「去は、除である。喪中でなければ佩玉《はいぎょく》をすべて身につける」と解釈する。

［八］王粛は、「衣には必ず縫い込みがあるが、ただ（朝服の）帷裳《いしょう》だけは縫い込みを入

れない」と解釈する。

［九］孔安国は、「喪事には素《しろ》を主とし、吉事には玄《くろ》を主とする。吉凶によって服を変えるため、（黒い服では）弔問しない」と解釈する。

［一〇］孔安国は、「吉月《きちづき》は、月の朔《ついたち》のことである。朝服は、皮弁服《ひべんふく》(9)である」と解釈する。

［一一］孔安国は、「麻糸を用いて沐浴の衣を作ることである」と解釈する。

（訳注）1君子は、ここでは孔子を指す（邢昺『論語注疏』）。2紺《かん》・緅《しゅ》は、玄《くろ》色と浅絳《せんこう》（うすあか）色（邢昺『論語注疏』）。3紅・紫は、皇侃『論語義疏』によれば、間色。青・赤・白・黒・黄を五方の正色とし、緑・紅・碧《あおみどり》・紫・緇《くろ》をそれぞれの間色とする。4絺綌《ちげき》は、葛衣《かつい》。邢昺『論語注疏』によれば、目の細かい葛で織ったものを絺、目の粗い葛で織ったものを綌という。5羔裘《こうきゅう》は、黒羊の皮ごろも（邢昺『論語注疏』）。6麑裘《げいきゅう》は、子鹿の皮で作った衣（邢昺『論語注疏』）。7帷裳《いしょう》は、邢昺『論語注疏』によれば、朝廷への参内や祭祀のときに着る服。上衣には必ず縫い取りがあるが、裳は帷《たれぎぬ》のように正しい寸法で作り、縫い取りを入れない。8練は、喪の一周忌に当たる練祭（小祥）、あるいはそのときに着る練《ねりぎぬ》の服のこと（『礼記』檀弓篇上）。9皮弁服《ひべんふく》は、視朝のときに着る服。皮弁は、白鹿の皮を用いて作った冠のこと（邢昺『論語注疏』）。

〔参校〕朱熹『論語集注』は、「君子不以紺緅飾」から「吉月必朝服而朝」までを礼の細目を雑記したものとする。一方、伊藤仁斎『論語古義』は、この説を否定して、孔子の衣服の制を記したものとし、孔子の行動のすべてが礼にかなっていたと解釈する。荻生徂徠『論語徴』は、本章の「君子」を孔子の事蹟に限定しないとして、伊藤仁斎の説を批判する。

○斎必変食〔一〕、居必遷坐〔二〕。食不厭精、膾不厭細。食饐而餲〔三〕、魚餒而肉敗、不食〔四〕。色悪、不食。臭悪、不食。失飪、不食〔五〕。不時、不食〔六〕。割不正、不食。不得其醬、不食〔七〕。肉雖多、不使勝食気。唯酒無量、不及乱。沽酒・市脯不食。不撤薑食〔八〕、不多食〔九〕。祭於公、不宿肉〔一〇〕。祭肉不出三日。出三日、不食之矣〔一一〕。食不語、寝不言。雖疏食・菜羹・瓜、祭必斎如也〔一二〕。

斎《ものいみ》するときは必ず食を変じ〔一〕、居は必ず坐を遷す〔二〕。(1)食は精《しらげ》を厭《いと》はず、膾《なます》は細きを厭はず。食の饐《い》して餲《あい》し〔三〕、魚の餒《あざ》れて肉の敗れたるは、食《くら》はず〔四〕。色の悪しきは、食はず。臭ひの悪しきは、食はず。飪《じん》を失へるは、食はず〔五〕。時ならざるは、食はず〔六〕。割《きりめ》の正しからざる(2)は、食はず。其の醬《しゃう》を得ざるは、食はず〔七〕。肉は多しと雖《いへど》も、食気に勝たしめず(3)。唯だ酒は量無きも、乱るるに及ばず。沽酒《こしゅ》・市脯《しほ》は食《くら》はず(4)。薑《はじかみ》を撤せずして食ふも[八]、多くは食はず[九]。公に祭りするときは、肉を宿せしめず[一〇]。祭肉は三日を出《いだ》さず。三日を出づれば、之を食はず[一一]。食ふときは語らず、寝ぬるときは言はず(5)。疏食・菜羹《さいこう》・瓜と雖も、祭るときは必ず斎如《さいじょ》たり[一二]。

斎《ものいみ》するときには必ず（いつもの）食事を変え、住居は必ず（いつもの場所から）座席を遷す。飯は白米を厭《いと》わず、膾《なます》は細いものを厭わない。飯のすえて臭いと味が変わったもの、魚の傷んだものと肉の腐ったものは、食べない。（食べ物の）色が悪いものは、食べない。臭いの悪いものは、食べない。調理に失敗したものは、食べない。（朝・昼・晩の）食事時でなければ、食べない。切り目が正しくないものは、食べない。（膾に適した）たれがなければ、食べない。肉は多いといっても、他の食事の分量を越さないようにする。ただ酒については（決まった）分量がないが、乱れ酔うほどには飲まない。売っている酒・干し肉は食べない。薑《はじかみ》は捨てずに食べるが、多くは食べない。君主の祭祀をお助けしたときは、（供物の）肉を（翌日まで）持ち越さない。（家での）祭祀の肉は三日以上持ち越さない。三日を過ぎたら、これを食べない。食べているときは返事をせず、寝るときはしゃべらない。粗食・野菜の羹《スープ》・瓜であっても、祭祀のときは必ずおごそかに敬う。

［集解］

［一］孔安国は、「いつもの食事を改めることである」と解釈する。

［二］孔安国は、「いつもの場所を変えることである」と解釈する。

［三］孔安国は、「饐《い》・餲《あい》は、臭いと味が変わることである」と解釈する。

［四］孔安国は、「魚が腐敗することを餒《だい》という」と解釈する。

［五］孔安国は、「飪《じん》を失ふとは、食べ物の加熱具合を損なうことである」と解釈する。

［六］鄭玄は、「時ならずとは、朝・夕・日中（の定時）ではないことである」と解釈する。

［七］馬融は、「魚の膾《なます》は芥醬《からしだれ》がなければ食べない」と解釈する。

［八］孔安国は、「撤は、去である。斎のときは臭いの強い物を禁じる。薑《はじかみ》は辛いが臭くないため、捨てない」と解釈する。

［九］孔安国は、「食べすぎないことである」と解釈する。

［一〇］周生烈《しゅうせいれつ》は、「祭祀において君主を助け、賜与された供物は、帰ったら分け与え、神霊のお恵みを（日をまたいで）留め置かない」と解釈する。

［一一］鄭玄は、「その家の祭祀における肉である。三日を過ぎても食べなければ、鬼神の

お恵みを穢《けが》すことになる」と解釈する。

［一二］孔安国は、「斎は、おごそかに敬うさまである。（疏食・菜羹・瓜の）三物は粗末であるとはいえ、祭るときには必ず敬う」と解釈する。

（訳注）1食は、ここでは飯のこと（邢昺『論語注疏』）。2「割正《きりめ》しからず」について、邢昺『論語義疏』に引く一説によれば、「古人の肉の切り方が必ず正しく整っており、そうでないときは食べなかった」という。また、邢昺『論語義疏』に引く江熙《こうき》の説によれば、（肉となる生き物を）殺すに道をもってしなければ不正であるという。ここでは一説に従う。3「食気に勝たしめず」について、「勝」は多いの意味、「食」は肉以外の食べ物のこと。すなわち、肉以外の食事が多くて肉が少なければ、肉がおいしくなる。もし肉が多くて他の食事が少なければ、肉はおいしくない。それゆえ、肉を他の食事よりも多くしてはならないのである（皇侃『論語義疏』）。4「沽酒・市脯は食はず」は、自作した酒でなければ清潔であるとは限らず、自作した干し肉でなければ何の肉を用いたのか分からないので、どちらも口にしない（皇侃『論語義疏』）。5「食ふときは語らず、寝ぬるときは言はず」について、皇侃『論語義疏』によれば、「言」は自分から話すこと、「語」は答えること。食事のときは、言うことは許されるが、語ることは許されない。語れば口がもったいなく、また不敬だから

である。眠るときは、安静にすべきで、言えば人を驚かせてしまう。そのため言わないのである。

〔参校〕朱熹『論語集注』は、「古人が飲食する場合、すべての種類をそれぞれ少しばかり出し、それを食器の間の地面に置いて、大昔に初めて飲食を作った人を祭った。それは大本を忘れないためである」と解釈する。伊藤仁斎『論語古義』は、「身体は道の存在する場所であり、身体を養うのは道を養うことである。道を修めようとして身体を軽んずるのは、道を知る者とは言えない。飲食は身体を養う大切なものであるから、聖人はこれに注意した」と述べる。

○席不正、不坐。郷人飲酒、杖者出、斯出矣[一]。

席正しからざれば、坐せず。郷人の飲酒には、杖者《ぢやうじや》出づれば、斯《ここ》に出づ[一]。

席次が正しくなければ、座らない。郷人の飲酒（の礼）においては、老人が退出すると、それから退出した。

［集解］

［一］孔安国は、「杖者《じようじや》は、老人のことである。郷人の飲酒の礼では、老人を主とする。

老人が礼を終えて退出すると、孔子はそれに従って退出した」と解釈する。

○郷人儺、朝服而立於阼階［一］。

郷人の儺《おにやらひ》するときは、朝服して阼階[1]に立つ［一］。

郷人たちによる厄払いのときには、朝服《ちょうふく》を着て（廟《びょう》の）阼階《そかい》に立つ。

［集解］

［一］孔安国は、「儺《おにやらい》は、疫病神を追い払うことである。（その際に）先祖を驚かせることを恐れる。そのため朝服を着て廟の阼階に立つのである」と解釈する。

（訳注）1阼階《そかい》は、主人が昇る東側の階段（皇侃『論語義疏』）。

〔参校〕ペリオ文書二五一〇号写本（鄭玄『論語注』）は、「郷人の儺《おにやらい》とは、疫病神を追い払うことをいう。朝服して阼階に立つとは、鬼神が恐れて人に依ることがあるためである。『周礼』（夏官）に、「十二月（熊の皮をかぶって黄金づくりの四つ目を付けた仮面をつけた）方相氏《ほうそうし》が、多くの部下を率いて儺《おにやらい》し、室中に求めて疫病神を追い払う」とある」と解釈する。朱熹『論語集注』は、「儺は古礼だが、遊戯に近い。それでも朝服を着てこれに臨んだのは、誠敬を尽くしたからである」とする。伊藤仁斎『論語古義』は、儺は遊戯に近く、古礼が残っているとした上で、「孔子はもともと習俗に違うことをしたがらず、しかも郷人がこれを行っているのでわざわざ朝服を着て主人の位置に立ち、郷人に敬意を表したのである」と解釈する。

○問人於他邦、再拝送之〔一〕。
人を他の邦《くに》に聘問《へいもん》させるときは、再拝してこれを見送る〔一〕。
人を他邦に問《おく》るときは、再拝して之を送る。

［集解］
〔一〕孔安国は、「使者を拝礼して見送るのは、敬意を表すからである」と解釈する。

○康子饋薬。拝而受之曰〔一〕、丘未達、不敢嘗〔二〕。
康子 薬を饋《おく》る。拝して之を受けて曰く〔一〕、「丘や未だ達せず、敢て嘗《な》めず」と〔二〕。
季康子《きこうし》が薬を贈った。（孔子は）拝礼してこれを受け取り言った、「丘《わたくし》はまだ（理由が）分かりませんので、あえて服用しません」と。

［集解］

［一］包咸は、「孔子に薬を贈ったのである」と解釈する。

［二］孔安国は、「まだその理由が分からないため、あえて服用しないのは、礼である」と解釈する。

〔参校〕荻生徂徠『論語徴』は、「いにしえの薬は毒薬が多かったため、これを贈る礼はなかった。だが、孔子の時代は礼が失われ、俗が変わり、貴人が薬を贈ることがあった。季康子が薬を贈ると、孔子はそれを非礼としたが、退けるのも不恭として、「丘 未だ達せず」と答えたのである」と解釈する。

○厩焚。子退朝曰、傷人乎。不問馬［一］。
厩 焚《や》けたり。子 朝を退《しりぞ》きて曰く、「人を傷《そこな》へるか」と。馬を問はず［一］。
厩《うまや》が火事になった。孔子は朝廷を退出して言った、「人は負傷したのか」と。馬については問わなかった。

［集解］
［一］鄭玄は、「人を重んじて動物を軽視したのである。朝を退くとは、魯の君主の朝廷より帰ってきたのである」と解釈する。

〔参校〕朱熹『論語集注』は、「馬を愛さなかったわけではなく、人が負傷することを恐れる気持ちが強かったため、馬のことを問わなかった」と解釈する。荻生徂徠『論語徴』は、「馬の数によって富を誇ることがあったので、馬を心配しても人を心配しない者がいたであろう。そのため、門人はこれを記録したのである」と述べる。

○君賜食、必正席先嘗之〔一〕。君賜腥、必熟而薦之〔二〕。君賜生、必畜之。侍食於君、君祭、先飯〔三〕。

君 食(1)を賜ふときは、必ず席を正して先《ま》づ之を嘗《な》む〔一〕。君 腥(2)を賜ふときは、必ず熟して之を薦む〔二〕。君 生(3)を賜ふときは、必ず之を畜《やしな》ふ。君に侍食するときは、君 祭らば、先づ飯《は》む(4)〔三〕。

君主が（火を通した）食べ物を下賜するときには、（孔子は）必ず席を正してまずこれを口にし（て、その後で分け与え）た。君主が生肉を下賜するときには、必ず火を通してこれを（祖先に）お供えした。君主が生きた家畜を下賜するときには、必ずこれを養育した。君主とともに食事をするときには、君主が祭祀を行うと、先に食べた。

［集解］

［一］孔安国は、「君主の恩恵に敬意を払うのである。これを口にし、それから分け与えるのである」と解釈する。

［二］孔安国は、「薦《せん》は、先祖にお供えすることである」と解釈する。

［三］鄭玄は、「君主が祭祀を行うときは先に食べる。（君主の）ために先に食べたかのようであるが、正しいのである」と解釈する。

（訳注）1食は、ここでは火を通した食べ物のこと（邢昺『論語注疏』）。2腥《せい》は、生肉。必ずこれに火を通してから祖先にお供えし、君主の下賜を誉れとする（邢昺『論語注疏』）。3生は、まだ殺していない犠牲。これを畜養しておいて、祭祀に用いるのを待つ（邢昺『論語注疏』）。4「先づ飯む」は、皇侃『論語義疏』によれば、君主のために先に食べて、先に調和の是非を知ることを示すという。

○疾、君視之、東首、加朝服、拖紳［一］。
疾あり、君 之を視るときは、東首して[1]、朝服を加へ、紳を拖《ひ》く［二］。

病気になり、君主が見舞いに来たときは、東枕にして、朝服《ちょうふく》をはおり、大帯をひいておく。

［集解］

［一］包咸は、「夫子が病気になると、南の窓の下にいて、東枕にし、朝服をはおり、大帯をしいていた。紳は、大帯である。あえて朝服を着ぬまま君主に謁見しないものである」と解釈する。

（訳注）1東首は、東枕のこと。皇侃『論語義疏』によれば、病人は生を欲し、また東は生陽《せいよう》の気であるため、眠るときに頭を東にするという。一方、邢昺『論語注疏』によれば、君主が南面して（病人を）見るためであるとする。

〔参校〕朱熹『論語集注』は、「病んで臥していれば、衣を着て帯を締めることはできないが、普段着で君主にまみえることもできない。そこで朝服を体にかけ、その上に大帯を引いたのである」と解釈する。

○君命召、不俟駕行矣［一］。

君 命じて召すときは、駕を俟《ま》たずして行く［一］。

君主が命じて召し寄せたときは、車駕（の準備）を待たずに行く。

［集解］

［一］鄭玄は、「急いで君命のために走るのである。（先に）出発して車がやがて後から付き従うのである」と解釈する。

○入太廟、毎事問［一］。

太廟に入りて、事毎《ことごと》に問ふ［一］。

太廟に入ると、ひとつひとつ物事を尋ねた。

［集解］

［一］鄭玄は、「君主のために祭祀を助けるのである。太廟は、周公《しゅうこう》の廟である」と解釈する。

〔参校〕この句は、八佾篇第十五章に、「子入太廟、毎事問。或曰、孰謂鄹人之子知礼乎。入太廟、毎事問。子聞之曰、是礼也」と既出している。

○朋友死、無所帰。曰、於我殯［一］。

朋友死して、帰する所無し。曰く、「我に於《おい》て殯《かりもがり》せよ」と［一］。

朋友が亡くなり、帰葬する場所がなかった。（孔子が）言った、「わたしの所で殯《かりもがり》しなさい」と。

［集解］

［一］孔安国は、「朋友の恩を重んじたのである。帰葬する場所がないのは、親しい身近なものがいないためである」と解釈する。

○朋友之饋、雖車馬、非祭肉、不拝［一］。

朋友の饋《おくりもの》は、車馬と雖も、祭肉に非ざれば、拝せず［一］。

朋友の贈り物は、車馬であったとしても、祭肉でなければ、拝礼しない。

［集解］

［一］孔安国は、「拝礼しないのは、（朋友同士は）財貨を融通し合う道理があるからである」と解釈する。

〔参校〕朱熹『論語集注』は、「朋友同士は、財貨を融通し合う関係である。それゆえ車馬のような高価なものでも拝礼しなかった。配られた祭肉を拝礼するのは、相手の父祖を自分の親と同じように敬ったからである」と述べる。一方、荻生徂徠『論語徴』は、この説を否定し、神を敬ったものと解釈する。

○寝不尸［一］、居不容［二］。

寝《い》ぬるときは尸《し》せず［一］、居る[1]ときは容《かたち》づくらず［二］。

寝るときは死人のように（四肢を投げ出すことを）せず、家にいるときは容儀をくずした。

［集解］

［一］包咸は、「四体を倒れ伏して、手足を伸ばすのは、まるで死人のようである」と解釈する。

［二］孔安国は、「家での慎み深い態度は長く保ちにくい」と解釈する。

（訳注）1居るとは、家の中でいつもの部屋にいること（皇侃『論語義疏』）。

〔参校〕荻生徂徠『論語徴』は、「寝」を内寝（奥座敷）のこととし、「そこに座するときは、必ずしも尸《かたしろ》のように威儀を正す必要はないという意味である」と解釈する。

○見斎衰者、雖狎必変［一］。見冕者与瞽者、雖褻必以貌［二］。凶服者式之。式負版者［三］。

有盛饌、必変色而作［四］。迅雷風烈必変［五］。

斎衰《しさい》者を見るときは、狎《な》れたりと雖《いへど》も必ず変ず［一］。冕者(1)と瞽者(2)とを見るときは、褻《な》れたりと雖も必ず貌を以てす［二］。凶服者は之に式《しょく》す(3)。負版《ふばん》者には式す［三］。盛饌《せいさん》有るときは、必ず色を変じて作《た》つ［四］。迅雷風烈あるときは必ず変ず［五］。

斎衰《しさい》（の喪服）を着た者に会ったときは、親しくとも必ず顔色を改めた。冕冠《べんかん》（をかぶった）者と盲人に会ったときは、顔なじみであっても礼容《れいよう》を整えた。喪服《もふく》の者には式《しょく》（の敬礼）をした。国の戸籍簿を持つ者には式（の敬礼）をした。（主人みずから用意した）盛大なごちそうがあるときは、必ず顔色を改めて起ち上がった。激しい雷と風があったときは必ず（顔色を）改めた。

［集解］

［一］孔安国は、「狎《こう》とは、もともと慣れ親しんでいることである」と解釈する。

［二］周生烈は、「褻《せつ》とは、しばしば顔を合わせることをいう。（そのような相手には）必ず礼に適ったふるまいをすべきである」と解釈する。

［三］孔安国は、「凶服《きょうふく》とは、死者を送るときの衣服である。負版者《ふはんしゃ》は、邦国の地図・戸籍を持つ者のことである」と解釈する。

［四］孔安国は、「作は、起である。主人みずから用意した食べ物に敬意を表すのである」と解釈する。

［五］鄭玄は、「天の怒りをつつしむのである。風が激しく雷が轟《とどろ》くことを烈という」と解釈する。

（訳注）1冕者《べんしゃ》は、大夫のこと。冕は大夫の冠（邢昺『論語注疏』）。2瞽者《こしゃ》は、盲人のこと。瞽は盲目の意（邢昺『論語注疏』）。3式《しょく》は、車上の横木。男子は車に立って乗り、敬礼するときは頭を下げて式によりかかるため、敬礼の名になったという（邢昺『論語注疏』）。

〔参校〕この句は、子罕篇第十章の、「子 斎衰の者と、冕衣裳《べんいしょう》の者と瞽《こ》者とを見る。之を見れば、少《わか》しと雖も必ず作《た》つ。之を過《よ》ぐれば必ず趨《はし》る」と関連する。

○升車、必正立執綏［一］。車中不内顧［二］、不疾言、不親指。

車に升るときは、必ず正しく立ちて綏[1]を執る［一］。車中にあるときは内顧せず［二］、疾言せず、親指《しんし》せず。

車に乗るときは、必ずまっすぐに立って綏《すい》を持った。車中では（あちこち）見回したりせず、早口でしゃべらず、指《ゆび》さすことはしなかった。

［集解］

［一］周生烈は、「必ずまっすぐ立って綏《すい》を持つのは、落ち着くためである」と解釈する。

［二］包咸は、「車中にあるときは内顧せずとは、前方を見るときは車の横木《よこぎ》（より前方）を越えず、左右を見るときは轂《こしき》を越えないようにすることである」と解釈する。

（訳注）1綏《すい》は、それを引いて車にのぼるための綱（皇侃『論語義疏』）。

○色斯挙矣［一］、翔而後集［二］。曰、山梁雌雉、時哉、時哉。子路供之。三嗅而作［三］。

色みて斯《ここ》に挙がり［一］、翔《かけ》りて後に集《とど》まる［二］。曰く、「山梁の雌雉《しち》、時なるかな、時なるかな」と。子路 之に供す(1)。三たび嗅ぎて作《た》つ［三］。

（鳥は）顔つきを見て飛び上がり、飛び回ってから止まる。（孔子が）言った、「山の橋の雌《めす》の雉《きじ》は、時機を得ているよ、時機を得ているよ」と。子路は孔子に（時節のものである雌の雉を）お出しした。（孔子）三度臭いをかいでから立ちあがった。

［集解］

［一］馬融は、「（鳥は）顔つきが善くないことを見れば、去っていく」と解釈する。

［二］周生烈《しゅうせいれつ》は、「飛び回りながら詳しく観察し、それから下りてきて止まる」と解釈す

る。

〔三〕言いたいことは山の橋の雌の雉は時機を得ても、人は時機を得ない。そのためこれを歎いたのである。子路はその時節のものである（雌の雉を）出した。それは（孔子の）本意ではないので、かりそめにも食べなかった。そのため三度臭いをかいでから立ちあがったのである。

（訳注）１「之に供す」とは、義疏によれば、子路が孔子の「時なるかな」という歎きの意味を理解せず、雌雉がこの時の味であることを歎じたものと思った。それゆえ雌の雉を追い立てて捕らえ、これを煮て孔子に出したとする。

〔参校〕ペリオ文書二五一〇号写本（鄭玄『論語注』）は、「翔而後集」という本文の下に、「君主の異志が顔色に現れたのを見ると、去る（ことができると良い）。（雌《めす》の雉《きじ》は）飛び回って詳しく観察して、その後に下って止まるのである」、「孔子は山を行き、雌の雉がその橋の粟《ぞく》を食《は》み、驚ろかされる害は無いと思っていることを見た。そのために、「時機を得ているよ」と言った。（雌の雉が時機を得ているのに、自らが得ていないことに）感じて自ら傷《いた》んだ言葉である。（ところが）子路は孔子の意を取り違え、（雌の雉を）捕らえるべきと思った。そこで捕らえてこれを殺し、煮て孔子に進めた。（孔子が）三度臭いをかいだのは、人の過ちを明らかに示さないためである。臭いをかぐと起ち、これを食べなかった」と解釈する。朱熹『論語集注』は、「鳥は人の顔つきが不穏なのを見れば、飛び去り、飛び回りながら様子をよく見て、それから下りて止まる。人が物事のきざしを見て行動し、落ち着き所を慎重に選ぶのも、かくあるべきである」と解釈し、また、この前後に闕文の可能性を指摘する。

渡邉義浩（わたなべ　よしひろ）
1962年、東京都生まれ。文学博士。早稲田大学文学学術院教授。
専攻は「古典中国」学。
著書に、『後漢国家の支配と儒教』（雄山閣出版）、『三国志よりみた邪馬台国』（汲古書院）、『「古典中国」における小説と儒教』（同）、『全譯後漢書』（主編、同）、『全譯論語集解』（主編、同）、『儒教と中国――「二千年の正統思想」の起源』（講談社選書メチエ）、『「論語」――孔子の言葉はいかにつくられたか』（同）、『関羽――神になった「三国志」の英雄』（筑摩選書）、『魏志倭人伝の謎を解く』（中公新書）、『三国志辞典』（大修館書店）など多数。

早稲田文庫

論語集解《ろんごしっかい》（上）
―魏《ぎ》・何晏《かあん》（集解《しっかい》）

2021年12月20日　初版第一刷発行
2022年 7 月31日　初版第二刷発行

訳　者　渡邉義浩
発行者　須賀晃一
発行所　株式会社 早稲田大学出版部
〒169-0051　東京都新宿区西早稲田1-9-12
電話　03-3203-1551
http://www.waseda-up.co.jp/
印刷・製本　大日本法令印刷株式会社
装丁　精文堂印刷株式会社デザイン室

ISBN 978-4-657-21016-6